アメリカの罠に嵌まった太平洋戦争

東京裁判史観を超えて

鈴木荘一

自由社

まえがき

太平洋戦争に至る昭和史の苦難は、第一次世界大戦後の国際協調体制を定めたワシントン体制が、共産ソ連の台頭・脅威を微弱なものとして無視したことから始まる。

明治以来、日本の最大の脅威はソ連であり、陸軍はソ連の南侵を恐れていた。

ソ連は、ロシア革命の混乱を乗り切ると周辺地域へ膨張を開始し、一九二四年に保護国としてモンゴル人民共和国を建国。さらに支那へ介入し、コミンテルンの指導で中国共産党が結成され、第一次国共合作（一九二四年）が成立。その後、ソ連は、第一次五カ年計画（一九二八年〜一九三二年）に成功して重工業面で驚異的な発展を遂げると、周辺地域への膨張を拡大した。周辺諸国は「ソ連に軍事併合されるか、戦うか、瀬戸際の選択」を迫られたのである。

国際社会のなかで、最初にソ連の脅威に晒《さら》されたのが日本だった。日本にとって、満州問題とはソ連の脅威が満州へ及んで来た深刻な事態であり、日本陸軍はソ連が建国したモンゴル人民共和国に対抗すべく、防共国防国家としての満州国を建国（一九三二年）した。

一方、アメリカは、十九世紀的な対日侵攻征服計画であるオレンジ計画をハワイ併合前年に策定。その後、大統領フランクリン・ルーズベルトが「厳しい通商上の封鎖により日本を完全な窮乏に追い込んで打ちのめす」との理念の下、一九三六年にオレンジ計画を完成させた。

支那事変は、蒋介石がソ連の対日参戦を期待して抵抗を強めたため泥沼化し、日支和平の手掛かりを掴《つか》めないなか、ソ連が張鼓峰《ちょうこほう》事件・ノモンハン事件（一九三九年）で満州へ侵攻。

ルーズベルトは、日本軍が支那軍とソ連軍に挟撃されて身動き出来ない状況に陥ったこの機を捉《とら》えて、日米通商条約破棄を通告。英・蘭・ソ連・蒋介石と連携して日本包囲網を形成したうえでオレンジ計画を発動し、対日石油輸出を禁止して、日本を太平洋戦争へ追い込んだ。

ソ連の膨張を想定外としてワシントン体制を主導したアメリカは、ソ連が台頭するや、共産主義者と組んで、防共に苦しむ日本を包囲し、念願の日本征服を果したのである。

これが正理とも道理とも関係ない、非情なる国際関係論の本質である。

太平洋戦争終戦後、東京裁判の主席検事キーナンは、日本人に、

「君らは、なぜ満州だけで満足しなかったのか？　満州を固めておけば、充分やっていけた筈なのに。支那に手を出したのがまずかった。君はそう思わないか？」

と問うたが、本書は、この問いへの回答を成し得たものと考えている。

アメリカの罠に嵌まった太平洋戦争

目次

第一章

ソ連の台頭を無視したワシントン体制の欠陥

ソ連がモンゴルに進出

アメリカの主導で第一次世界大戦後の国際協調体制を定めたワシントン体制は、ソ連の脅威を無視し、日英同盟を廃棄させて発足した。ここに日本とイギリスの没落が始まる。

第二次世界大戦で、日本は敗戦国となり、イギリスは往時の輝きを失い「名勝実敗《めいしょうじっぱい》（名目上は戦勝国だが、実態は敗戦国のように衰亡すること）」とも云うべく衰亡した。

ワシントン体制がソ連の脅威を想定外とする欠陥を抱えたのは、ワシントン体制が成立した一九二二年当時、革命後日の浅いソ連は、微弱で無視し得る存在だったからである。

しかしロシア革命（一九一七年）の混乱を乗り切ったソ連は、その後、第一次五カ年計画（一九二八年〜一九三二年）を成功させ、一九三二年には鋳鉄《ちゅうてつ》生産量六二〇万トン、発電量一三五〇万キロワット、石油採掘量一億五四〇〇万バーレルなど重工業・エネルギー面で驚異的な発展を遂げ、国際政治の新たなプレーヤーとして、周辺地域へ浸透・膨張を展開する。

ソ連の膨張は蒙古へ向かい、一九二四年七月、ソ連の保護国としてモンゴル人民共和国を建国した。モンゴル人民共和国は、共産ソ連・コミンテルンの指導により親ソ路線をとり、一九二八年以降、遊牧民から私有家畜を没収しての牧畜集団化、富裕層の排除、仏教禁圧など急進的な社会主義政策を断行。これに抵抗する遊牧民・富裕層・仏教僧ら多数を粛清・虐殺した。満州事変（一九三一年）の三年前、満州国建国の四年前のことである。

モンゴル人民共和国は、スターリンの意向のもと、一九三六年、ソ連を模したモンゴル秘密警察を組織し、一九三七年にソ連軍第五七特別軍団の大規模進駐を受容。以降、スターリン粛清を真似た大粛清により、役人・軍人・富豪・僧侶など約四万人を処刑する。こうしてモンゴル人民共和国は、ソ連の保護国としての様相を深め、軍事力強化に邁進する。モンゴル兵は身体強健で、肉弾格闘戦において、満州兵・日本兵より、はるかに強靭だった。のちの一九三九年のノモンハン事件で、ソ連軍はモンゴル人民共和国軍と連合して日本軍・満州国軍連合を完《かん》膚《ぷ》なきまで叩きのめして大勝する。

国際社会のなかで最初に共産ソ連の圧迫を受け、ソ連に脅威を抱いたのが日本だった。日本陸軍は、ソ連の南下とモンゴル人民共和国の保護国化・軍国化を脅威とし、これに対抗すべく、日本の保護国として満州国の建国を企図した。

満州国の歴史的意義は、モンゴル人民共和国との対比において、論じる必要がある。

リットン報告書

満州事変が拡大すると、米英は「日本の行動はワシントン体制の理念に反する」と日本を非難。国際連盟理事会は、リットン卿《きょう》（元インド総督代理）を団長とする調査団を派遣した。イギリスは、満州問題を辺境問題と見て、インド事情に詳しいリットン卿を選んだようだ。調査

団一行は一九三二年二月二十九日に東京着。リットン報告書は十月二日に公開され、
一、日本軍の武力行使は侵略行為で、不戦条約に違反し、中国の主権を侵害している。
二、日本が国防上の理由で満州を確保したいとの要求は理解するが満州国は承認しない。
とした。国際連盟総会は一九三三年二月二十四日に「満州国不承認・日本軍撤兵勧告」を可決。全権松岡洋右《ようすけ》は直《ただ》ちに退場。日本は国際連盟を脱退し、太平洋戦争への道を歩んだ。

かつてイギリスはロシアの脅威を感じると日英同盟を結び、日露戦争で日本陸軍をロシアと戦わせロシアの勢力を削《そ》いだ。第一次世界大戦が始まると、イギリスの要請を受けた日本海軍はドイツ東洋艦隊を撃滅し、地中海で連合国輸送船を護衛。イギリス前外相グレーは、大戦終了後、「日本はイギリスにとって名誉ある忠実な同盟者だった」と日本海軍を評価した。

イギリスにとって最大の脅威だったロシアとドイツを撃破したのは日本陸海軍だった。これほどイギリスを支えた日本がイギリスと離縁になった分岐点がリットン報告書である。

ソ連が孫文を支援

中国では一九一一年に辛亥《しんがい》革命が勃発。蜂起《ほうき》した革命軍は南京を首都と定め、孫文を臨時大統領に迎えて、中華民国の建国を宣言した。苦慮した「清」は北洋軍閥を率いる袁世凱《えんせいがい》を登用。袁世凱は、孫文と妥協して「清」を滅亡させ中華民国の臨時大総統となり、さらに正式な大総統となり、一九一六年元日に帝位につく。これに対して革命派が抵抗を強めると、反袁世凱の

動きが燎原の火のように広がり、袁世凱は同年六月に失意のうちに憤死した。

一方、南方政権の孫文は、一九一七年に第一次広東軍政府を樹立した後、一九一九年に中国国民党を創設した。

「清」が滅び群雄割拠となった中国は、南北二政権の時代に入り、支那と呼ばれた。

共産ソ連が、混迷を深める支那に介入した。

ソ連は、ロシア革命（一九一七年）を成就した後、一九一九年にモスクワでコミンテルン創立第一回大会を開催した。コミンテルンとは、ソビエト革命を世界各国に波及させるべく作られた革命運動の国際的指導組織である。コミンテルンの指導で一九二一年に中国共産党が結成され、陳独秀《ちんどくしゅう》が初代の党責任者になり、李大釗《りたいしょう》らが中国共産党の創設に参画。

孫文が一九二一年五月に第二次広東軍政府大総統に就任し、同年十二月に北伐を宣言すると、コミンテルン代表マーリンが孫文を訪ねて、中国共産党との合作を進言。中国共産党の李大釗が、共産党員のまま、国民党へ入党した。

さらに孫文はソ連代表ヨッフェと、一九二三年一月、孫文・ヨッフェ共同宣言を発表してソ連からの援助を確認。コミンテルンとの連帯を鮮明にした。孫文は、同年二月、第三次広東軍政府の大元帥に就任して国民党を改組し、五人の改組委員の一人に中国共産党の李大釗を任命。中国国民党最高顧問としてコミンテルン工作員ボロジンを迎えた。中国国民党第一回全国代表者会議（一九二四年一月）が広東で開催されると、孫文は中国国民党の永世総理となり、中央執行委員二十四人には李大釗など三名の中国共産党員を、中央執行委員候補十七名には毛沢東など七名の中国共産党員を選出した。第一次国共合作である。

革命軍将校育成のため、ソ連赤軍将校育成を模範とした黄埔《こうほ》軍官学校が一九二四年六月に設立され、ソ連赤軍の父トロッキーから赤軍の実情を学んで帰国した蔣介石が校長に、周恩来が同校の政治部主任に就任。ソ連は黄埔軍官学校設立のため資金二百万元・銃砲八千挺のほか大量の弾薬を供与。ソ連の指導下で優秀な軍人を輩出し、北伐軍は北京政権の北洋軍閥よりはるかに精鋭となった。以来、コミンテルンの援助は一段と強化され、軍費・武器の提供に加え、数十名の軍事顧問・政治顧問が派遣され、コミンテルンの影響力が強化される。

孫文はこの革命の途上、一九二五年、「革命いまだならず」と遺言して死去した。

軍人として頭角を現した蔣介石は、一九二六年七月に国民革命軍総司令に就任し、北洋軍閥打倒のため北伐を宣言。蔣介石の北伐軍は破竹の勢いで北上し、揚子江以南を制圧した。

共産勢力が満州へ浸透

一方、満州では、張作霖《ちょうさくりん》の死後、満州を支配した張学良が、ソ連や日本の国際法上認められた諸権利を武力で侵害。一九二九年七月にはソ連の東支鉄道（東清鉄道）を強行回収した。このためソ連は国交断絶を通告し、ソ連軍が満州里へ侵入。ソ連の特別極東軍は張学良軍を圧倒し、満州各地を占領。敗北した張学良は、同年十二月、ソ連と講和した。

このときソ連は、日本の関東軍に配慮して、満州全域への侵攻は遠慮した。

しかし当時、軍閥割拠が続く支那・満州では、地方軍閥が住民に高額の税金を課したので、住民は貧窮に喘《あえ》ぎ治安が悪化。満州・蒙古・朝鮮へも共産主義が広く浸透していた。匪賊《ひぞく》の動きも活発になり、海城、遼陽《りょうよう》、開原《かいげん》・本渓湖《ほんけいこ》、営口《えいこう》の支那官憲が襲撃され、拳銃が奪われるなど治安が悪化。共産主義・赤化思想が満州全域に浸透していた。そこで関東軍は、

「ソ連が満州に共産勢力を扶植《ふしょく》したうえ張学良の東支鉄道破壊等を口実に満州全域へ侵攻」する事態を憂慮。満州・蒙古・朝鮮での共産主義の広がりに危機感を抱いたのである。

このとき関東軍高級参謀板垣征四郎大佐は、

「日本が満蒙（満州と蒙古）に勢力を有していなかったらソ連は満州全域の占領を辞さなかっただろう。満蒙の赤化は朝鮮の治安を乱し、朝鮮の治安が乱れれば内地の治安に影響する」と述べた。関東軍作戦参謀石原莞爾《かんじ》中佐は満州の共産化を防いで治安を維持すべく、

「共産ソ連の南下を阻止する防共国防国家を満州に建設し、満州・朝鮮の共産化を防ぐ」と、満州国建国の夢を抱いた。そして関東軍は、

「満蒙はソ連軍に対峙する最前線である。現在の窮状を打開するには、満州に『防共国防国家』を建設するしかない。対ソ戦の観点から、国防の最前線を黒竜江《こくりゅうこう》・大興安嶺《だいこうあんれい》・東部内蒙古に設定する必要がある」

と考え、この考えが満州国建国の原動力となった。

関東軍は一九三一年九月に奉天郊外の柳条湖《りゅうじょうこ》で満鉄線路を爆破し、満州事変が勃発。満州国建国宣言（一九三二年三月）が行われたのである。

日本の立場

そもそも、満州建国についての日本の言い分は、

「満州問題は、かつて帝政ロシアが南侵し日本の独立を脅《おびや》かしたことから生じた。ロシアの南侵は日露戦争で撃退されたが、今や共産ソ連は帝政ロシア以上に強化され、日本はソ連の脅威にさらされている。ソ連の周辺諸国への侵略の手口は、まず秘密工作員を送り込んで地下活動を行い、つぎに正規軍が侵攻するもので蒙古もこの手口でやられた。いま満州ではソ連の秘密工作員の地下活動が猛威を振るい、治安が悪化している。ソ連は、満州へ共産主義の浸透を図ったうえ軍事侵攻する目論見《もくろみ》だろう。日本の国防面で満州は極めて重要である。

蒙古では八年前の一九二四年、共産ソ連の援助を受けたモンゴル人民革命党がソ連を手本とするモンゴル人民共和国を建国。四年前の一九二八年以降、ソ連・コミンテルンの指導で親ソ路線を採り急進的な社会主義政策を断行した。モンゴル人民共和国は、ソ連の軍事的膨張の先鋒になるだろう。モンゴル兵の肉弾格闘戦能力は脅威である。

日本としては、これに備えて満州国を建国し、満州人民の福利を向上させ貧困を克服して共

産主義の浸透を防ぎ、日本陸軍が満州国を保護することが必要である。しかるに国際連盟が、このことを理解せず、日本の国防努力を掣肘《せいちゅう》するなら、日本が自衛権保持のため国際連盟を脱退するのは、やむを得ない。

今や共産ソ連は帝政ロシア以上に強大になった。しかるに国際連盟は、ソ連の脅威に無関心で、ソ連の強大化への警戒心を欠くワシントン体制の空理空論に夢遊している。

もし不幸にして満州が共産ソ連に占領され、日本がソ連の軍門に下れば、ソ連と国境を接するポーランド・フィンランド・エストニア・ラトヴィア・リトアニア・ルーマニアなど国際連盟加盟諸国は、直接、ソ連の軍事的脅威に晒《さら》される憂き目を見るだろう、と警告する」

ということである。すなわち支那・満州問題とは、

「新たなプレーヤーとして国際政治に登場した共産ソ連の影響力が、支那・満州に及んだ」

ということであり、最初にソ連の圧迫を受け脅威を抱いたのが日本だった訳である。

こういうことを丁寧に分かり易く説明するのが、外交官の本来業務なのだ。

しかるに日本全権松岡洋右は、こうした説明を一切せず。満州問題に関する国際連盟出席のためジュネーブに到着すると、いきなり、

「日本は満州国承認と矛盾するいかなる案も呑まない。日本の威信が傷付くなら連盟を脱退」する、と言い放った。開会前に、こういう乱暴な宣言をしたから、会議がうまくいく筈もなく、国際連盟は態度を硬化させ、前述の連盟決議に至ったのである。

ソ連周辺国の動き

共産ソ連が周辺地域へ膨張を開始した一九三二年頃までに、前述のとおり、蒙古ではソ連を手本としたモンゴル人民共和国が建国され、支那では孫文・蒋介石がソ連の支援を受けて容共姿勢をとり、日本は共産ソ連に対峙する防共国家として満州国を建てた。

一方、ドイツは第一次世界大戦敗北で高額賠償金を課され不況・失業・貧窮・重税に苦しみ疲弊。ソ連の影響を受けて共産主義が浸透し国論が分裂。対立する二つの思潮、

一、ドイツは、共産ソ連の援助を得て容共路線をとり、共産ソ連の衛星国となる。

二、誇り高いドイツ国民は、ドイツ精神を高揚して反共の盟主を目指し、共産ソ連の民主集中制に対抗すべく、反共ファシズムに走る。

が、熾烈《しれつ》な抗争を続けていた。

リットン報告書が作成された一九三二年は、第二次世界大戦開戦の七年前。ドイツでは、同年三月に大統領選挙が行われ、第一位ヒンデンブルグ、第二位ヒトラーとなった。

ヒトラーは決選投票で落選したが、同年七月の国会選挙でナチスが第一党となり、翌一九三三年一月、ヒトラーが首相になる。ドイツは、ヒトラーの登場で反共ファシズムへ進みそうであり、やがてフランス・イギリスがドイツの侵攻を受ける懸念がある。

しかるにインド暮しが長く、国際共産主義＝コミンテルンを知悉《ちしつ》しないリットン卿は、

「満州問題とは、ソ連の影響力が満州へ及んで来て、国際社会のなかで日本が最初に共産ソ連の圧迫を受け、ソ連の南下に対して防共に取り組んだのだ」

と、いくら説明されても、さっぱり理解出来なかった。労働党マクドナルド内閣（一九三一年～一九三五年）も、リットン卿も、

「国際社会に、共産ソ連の台頭という新たな大変化が生じ、その波紋が拡散し始めた」

ことに無知・無関心だったのである。イギリスの没落は、ここから始まる。

石炭エネルギーと日本開国

世界史上、多くの戦争が行われたが、産業革命の前と後で、戦争の方法が根本的に異なる。産業革命以前の戦争は風力・水力・波力・潮力・人力・馬力など自然エネルギーで戦われた。孫子の兵法は、自然エネルギーによる軍事戦略を述べたものである。

例えば「敵を風下へ誘導して、風上から火を放つ」というのは風力・火力の利用である。モンゴルのチンギス・ハンが草原を制覇したのは、「馬」という、馬力の勝利である。元寇のとき、苦戦した日本将兵は上陸した蒙古軍に夜襲を仕掛けて安眠を妨害。蒙古軍に「夜は船で寝る」よう仕向け、夜来の暴風で全滅させたのは、波力・潮力の活用である。

これが、産業革命以前の、自然エネルギーによる戦争のやり方である。

しかし蒸気機関が発明され産業革命が始まると、戦争の様相は一変する。産業革命後の戦争は、蒸気軍艦を動かす石炭エネルギーで戦われ、石炭の確保を巡るせめぎ合いが始まる。世界初の蒸気軍艦は、アメリカで一八一四年に進水したデモロゴス号（大砲二十門）。日本に開国を迫ったペリーは、帆船《はんせん》という自然エネルギーに頼る「風まかせの海軍」だったアメリカ海軍で、ミシシッピ・ミズーリ・ユニオン三隻の蒸気軍艦を建造。「アメリカ蒸気海軍の父」と呼ばれたエースだった。蒸気海軍には「石炭」と「貯炭所」が必須である。ペリーの開国要求の眼目は、蒸気軍艦に必要な「石炭」と「貯炭所」の確保だったのである。

このときまで日本の舟は、自然エネルギーに頼る「帆《ほ》かけ舟」だった。

しかし、ペリー艦隊の蒸気船を見た幕府首席老中阿部正弘は、「『帆かけ舟』の時代から、石炭エネルギーの『蒸気船』の時代に入った」と痛感。長崎奉行水野忠徳にオランダからの蒸気軍艦の購入を下命し、水野忠徳は蒸気軍艦二隻（咸臨丸《かんりんまる》と朝陽《ちょうよう》）をオランダに発注。その後、幕府は石川島造船所・長崎造船所・横須賀造船所を建設。幕府石川島造船所が我が国初の国産蒸気軍艦「千代田型」を完成させた。徳川幕府は石炭エネルギーによる蒸気船へ転換し、産業革命にキャッチ・アップしたのである。

石炭エネルギーと日露戦争

日露戦争の勝因の一つは、日露戦争が石炭エネルギーで戦われた戦争であり、日本は良質な石炭を大量に産出したことである。「石炭は黒いダイヤ」とは、言い得て妙だ。太平洋戦争の敗因の一つは、日本が軍艦等の燃料である石油を産出しなかったことである。

　こうしたエネルギーの視点を抜きに、

「日本は日露戦争に勝って慢心し、無謀な太平洋戦争を挑んで負けた、との経済音痴」の歴史解釈は願い下げたいものだ。エネルギー問題を欠落させて「戦争の論理」を語ることは、本質を隠蔽する目的で、枝葉末節《しょうまつせつ》を饒舌《じょうぜつ》に語るに等しい。

　バルチック艦隊はバルト海から地球半周に及ぶ苦難の航海の末、大航海に疲れ果てて疲労困憊。日本海海戦で「いよいよ海戦」というとき、満を持して待っていた日本艦隊に完敗した。

　第一次世界大戦以前の軍艦の動力は石炭で、石炭火力の軍艦は水兵にとって重労働だった。石炭を陸上から軍艦へ積み込み、人力でボイラーへ石炭を投入し、石炭を火格子《ひごうし》に平均した厚さに散布する。ボイラーは三〜四時間毎に火を落とし、石炭殻や灰を火室から除去する。熟練を要する重労働だった。石炭火力の戦艦の行動半径は三二〇〇キロ。休養十分な日本艦隊は、石炭を満載して停泊地から決戦場の対馬沖へ直航し、海戦に突入することが出来た。ところがバルチック艦隊は石炭積込みなどに疲労困憊《こんぱい》して海戦に臨み、敗北したのである。

石油エネルギーと太平洋戦争

　日本征服を狙ったアメリカのオレンジ計画は、一九〇六年以降、「厳しい通商上の封鎖により、日本を完全な窮乏と疲弊に追い込んで、打ちのめす」ことを基本方針とした。

石炭エネルギーの時代から石油エネルギーの時代へ代わり、軍艦燃料が石炭から石油へ転換した一九二二年頃以降、対日作戦の基本方針は「日本に石油を入手させない」こととした。

アメリカ海軍は、日本に石油を与えないため、日本とマレーシアとの連携を破断し、「日本の石油入手を妨害して、日本艦隊を最後の艦隊決戦へおびき出し、全滅させる」ことを基本戦略としたのである。

後述のとおり、一九三七年に盧溝橋事件が発生し、戦火は支那全土へ拡大。支那事変の解決に糸口がつかめないなか、フランクリン・ルーズベルト大統領は、一九三九年七月、日本に日米通商条約破棄を通告した。資源入手に苦しんだ日本が資源調達を求めて南部仏印へ進駐(一九四一年七月)すると、ルーズベルト大統領は、同年八月一日、対日石油輸出を禁止。石油を断たれた日本は、アメリカの目論見どおり、同年十二月、太平洋戦争に突入する。

石油問題

イギリス海軍は一九一二年に高速戦艦クイーン・エリザベスの建造を計画し、燃料を石炭から石油へ転換した。しかしイギリスは国内で石油を産出しなかった。当時、石油を産出したのはアメリカとロシアだけだった。そこでイギリスは石油を仮想敵国のロシアから購入。軍艦の動力に必要な石油を仮想敵国に握られていた。ここまではイギリスも日本も同様である。

そもそも石油の本格的採掘は、ジョン・D・ロックフェラーがアメリカのオハイオ州で石油事業に乗り出し、一八七〇年にスタンダード・オイルを設立したことに始まる。同社は、その後、アメリカ石油業界の占有率八〇パーセントを占めるまでに発展したが、独占禁止を定めたシャーマン法により、一九一一年、三十四社に分割された。

アメリカでは、この旧スタンダード・オイルを母体とするスタンダード・オイル・ニュージャージー（のちのエッソ）、スタンダード・オイル・ニューヨーク（のちのモービル）、スタンダード・オイル・カリフォルニア（のちのシェブロン）や、ガルフ・オイル（のちにシェブロン）、テキサコ（のちにシェブロン）のアメリカ石油資本五社が形成された。

イギリスでは、イギリス人ウイリアム・ダーシイが一九〇一年にペルシャ政府から石油探鉱権を得て探鉱を開始したが、油層を発見した一九〇八年には、ダーシイは資金を使い果たしていた。この商業的採掘のためアングロ・ペルシャン石油会社が設立（一九〇九年）されると、イギリス政府は、海軍艦艇用の石油確保のため、一九一四年八月、二二〇万ポンドを支出して、アングロ・ペルシャン石油会社の株式の五十一パーセントを取得。中東石油を入手した。同社は後にアングロ・イラニアン石油、さらにブリティシュ・ペトロリアムへ改称する。

このほか、オランダとイギリスの資本提携によるロイヤル・ダッチ・シェル。

以上、七つの国際石油資本が「セブン・シスターズ」と呼ばれた。

石油を産出しないイギリスは、第一次世界大戦で、石油確保に全力を尽くした。アラビアのロレンスことイギリス参謀本部の情報将校トマス・エドワード・ロレンスは、トルコ統治下のアラブ人をトルコへの反乱に立ち上がらせ、一九一七年七月、ベドウィンのラクダ部隊五十騎を率いて灼熱の砂漠を横断し、要衝《ようしょう》アカバ湾の奇襲攻撃に成功。

イギリスは、戦後処理として、アラブをトルコから分離独立させ、中東石油を確保した。中東石油は、イギリスが第一次世界大戦で勝ったから、イギリスの手に入ったのである。

こういう事情だから、日本海軍を派遣してイギリス勝利に貢献した日本は、イギリスに中東石油の採掘権・購入権を要求しても、おかしな話ではない。

しかし日本人は経済音痴で、そうした要求は出さなかったのである。だからといって、後に一九四一年八月一日。アメリカが対日石油輸出を禁止したとき、イギリスも同調して日本に一滴の石油も販売しなかったことは日本人の対英感情を憎悪へ高める。

一九二八年九月七日、「雷鳥撃《らいちょう》ち」を名目にロイヤル・ダッチ・シェル社長ヘンリ・デターディングの別荘で会談。秘密裏に国際石油カルテルを形成した。この事実は、アメリカ連邦取引委員会が一九五二年八月に報告書「国際石油カルテル」を発表するまで、誰も気付かなかった。

セブン・シスターズは、第二次世界大戦を挟み一九七〇年代まで、世界の石油を支配する。

日本でも、石油の重要性は認識されており、一九三三年二月十七日の貴族院予算委員会において、勅選議員内藤久寛《ひさひろ》と日本政府の間で、左記の議論が行われている。

勅選議員内藤久寛　戦《いくさ》に一番大切なものは燃料である。石油が無ければ足の無い飛脚《ひきゃく》のようなものである。ドイツはハノーバー油田を開発し、一八〇万バーレルに増加した。ソ連は、第一次五カ年計画で、国費で石油事業を経営。一億五四〇〇万バーレルに達している。なぜ（日本は）、石油を掘ることに尽力しないのか。

総理大臣斎藤実《まこと》　今、調査を持っておりませぬから、お答えすることが出来ませぬ。

海軍大臣大角《おおすみ》岑生《みねお》　若干は蓄積しております。しかし只今《ただいま》の御説のとおり、長期の戦争に堪えるだけの準備は、遺憾ながら、充分とは申し上げられません。

一九三四年二月二十八日の貴族院予算委員会では、下記の議論が行われた。

勅選議員内藤久寛　大蔵大臣は「戦争になっても外国から石油を買ってこられる」と考えておられる、と聞いております。私は、これは意外な話だと思う。

大蔵大臣高橋是清《これきよ》　非常時のための用意なら、今から石油を買って蓄《たくわ》えたほうがよい。

勅選議員内藤久寛　原敬《たかし》内閣（蔵相高橋是清）の大正九年頃、スマトラ島のコロニアルという会社の鉱区を日本石油と宝田石油の両社で一五〇〇万円で買収しようとしましたが、あなた（高橋蔵相）の反対で実現しませんでした。

のちに日本人はイギリスがアメリカに同調し対日石油禁輸を行ったことに激怒し、大東亜解放を旗印にイギリスに対しても開戦。シンガポール・ビルマ・インド独立に道筋をつけた。

一方、イギリスは、第二次世界大戦中、戦費調達のため中東石油の採掘権をアメリカ資本に二束三文で売却。第二次世界大戦を通じて、中東石油とアジアの植民地を失った。

この損得勘定について、是非、イギリス人の本音を聞いてみたいものだ。

第二章

ワシントン体制としての大正デモクラシー

憲政の常道

国内では、ワシントン体制下で、「憲政の常道」という大正デモクラシーを完成させた。

関東大震災が発生した大正十二年九月一日は、加藤友三郎《ともさぶろう》首相の病気急逝による総辞職の六日後で政治空白の状態だった。政治空白のなかで朝鮮人暴動の流言が飛び、自警団等による朝鮮人殺傷事件が発生するなど、世情は騒然とした。

混乱のなか、震災翌日の九月二日に第二次山本権兵衛《ごんのひょうえ》内閣が成立。山本内閣は、九月七日、「治安維持のための罰則に関する件」と「支払猶予令」の緊急勅令を公布し、十一月十日、国民精神作興《さっきょう》詔書を発布。震災後の混乱に対処した。

しかし、この間、軍隊が労働運動家平沢計七・川合義虎を殺害した亀戸事件や、憲兵大尉甘粕正彦が無政府主義者大杉栄・伊藤野枝らを殺害するなど混乱が続き、十二月二十七日には、無政府主義者難波大助《なんばだいすけ》が摂政宮裕仁《せっしょうのみやひろひと》皇太子を狙撃《そげき》する「虎の門事件」が発生した。摂政宮は無事だったが、国民に大きな衝撃を与え、山本内閣は警備上の責任をとり、十二月二十九日、在任四カ月で総辞職した。

この後、枢密院議長清浦奎吾が、大正十三年一月七日、貴族院勢力を背景に組閣した。清浦奎吾は、全国警察を統括する内務省警保局長を七年間にわたって勤め、内務大臣・司法大臣などを歴任した警察官僚出身である。清浦内閣が警察力・治安力の回復を図った結果、無政府主義者による要人襲撃や、自警団・軍隊・憲兵などが無政府主義者を殺害するという治安上の混乱は沈静化した。

しかし政友会・憲政会・革新倶楽部の護憲三派は、政党に立脚しない清浦奎吾内閣に強く反発。普通選挙断行・貴族院改革・行政整理を要求して、第二次護憲運動を展開した。

これに対し清浦奎吾内閣は、政友会（二七〇余議席）から一四九人を引き抜いて政友本党を結成して与党とし、同年五月十日、総選挙を断行した。しかし護憲三派が絶対多数二八一議席を獲得。清浦内閣与党の政友本党は一一六議席と大敗し、六月七日、在任五カ月で総辞職した。警察官僚出身の清浦奎吾首相は、関東大震災後の治安確保という目的を達成すると身を退き、議会第一党の憲政会総裁加藤高明が護憲三派連立内閣を組閣する。

この時以来、「憲政の常道」が始まった。憲政の常道とは、「①二大政党制下で衆議院第一党の党首が組閣する。②失政による総辞職の場合、野党第一党の党首に政権交代する。③首相の死亡等による総辞職の場合は、与党から後継首相を出す」とするもので、以来、犬養毅《いぬかいつよし》内閣が五・一五事件の凶弾に倒れるまで続けられる。

加藤高明内閣（大正十三年六月十一日～大正十五年一月二十八日）は、

一、外相に幣原喜重郎を据え、ワシントン体制を重視した国際協調路線を採るとともに、大正十四年一月、日ソ国交を樹立。

二、陸相に宇垣一成を据えて「宇垣軍縮」を断行。同年五月、四個師団を廃止して兵員数を削減すると同時に、飛行機・戦車など装備の近代化を図った。

三、内相に若槻礼次郎を据えて、

①同年三月十九日に治安維持法を成立させて共産主義者・無政府主義者を排除し、

②三月二十九日、普通選挙法を成立させた。これにより選挙権・被選挙権における財産制限が撤廃され、満二十五歳以上のすべての男子が選挙権を得ることとなった。

治安維持法は、日ソ国交樹立・普通選挙実施により危惧された共産主義者・無政府主義者の議会進出を排除すべく、①国体の変革（天皇制を廃止すること）、②私有財産制の否認、を目的とする結社を禁じたものである。

護憲三派に立脚した加藤高明内閣は、こうして内政・外交の大枠を確定した。

なお政権与党の一角にあった政友会は、五月に革新倶楽部を吸収したうえ、七月には憲政会と袂《たもと》を分かって下野した。

そこで加藤高明内閣は、八月二日以降、憲政会単独の内閣となった。

こうして憲政会と政友会による、「憲政の常道」に基づく、二大政党制がスタートする。

第一次若槻内閣における震災手形問題

首相加藤高明は大正十五年一月二十八日に病気急逝。そこで加藤高明内閣の内相だった若槻礼次郎《れいじろう》が、一月三十日、憲政会を基盤として、第一次若槻礼次郎内閣を組閣した。

第一次若槻内閣（蔵相片岡直温、外相幣原喜重郎）では、三年前の関東大震災の後遺症により、震災手形の処理が進まない根深い経済問題が深刻化していた。これは、「関東大震災による工場焼失等に起因し、多くの銀行の手持ち手形が決済不能となった。この銀行手持ち手形が『震災手形』と呼ばれた。震災後、不況が続き、震災手形の決済が進まないので、政府は緊急措置として決済不能となった震災手形に対し、日本銀行から四億三〇八二万円を特別融資させた。しかし昭和元年末現在、二億六八〇〇万円が未決済だった」という問題である。これを放置すれば、銀行がバタバタ潰れる金融恐慌になってしまう。

若槻内閣は、震災手形の処理を図るため、昭和二年一月二十六日、震災手形処理二法案を議会へ提出した。これは、「日銀が震災手形を再割引して生じる日銀損失に対し、国庫が一億円を限度として補償する」というものである。

しかるに三月十四日、片岡直温《なおはる》蔵相が衆議院予算委員会で野党政友会の質問に対し、「財界において破綻を惹起《じゃっき》したとき、大蔵大臣が救済するのは当たり前である。現に、本日正午頃、渡辺銀行が破綻を致しました。何とか救済しなければならぬと存じます」と答弁し、渡辺銀行の経営破綻を公表。これを機に、翌十五日、渡辺銀行が休業。十九日に中井銀行、二十一日に左右田《そうだ》銀行・八十四銀行・中沢銀行、二十二日に村井銀行など中小銀行が休業。久喜銀行など四行が破産した。

中小銀行が休業・破産する混乱のなか、震災手形処理二法案は三月二十六日に可決成立。これにより金融恐慌の「第一段階」の混乱は、三月末には、ひとまず、沈静化した。

台湾銀行救済に失敗した第一次若槻内閣が総辞職

月が替わって四月に入ると、金融恐慌は「第二段階」に突入した。鈴木商店が四月四日に倒産し、「台湾銀行問題」が生じたのである。倒産した鈴木商店は、明治初年に鈴木岩次郎が創業した砂糖・樟脳《しょうのう》を扱う貿易商社で、傘下に神戸製鋼、播磨《はりま》造船（後の石川島播磨重工業。現在のＩＨＩ）、日本製粉、帝国人造絹絲《けんし》（後の帝人）、大日本セルロイド（富士フィルムの前身）などを持つ総合商社だった。台湾銀行問題とは、

「鈴木商店は、日本統治下の台湾で商売を活発化させ、第一次世界大戦中は台湾銀行の融資に支えられ急成長。三井物産・三菱商事と並ぶ総合商社に発展したが、関東大震災後の不況で倒産。鈴木商店に巨額の融資を行っていた台湾銀行が破綻の危機に瀕した」

というものである。金融恐慌の深刻化ともいうべき、緊急事態である。台湾銀行は、台湾にお

ける中央銀行であり、台湾の農業・産業振興融資も行う特殊銀行でもあった。鈴木商店が倒産し、台湾銀行の命運が風前の灯になると、日銀の経営が揺らぎ始めた。日銀は、このときまで、台湾銀行に巨額の支援融資を行っていたからである。

一刻の猶予もならない緊急事態だったが、議会は閉会中だった。臨時議会を招集して何週間も悠長に議論している時間的余裕はなかった。若槻内閣は、四月十四日、

「第一条　日本銀行は、台湾銀行に対して、無担保の特別融資を成すことを得。
第二条　政府は、日本銀行が台湾銀行に融資したため損失を生じた場合、二億円を限度として、補償を成すことを得。」

との「緊急勅令」を公布して台湾銀行を救済すべく、枢密院に図った。

しかし枢密顧問官伊東巳代治伯爵が、四月十七日の枢密院の会議で、台湾銀行救済の緊急勅令を却下したうえ、内閣総辞職を要求。若槻内閣は、同日夕刻、総辞職した。

すると翌十八日に台湾銀行が休業。金融恐慌は全国へ波及し、一段と深刻化。十九日に泉陽銀行以下四行、二十日に広島産業銀行ほか一行が休業。二十一日に十五銀行が破綻した。金融恐慌は経済に深刻な打撃を与え、皺寄《しわよ》せは農民・低所得者など社会的弱者に波及。昭和初期の世相に暗い陰を落とし、共産主義・無政府主義・天皇制廃止論など赤化思想が蔓延《まんえん》した。

一方、強い反共思想を生み、反共ファシズムとも昭和軍国主義とも云われる狂気の思想が生

じ、左右の思想対立が激化して、制御困難な昭和前期が始まる。

伊東巳代治枢密顧問官が台湾銀行救済の緊急勅令を却下して第一次若槻内閣を総辞職へ追い込んだ理由は、南京事件における若槻内閣の穏便な措置を「軟弱外交」と見て、不満としたからである。伊東枢密顧問官は「江戸の敵《かたき》を長崎で討つ、ちゃぶ台返し（周到に用意された政策案を全面却下すること）」を行った訳である。

南京事件とは、北伐中の蒋介石軍が、若槻内閣（大正十五年一月～昭和二年四月）の昭和二年三月二十四日、南京へ入城し、イギリス・アメリカ・日本などの領事館・学校・会社・居留民などを襲って財産を強奪。イギリス人二名、アメリカ人一名、日本人一名など計七名が殺された事件である。

在留邦人約百人が避難していた日本領事館では、盛岡正平領事の「刺激しないほうが得策」との判断で無防備・無抵抗を貫いた。これが裏目に出た。蒋介石軍兵士約五十人が乱入して金庫の鍵を要求し掠奪を開始。その後、蒋介石軍兵士二百余人が乱入。さらに支那暴民数百人が押し寄せ、床板・便器・空瓶まで持ち去った。佐々木到一中佐は、この様子について、「(蒋介石軍兵士は盛岡領事の）夫人を良人の前で裸体にし、薪部屋へ連行して二十七人が輪姦したとか。三十数名の婦女は少女にいたるまで陵辱せられ、げんにわが駆逐艦に収容されて治療を受けた者が数十名もいる。抵抗を禁じられた水兵は、切歯扼腕して惨状に目を被っていなければならなかった。しかるに外務省の広報は『わが在留婦女にして陵辱を受けたるもの一名もなし』とのことであった。南京居留民の憤激は極点に達した（『ある軍人の自伝』）」との記録を残している。

イギリス・アメリカ・日本・フランス・イタリア五国は、蒋介石に厳重に抗議。イギリス・アメリカの軍艦が、報復のため、揚子江上から南京市街を一斉に砲撃。さらにイギリス・アメリカは「蒋介石に最後通牒を突き付けたうえ共同出兵しよう」と日本政府に申し入れた。しかし若槻内閣（外相幣原喜重郎）は紛争拡大を憂慮し、対支不干渉主義を採って出兵を見合わせ、加害者処罰・賠償金支払いの外交交渉で決着させた。

この処理に軟弱外交との批判があるのも事実であり、伊東枢密顧問官が、①幣原外相更迭や、②内閣総辞職を要求するのも、政治論としては有り得る。しかしその場合でも、「国民生活に直結する金融恐慌回避のため、台湾銀行救済の緊急勅令を承認したうえで、総辞職させる」というのが精一杯の落とし処《どころ》（妥協点のこと）だ。しかるに伊東枢密顧問官は、「第一次若槻内閣を潰すため、台湾銀行救済の緊急勅令を却下する」という、権力の濫用《らんよう》ともいうべき「禁じ手」を行い、地獄の釜の蓋《ふた》を開けた（厄災が続々と吹き出して制御不能になること）訳である。

枢密顧問官伊東巳代治伯爵は、銀座に広大な土地を所有する大地主・大富裕家で、農民・低所得者らの貧窮・窮迫という塗炭《とたん》の困苦は、全く眼中に無かったようだ。

田中内閣の支払猶予令

憲政会の第一次若槻内閣が倒れると、憲政の常道に基づき、政友会へ政権交代。四月二十日、政友会総裁田中義一が組閣した。田中義一内閣の最重要課題は、①金融恐慌への対処と、②金融恐慌に伴う共産主義など赤化思想による社会混乱への対処である。

首相田中義一は高橋是清を蔵相に迎え、組閣二日後の四月二十二日、「三週間の支払猶予令」を施行。日本銀行総裁井上準之助は、これに協力し、巨額の救済融資を行なった。

蔵相高橋是清と日銀総裁井上準之助は、協力して金融恐慌を乗り切ったのである。

田中内閣は、金融恐慌の後始末を終えると、国債発行・国庫余剰金取崩しにより、震災復興事業・農村救済など積極的な財政支出を行って景気を刺激した。すると金融恐慌後の不況から回復の兆《きざ》しがみえ、生産も物価も上向く気配を見せた。田中内閣は、積極財政・金融緩和により、景気の立直しに目処をつけたのである。これは、今風にいえば、「ケインズ経済政策の実践」であり、妥当な経済政策だったといえる。

余談だが、近代経済学の泰斗《たいと》J・M・ケインズが古典的名著『雇用・利子および貨幣の一般理論』を著しケインズ経済学を確立したのは九年後の昭和十一年。ケインズは、昭和十六年、イングランド銀行の理事となる。蔵相高橋是清と日銀総裁井上準之助は、その前に、ケインズ経済政策を実践した訳である。ひょっとするとケインズは、蔵相高橋是清・日銀総裁井上準之助の経済政策を見てケインズ経済学を発想したのかもしれない。その意味で「高橋是清は日本のケインズ」というより、「ケインズはイギリスの高橋是清」というべきかもしれない。

しかし高橋蔵相・井上日銀総裁の積極財政・金融緩和の副作用で、物価が上昇。

物価上昇により産業の国際競争力が低下し、輸出は減少し、輸入が増加。輸入超過額は昭和三年度には二億二四〇〇万円へ増加。為替相場は、昭和二年三月は一〇〇円＝四九ドル前後だったが、昭和四年四月には一〇〇円＝四四ドル台へ低下。大幅な円安になる。

これが「ケインズ経済政策の根本的欠陥」なのだ。すなわちケインズ経済政策は、

①不況・恐慌からの脱出には極めて有効だが、副作用として、物価上昇により産業の国際競争力が低下し、貿易収支が赤字になる。この現象を「国際収支の天井」と云う。

②景気が回復したとき財政支出を削減し財政健全化を図るべきだが、政治圧力により、これが困難である。これは、今日現代の各国経済が抱える解決困難な大問題である。

高橋蔵相・井上日銀総裁は、ケインズに先駆けること九年前にケインズ経済政策を実践し、その後、ケインズ政策の根本課題である財政再建に取り組み、暗殺されて死んでしまう。

金融恐慌の皺寄せは農民・低所得者など社会的弱者に打撃を与え赤化思想が蔓延したが、田中内閣は昭和三年三月十五日に日本共産党幹部を大量検挙（三・一五事件）。六月二十九日、治安維持法に死刑を追加。七月三日に特別高等警察（特高）を拡充し、治安の強化を図った。

田中内閣は、手荒なやり方だったが、①金融恐慌への対処と、②赤化思想による社会混乱の沈静化を成し遂げたのである。

なお、この間の昭和二年六月一日、憲政会は政友本党と合同して、民政党となっている。

山東出兵

田中内閣は、①金融恐慌への対処、②景気対策、③治安対策など、内政上の諸懸案に追われた内政重視型内閣で、複雑化する支那問題に関わる余裕は全く無かった。

田中内閣の切なる願いは、支那の静謐《せいひつ》（問題が生じないこと）だった。

しかし支那情勢は、蒋介石の北伐で日本人居留民の安全が脅かされ、混迷の度を深めた。

蒋介石の北伐軍が徐州の前面へ進出すると、イギリス・アメリカ・フランスは自国居留民保護のため天津方面に兵力を増強した。北伐軍の北上の通路となる山東省における日本人居留民は青島に一万四〇〇〇人、済南に二二〇〇人。この地域に対する日本の投資総額は二億円。そこで田中内閣は、日本人居留民保護、・財産保全のため昭和二年五月二十八日、第一次山東出兵を行ったが、金融恐慌対応のため財政困難で、旅順から兵二千人を送ったに過ぎなかった。

しかし蒋介石の北伐が停滞したので、日本軍は同年八月に撤兵した。

その後、昭和三年四月八日に北伐が再開（第二次北伐）され、蒋介石軍二十万人が済南へ迫ると、済南の在留邦人は不安を強め、済南の日本領事館が、四月十六日、電報で、「（日本陸軍の）出兵なき場合、婦女子・居留民の引揚を為す必要あるも、引揚は困難」と悲痛な出兵要請を行った。済南は蒋介石軍二十万人に包囲され、引揚げ不可能である。

田中首相は第二次山東出兵を行ったが、財政逼迫のため動員兵力は三千人という兵力不足で、居留民の保護は出来なかった。済南へ入った蒋介石軍は、五月三日、一斉に略奪・暴行を開始。在留邦人二十三人が手斧《ておの》・梶棒《こんぼう》・玄能《げんのう》（大型の金槌《かなづち》）・鳶口《とびくち》などにより両眼喪失・全内臓露出・陰茎切断など惨殺され、婦女二名が凌辱され、日本人家屋百三十六戸が略奪を受ける済南事件が発生した。

済南事件での蒋介石軍の暴虐が伝えられると、日本国内で南軍膺懲《なんぐんようちょう》（蒋介石軍をこらしめるべきこと）が叫ばれ、田中内閣は第三次山東出兵を行い、蒋介石軍を済南から追い払った。

蒋介石軍が更に北上し北京の張作霖軍との決戦が近付くと、田中首相は敗北した張作霖軍を追った蒋介石軍が満州へ乱入することを警戒し、

「張作霖軍が蒋介石軍に敗れて満州へ逃げ込めば、蒋介石軍が張作霖軍を追って満州へ乱入し、

内戦が満州へ波及。ソ連に対する満州の防波堤が破壊される。従って、張作霖を事前に満州へ引揚げさせ、蒋介石軍が満州へ乱入するのを未然に防止すべき」と判断。五月十六日の閣議でこの方針を決定し、芳沢謙吉公使を通じて、張作霖に満州への引揚げを勧告した。このとき長男張学良が防戦困難とみて満州帰還を懇請。各地から敗報が相次ぎ、五月二十三日、張作霖は満州帰還を承諾した。

田中内閣総辞職

この頃、田中首相と関東軍の間で、張作霖に対する評価の違いが表面化した。

田中首相は、元老山県有朋（～大正十一年）の遺志を汲み、また田中自身が張作霖を取り立てたことから、張作霖を「日本に忠実な日本の傀儡《かいらい》」と見て親近感を持って支援。北京政権の覇者となった張作霖に多額の武器・資金援助を行った。

しかし張作霖は、日本を「間抜けでお人好しな便利な金蔓《かねづる》」としてしか見ていなかった。

この齟齬《そご》に最初に気付いたのが、現地の関東軍首脳部である。、関東軍は、張作霖を、「日本から多大な武器・資金の援助を受けながら、北京政権の覇者となった頃から満州統治という地域政権を脱し全国制覇を指向。日本の意に反する裏切者」と不快感を強め、六月四日、鉄道列車を爆破して、張作霖を殺害した。

首相田中義一は、張作霖爆殺事件の第一報を聞くと、周辺の記者らに、「張作霖は日露戦争の頃はロシアのスパイだったが、その後、日本に好意を持たせた。オラの古い友達だ。オラは、友達の奇禍《きか》を聞いて、感慨無量だよ」

と語った。陸軍予備役大将田中義一は朴訥《ぼくとつ》な風貌で、「オラが大将」と渾名《あだな》されていた。

事件直後から、「張作霖爆殺実行者は関東軍の河本大作大佐」と、ささやかれていた。陸軍省と参謀本部は、河本大作大佐を東京へ呼び、六月二十六日から尋問を行ったが、河本大佐は、「事件実行者は支那便衣隊であり、自分は一切関与していない」と強弁した。

田中首相が憲兵司令官峯幸松少将を満州へ派遣し、外務省・陸軍省・関東庁による張作霖爆死事件特別委員会を設置して調査すると、「実行者は河本大佐」との結論を得た。

そこで田中首相は、十二月二十四日、昭和天皇に対し、

「(事件は) 河本大佐の発意によって行いしもののごとく。もし事実なら、厳然たる処分を行う所存でございます。処罰につきましては、陸軍大臣に調査させ、結果は陸軍大臣から奏上させます、と言上。河本大佐を軍法会議で処罰する旨を申し述べた。

田中首相は、前述のとおり、内政諸課題の懸案処理に追われ、多忙を極めていた。

すなわち、支払猶予令《モラトリアム》・日銀巨額融資など金融恐慌対策や積極財政という先駆的経済政策は、人々から理解されず、関係者の合意形成を図かる困難があった。また金融恐慌の皺寄せによる

赤化思想の蔓延に対する治安強化に取り組む必要もあった。

内政面で多忙を極めた田中首相は、河本大佐処分問題を陸相白川義則に「丸投げ」したが、閣内は不統一だった。久原房之助《くはらふさのすけ》逓信《ていしん》大臣・小川平吉鉄道大臣・山本悌二郎《ていじろう》農林大臣らが、軍法会議による河本大佐の処罰に反対。田中首相・白川陸相は閣内で孤立したのである。

とくに陸軍は、軍法会議による河本大佐の処罰に、強く反対した。軍法会議は、
一、下士官・兵の上官侮辱・上官殴打・命令不服従・脱走・敵前逃亡など利敵行為の処罰。
二、下士官・兵による賭博・強姦・軍備品窃盗など破廉恥《はれんち》・不正行為の処罰。
を主に想定し、「諜報活動による敵性人物の殺害」は想定外だったからである。

河本大佐は事件関与の一切を否認。確定的物的証拠は無かった。噂話・外電情報・状況証拠のみで罰すれば冤罪《えんざい》となるかもしれない。河本大佐の処罰は軍法会議に馴染《なじ》まなかった。

軍法会議は、軍紀を維持する目的で、軍の意思によって、軍が開催するものである。

軍に軍法会議開催の意思がない以上、天皇が大元帥陛下であり田中首相が陸軍大将（予備役）であろうとも、軍に軍法会議開催を要求するのは軍に対する越権行為である。

既にこの時期、わが国では、明治二十四年の大津事件における大審院院長児島惟謙《これかた》の尽力により、司法権は行政から独立。「司法権独立の原則」が確立していた。

行政を司《つかさど》る内閣は、軍法会議という軍の司法権に立ち入れず、行政処分の権限しか持たなかった。行政府を預かる田中内閣に付与されている権限は、「警備上の手落ちとして、関東軍司令

官村岡中将を予備役編入、河本大佐を停職とする行政処分」しか無かった。

首相田中義一は、内閣に付与されている権限の範囲内で、最大限の努力をした。

田中内閣は、「事件は内閣の権限である行政処分で決着させる」と意思統一したのである。


河本大佐処分問題を田中首相から「丸投げ」された陸相白川義則は、三回にわたって昭和天皇に拝謁《はいえつ》し、「関東軍に大きな問題は無い」と奏上《そうじょう》。事件を行政処分で決着させることを示唆した。このうち昭和四年三月の奏上では、昭和天皇に対して、

「事件は河本大佐の犯行であるが、全内容を公表すれば国家の不利となるので、こうした不利を惹起《じゃっき》しない形で軍紀を正したい」

と踏み込んで言上。田中内閣の最終結論が、

「犯人不明としたまま、警備不行届きということで、警備責任者を行政処分する」

ことである旨を申し述べた。この様子について昭和四年三月二十九日付東京朝日新聞は、

「村岡司令官、白川陸相は夫々参内し、陛下に拝謁。一切の経過を奏上申し上げているから、残る問題は警備責任者の（行政）処分である（『昭和四年三月二十九日付東京朝日新聞』）」

と報道。首相田中義一も陸相白川義則も、そして世間も、

「天皇は、白川陸相の三度の上奏で、警備責任者の行政処分で決着させる方針を了解」なされた、と考えていた。

田中首相は、昭和四年五月十四日、河本大佐を関東軍高級参謀から第九師団司令部付へ異動させる左遷人事を発令。事件の最終決着をはかるべく六月二十七日に参内《さんだい》し、昭和天皇に、「張作霖横死事件につき、いろいろ取調べましたが、日本陸軍には犯人が居ないことが判明しました。警備責任者の手落ちがあった事実につきましては、処分致します」と言上し、最終決着に至った、と考えた。昭和天皇は田中首相を不審気《ふしんげ》に眺めていたが、「責任を明確に取るにあらざれば、許しがたし」と河本大佐を軍法会議に付託するよう要求なされた。このとき首相田中義一は、「行政府たる内閣には軍に軍法会議を開催させる権限が無く、内閣の権限は行政処分だけ」である、ことをご説明申し上げず、「聖旨《せいし》（天皇の意思のこと）に沿うように致します」と、生返事《なまへんじ》（軽く受け流すこと）をして退出した。

陸相白川義則は、これまでの三度にわたる上奏で、「天皇は行政処分による最終決着を了解されておられる」と考えていたので、翌六月二十八日午前十一時、参内して、昭和天皇に、「事件は関東軍の警備上の手落ちなので、関東軍司令官村岡長太郎中将を予備役編入、高級参謀河本大作大佐を停職とする、との行政処分」

を行う旨の内奏文を読み上げた。すると昭和天皇は激怒なされ、

「かつて（田中）総理が上奏したものと違うではないか。それで軍紀は維持できるのか！」

と大声で叱責して退席なされた。そして侍従長鈴木貫太郎に、

「（田中）総理の言うことは、さっぱり分らぬ。二度と聞きたくない！」

と興奮した口調で述べられた。

侍従長鈴木貫太郎は、同日午後一時半、田中首相を呼んで、昭和天皇の怒りを伝えた。昭和天皇の怒りに驚愕した田中首相は、「内閣には、軍に軍法会議を開催させる権限が無いので、内閣としては行政処分を行うのが精一杯である」ことを昭和天皇にご説明すべく、

「よくご説明申し上げたい」

と、拝謁の取次ぎを要請した。しかし侍従長鈴木貫太郎は、

「拝謁を願われるならお取次ぎ致しますが、本件の事なら、おそらく、お聴《き》きになりますまい」

と、冷厳に言い放ったのである。

田中首相は鈴木侍従長をしばらく凝視していたが、両眼から涙があふれ、頭を垂れたまま無言で退出した。田中首相が首相官邸へ戻り閣僚らに報告すると、久原房之助逓信相らから、

「上奏のため、再度、参内すべし」

との意見が出た。しかし首相田中義一は、顔面蒼白《がんめんそうはく》のまま首を横に振り、

「オラは陛下の御信認を失った……」

と述べて、総辞職を申し渡した。

辞任した田中義一は二カ月後に死んだ。死因は、狭心症の発作とも、自決とも云われる。

浜口内閣の金解禁

政友会の田中義一内閣が昭和四年七月二日に総辞職すると、憲政の常道により、同日、民政党の浜口雄幸《おさち》内閣（〜昭和六年四月十三日）が発足。浜口雄幸内閣は、日銀総裁井上準之助を蔵相に迎え、田中義一前内閣がやり残した経済問題に果敢《かかん》に取り組んだ。

田中義一前内閣は支払猶予令・巨額救済融資・積極財政により金融恐慌を乗り切ったが、前述のとおり、副作用で物価が上昇し、産業の国際競争力は低下して、輸入超過額が増加。ケインズ経済政策の根本的欠陥である「国際収支の天井」に突き当たった。これを放置すれば、「積極財政・金融緩和→物価上昇→国際競争力低下→輸入超過・貿易収支赤字→景気悪化」という悪循環に陥る。浜口雄幸内閣（蔵相井上準之助）は、この悪循環を断とうとした。

この頃、三井銀行池田成彬《いけだしげあき》・住友銀行八代則彦《やつしろのりひこ》や、為替安定を望む商社・蚕糸《さんし》業者等から、「経済界を抜本的に整理し、欧米にならって金解禁を実施し、為替相場を安定させるべき」と、金解禁を求める声が高まっていた。

国際貿易の交換比率の基礎となる金について、列国は大正四年から大正八年にかけて輸出禁止とし、金本位制から離脱した。すなわちフランスは大正四年七月、ドイツは大正四年十一月、アメリカと日本は大正六年九月、イギリスは大正八年四月に、金を輸出禁止とした。

しかし列国は、その後、金解禁を実施し、金本位制へ復帰した。アメリカは大正八年六月、ドイツは大正十三年十月、イギリスは大正十四年四月、フランスは昭和三年六月に、金解禁を実施。以来、列国経済は好調な輸出に支えられ、順調に推移していた。これを見た財界人の間で、「バスに乗り遅れるな」と、金解禁を求める声が高まったのである。

浜口雄幸内閣（蔵相井上準之助）は、金解禁を求める財界の声を受けて、「膨張する財政を緊縮財政へ転換して物価引下げを図り、産業合理化を促進して国際競争力の強化を図り、金解禁を実施して為替相場を安定させ、輸出を促進し、景気を回復させる」として金解禁を実施した。

金解禁は、学理的に見れば、理想的な政策である。すなわち、

一、国際協調の路線上にあること。

二、やや円高という高めの努力目標（旧平価一〇〇円＝四九・八四五ドル）を掲げ、産業界の合理化努力で努力目標を達成し、輸出を促進すれば、景気の安定的成長を図れる。

と考えられたからである。

浜口雄幸内閣は、昭和四年十一月二十一日、金解禁の大蔵省令を公布。昭和五年一月十一日、

金輸出禁止前の旧平価（一〇〇円＝四九・八四五ドル）による金解禁を実施した。

一方、ニューヨーク市場で昭和四年十月二十四日に株価が大暴落。世界恐慌に発展する。

金解禁はタイミングが悪く、「雨戸を開けたら嵐が来た」という、最悪の結果となる。

しかしアメリカ経済は、これまで「永遠の繁栄」を謳歌《おうか》していたので、多くの人々は、

「十月二十四日のニューヨーク市場の株価大暴落は一時的な現象。いずれ株価は反転する」

と安易に考えていた。浜口雄幸内閣が金解禁を決定した昭和四年は、次記の通り、輸出も伸び、輸入超過額も減少していたので、

「日本経済は、金解禁に伴うデフレの副作用に、充分、耐えられるだろう」

と考えられていた。ちなみに、わが国の貿易統計は、

昭和三年	輸出額一九七二百万円	輸入額二一九六万円	輸入超過額二二四百万円
昭和四年	輸出額二一四九百万円	輸入額二二一六万円	輸入超過額　六七百万円

ニューヨーク市場の株価大暴落が世界恐慌に発展し、日本に深刻な悪影響を及ぼすまでタイム・ラグがあり、金解禁の実施時に、世界恐慌の悪影響は波及していなかったのである。

ロンドン海軍軍縮条約

イギリスの提唱で昭和五年一月二十一日から米英日仏伊五カ国によるロンドン海軍軍縮会議

が開催され、前回のワシントン海軍軍縮条約（戦艦等主力艦の海軍比率を米英日一〇：一〇：六と決定）で対象外とされた巡洋艦・駆逐艦・潜水艦など補助艦艇の制限を議題とした。浜口内閣は若槻礼次郎元首相を首席全権とし海相 財部彪《たからべたけし》、駐英大使松平恒雄らを派遣した。

ロンドン海軍軍縮会議は、同年三月、海軍軍縮条約案を「補助艦全体で対米六・九七割。うち重巡洋艦は対米六割」と決定。これを受けて日本全権団は、本国に請訓を要請した。

民政党の浜口内閣（外相幣原喜重郎、蔵相井上準之助）の外交基本方針は英米協調であり、財政方針は財政緊縮化だった。そこで浜口雄幸首相は、金解禁実施（昭和五年一月十一日）の十日後の一月二十一日、衆議院を解散。二月二十日の第十七回総選挙で、民政党は英米協調・財政緊縮化・軍縮を訴え、民政党二七三議席、政友会一七四議席。民政党が大勝した。

世論の支持を得た浜口内閣は、当然、海軍軍縮条約案を受諾する方針だったのである。

軍縮問題について、海軍省の海相財部彪大将・軍事参議官（前海相）岡田啓介大将・海軍次官山梨勝之進中将・軍務局長堀悌吉《ていきち》少将が賛成。海軍軍令部の軍令部長加藤寛治《ひろはる》大将・軍令部次長末次信正中将は「当該軍縮案では対米の国防に責任を負えない」と強硬に反対した。

そこで海軍は、三月二十六日、賛成派の軍事参議官岡田啓介・海軍次官山梨勝之進・軍務局長堀悌吉と、反対派の海軍軍令部長加藤寛治・軍令部次長末次信正が、一堂に会し、

「兵力量の決定権は内閣に存する」

と意思統一した。この頃、反対派の軍令部長加藤寛治は賛成派の軍事参議官岡田啓介に、

「私の腹は決まりました。結局、飛行機に重点を置けば、国防は保てる」

と述懐した。翌二十七日、軍事参議官岡田啓介と軍令部長加藤寛治は浜口首相を訪ね、

「海軍は（軍縮条約に）賛成しないが、閣議決定されれば、最善の努力をする」

と、消極的ながら、海軍軍縮条約への同意を表明した。

これを受けて浜口雄幸首相は「政府は海軍航空隊の強化に尽力する」と約し、四月一日、海軍軍縮条約案の受諾を閣議決定。ロンドン海軍軍縮条約は四月二十二日に調印された。


軍令部長加藤寛治が「当該軍縮案では対米国防に責任を負《お》えない」というのも一理ある。

すなわち海軍戦力の基本原理は、「艦隊の戦力は軍艦保有量の二乗に比例する」ので、
①一：〇・七の艦隊の戦力は一＊一＝一：〇・七＊〇・七＝〇・四九。すなわち半分。
②一：〇・六の艦隊の戦力は一＊一＝一：〇・六＊〇・六＝〇・三六で、三分の一。
「アメリカ海軍の半分の戦力ならまだしも、三分の一では戦えない」ということである。

加藤寛治大将は直情径行の熱血漢。部下思いで、部下の進言によく耳をかす激情の人。根っからの闘将である。反面、淡白な一面があり、熱し易く冷め易い性情だった。この頃、加藤寛治大将の胸中は揺れに揺れていた。だから加藤寛治大将を、ゆるりと宥《なだ》めることも、可能だったように思われる。加藤寛治大将の耳元で、

「戦艦・重巡洋艦対米六割で良いじゃないですか。前回のワシントン条約でも、今般のロンドン条約でも、航空母艦は対象外です。条約対象外の空母を量産しましょう。これからの海戦の花形は、戦艦でも重巡洋艦でもなく空母です。空母の戦闘運用を企画できる提督は、世界の海軍軍人を見渡しても、貴殿加藤寛治大将閣下しか居りません。しっかり頼みますよ」

などとささやいて、海軍軍縮案を了承してもらうのが、政治の役割だった筈である。

鳩山一郎の統帥権干犯論

しかるに、政友会総務鳩山一郎が、寝た子を起こした。

ロンドン海軍軍縮条約が調印されると、条約調印の翌日に開かれた第五十八議会で、野党政友会は海軍軍縮条約批准に反対して政府を攻撃。政友会総務鳩山一郎は、

「海軍兵力の決定は、内閣が関与し得ない天皇の統帥権に属する。浜口内閣が海軍軍令部の反対を押し切って海軍軍縮条約を調印したことは、天皇の統帥権を犯す統帥権干犯である」

と主張して、民政党浜口雄幸内閣を激しく攻撃した。

そもそも日清戦争の開戦は伊藤博文首相・陸奥《むつ》宗光《むねみつ》外相らの合議で決定。日露戦争の開戦は元老伊藤博文・首相桂《かつら》太郎・陸相寺内正毅《てらうちまさたけ》中将・海相山本権兵衛中将らの合議で決した。

日清・日露両戦役は、「内閣が統帥権を保持していたから勝てた」とも云える。

大正期には、第二次大隈内閣が国防問題を論じるため、首相を議長とする防務会議を設置。国防問題は防務会議で協議する仕組みを確立し、統帥権を内閣へ取り込んだ。

その後、ワシントン会議で「戦艦等主力艦の海軍比率米・英・日一〇・一〇・六」が提議されると、海軍大臣加藤友三郎は、反対派を説得して、「海軍比率の対米英六割」を受諾。

学理面では、東京帝国大学教授美濃部達吉《みのべたつきち》博士が明治四十五年に著した『憲法講話』で、「天皇は立憲君主であり、開戦・終戦・軍拡・軍縮など広義の統帥権は内閣に存する」との趣意を天皇機関説として取りまとめ、学界・政界・官界に広く受け入れられていた。

しかるに政友会総務鳩山一郎が、第五十八議会で、「統帥権干犯《かんぱん》論」なる珍説を唱え、「明治・大正期を通じて内閣が保持していた『統帥権』を、昭和五年以降、天皇へ移す」という世界の潮流に逆行する動きで、議会の軍に対するコントロール機能を放棄させた。

これは、政党政治の自滅行為だった。

政友会総務鳩山一郎の統帥権干犯論はテロリズムと呼応し、後述のとおり、浜口雄幸首相（民政党）のみならず、犬養毅首相（政友会）の生命をも奪い、軍部の暴走を招くのである。

浜口首相遭難

浜口首相は、統帥権干犯論を振りかざす鳩山一郎と果敢に論争。第五十八議会（～五月十三日）は与党民政党が絶対多数を占めていたので、浜口雄幸内閣は議会を難なく乗り切った。

しかし鳩山一郎の統帥権干犯論は、海軍軍令部にくすぶっていた不満に火を付けた。

全権の財部彪海相が五月十九日に帰国すると、国民から熱狂的歓迎を受けたが、翌五月二十日、海軍軍令部参謀草刈英治少佐が、憂憤《ゆうふん》もだしがたく、抗議の割腹自決を遂げた。

部下の憤死を見た海軍軍令部長加藤寛治大将は、再び、胸中に憤懣《ふんまん》を生じ、六月十日、「軍令部長の重責を負えない」との辞意を上奏。軍事参議官へ転じた。


海軍軍縮条約の次の関門は、枢密顧問官伊藤巳代治伯爵が君臨する、枢密院である。

海軍軍縮へ向けて断固として戦う浜口首相を、世論も新聞も元老西園寺公望も支持した。

とくに東京日日新聞（現在の毎日新聞）は、

「枢密院が海軍軍縮案を否決したなら、浜口首相は昭和天皇に上奏し御聖断を仰ぐべし」

と健筆をふるって、浜口雄幸首相を支援した。

伊藤枢密顧問官は最後まで抵抗したが、十月一日、枢密院本会議は海軍軍縮案を可決。

浜口雄幸内閣は、十月二日、海軍軍縮条約批准の手続きを取った。

これは政党政治の輝かしい勝利で、わが国デモクラシーが到達した金字塔《きんじとう》でもあった。


しかし、政党政治の輝かしい勝利は、テロによって打ち砕かれた。

浜口首相は、十一月十四日、岡山方面へ出張のため東京駅のプラットホームにのぼったとき、右翼団体愛国社の佐郷屋留雄《さごやとめお》に拳銃で狙撃された。銃弾は腹部から入り、小腸七カ所を傷つけ、骨盤で止まった。浜口首相は東大病院へ移送されて手術を受け、一命を取り留めた。

浜口内閣は、外相幣原喜重郎を臨時首相代理に任じ、年末からの第五十九議会に臨んだ。しかし野党政友会は、浜口雄幸首相の病気欠席を不満とし、

「幣原喜重郎には首相代理の資格がない」

などと攻撃。

翌昭和六年二月二日からの衆院予算委員会は速記台が損壊する流血の乱闘国会となった。二月二日の衆院予算委員会で、幣原喜重郎臨時首相代理が、政友会議員中島知久平《ちくへい》の質問に、

「ロンドン（海軍軍縮）条約は、御批准になっていることを以《も》って、ロンドン（海軍軍縮）条約が国防を危うくするものでないことは明らかであります」

と答弁すると、和服姿で傍聴していた政友会幹事長森恪《つとむ》が、突然、立ち上がり、

「幣原ッ！　取り消せッ！　取り消せッ！」

と絶叫。それを機に、予算委員会出席の政友会議員は、口々に、

「取り消せッ！」「天皇に責任を帰し奉るとは何事であるかッ！」「総辞職せよッ！」

などと叫びながら委員長席に殺到し議場は大混乱。当日の予算委員会は流会となった。

二月六日の衆院予算委員会も流会となり、議会の廊下では政友会と民政党による流血の大乱闘となった。若き日の政友会議員犬養健《いぬかいたける》・大野伴睦《ばんぼく》・川島正次郎《しょうじろう》らも大いに暴れたようだ。

両党の妥協が成立して、予算委員会が再開されたのは、二月十二日である。

議会の混乱を見た闘病中の浜口首相は、体内に銃弾が残っていたが、三月十日、病躯《びょうく》をおして幽鬼《ゆうき》のような姿で登院した。野党政友会はこの浜口雄幸に首相辞任要求を一段と強めた。浜口首相は病躯に堪えつつ第五十九議会の論戦を勤め、議会閉会後の四月十三日、後事を民政党の重鎮若槻礼次郎に託して内閣総辞職。無理がたたった浜口は八月二十六日に病没する。

満州事変で第二次若槻内閣が総辞職

浜口雄幸内閣が総辞職すると、後事を託された若槻礼次郎が、昭和六年四月十四日、第二次若槻礼次郎内閣（外相幣原喜重郎）を発足させた。

第二次若槻内閣の昭和六年九月十八日、満州事変が勃発した。満州事変は若槻内閣にとって慮外の事態であり、九月二十四日、事変不拡大方針を声明した。

しかし関東軍が圧倒的強さで満州を制圧していくと、反張学良の満州人が各地で独立政権を樹立。九月二十四日には袁金鎧《えんきんがい》を委員長とする奉天地方自治維持会が、二十六日には熙洽《きこう》を主席とする吉林省臨時政府が、二十七日にはハルビンで張景恵《ちょうけいけい》による東三省特別区治安維持委員会が設立され、各々、蒋介石政府からの独立を宣言。関東軍が十一月にチチハルを占領すると、日本の世論も関東軍を支持し、既成事実が積み上がってしまった。
一方、国際連盟理事会が十二月十日にリットン調査団派遣を決定したので、事変不拡大方針を声明した第二次若槻内閣は進退窮《きわ》まり、十二月十一日、総辞職に至ったのである。

五・一五事件

第二次若槻内閣（民政党）が総辞職すると、憲政の常道に基づき、昭和六年十二月十三日、政友会による犬養毅内閣が発足した。この頃、前述の浜口雄幸内閣が実施した金解禁（昭和五年一月〜）が世界恐慌の直撃を受け、ニューヨーク株価大暴落（昭和四年十月）から約二年のタイム・ラグを置いて、わが国経済に深刻な悪影響を及ぼしていた。

犬養毅内閣（蔵相高橋是清）は、内閣が成立した十二月十三日、金輸出再禁止を断行。四日後の十二月十七日に金兌換《だかん》を停止。変動相場制へ移行した。金解禁のとき平価は一〇〇円＝四九・八四五ドルだったが、昭和七年末には一〇〇円＝約二〇ドルへ、大幅な円安となる。円相場が下落すると、不況下で産業合理化を進めていた効果が発揮され、円安の追い風を受け輸出が伸張。とくに綿織物の輸出が目覚ましく、イギリスに代わり、世界第一位となる。

イギリス・フランスなど列国はブロック経済圏を作って世界恐慌からの脱出を図り、日本商品に対して輸入割当や高率関税で対抗したが、日本経済は積極財政と輸出伸張により産業界が活気づき、他の資本主義諸国に先駆けて、昭和八年頃、大恐慌以前の生産水準へ回復する。とくに重化学工業の発展が目覚ましく、昭和十年頃、軽工業生産を上回るようになる。

しかし犬養毅首相は、金輸出再禁止による日本経済再生の成果を見ることは出来なかった。首相犬養毅は、昭和七年、五・一五事件で暗殺されるからである。

この間、満州では、昭和七年一月三日、黒竜江《こくりゅうこう》省で張海鵬《ちょうかいほう》が辺境保安総司令を自称して蒋介石政府からの独立を宣言。関東軍が二月五日にハルビンを占領すると、三月一日、張景恵が委員長を務める東北行政委員会が満州国建国宣言を行い、清朝最後の皇帝溥儀《ふぎ》を執政（元首）に迎える。

一方、米英など各国は関東軍の行動に反発を強め、二月二十九日、リットン調査団が東京に到着して犬養毅首相や芳沢謙吉外相らと会談。その後、リットン調査団は支那へ渡り、汪兆銘・蒋介石・張学良と会談し、四月に満州へ入って六週間滞在する。

犬養首相は満州国建国宣言が行われた後も、国際的理解が得られないことを苦慮し、満州国承認を躊躇していたが、五・一五事件で統帥権干犯論を奉じる海軍将校らに射殺された。

わが国政党政治は、明治七年に民撰議院設立建白書が提出されて以来、半世紀の年月を経て、大正十三年の加藤高明内閣（憲政会）の登場で憲政の常道を確立した。

しかし加藤高明病気急逝のあとを継いだ第一次若槻礼次郎内閣（憲政会）は、枢密顧問官伊東巳代治の総辞職要求により倒れ、憲政の常道により交替した政友会の田中義一内閣は昭和天皇の叱責を受けて倒れた。

その後、民政党の浜口雄幸首相は、統帥権干犯論に触発された愛国社の佐郷屋留雄に狙撃され重傷・死去。政友会の犬養毅首相は五・一五事件の凶弾に倒れた。

わが国政党政治は、政党外勢力の強圧によって、終焉を迎えたのである。

第三章

政党政治の終焉

昭和天皇は政友会を忌避

政友会の犬養首相が五・一五事件で統帥権干犯論を奉じる海軍将校三上卓中尉に射殺され犬養内閣が総辞職したとき、「憲政の常道」に従えば、後継首相は政友会から出るはずだった。しかし昭和天皇は、統帥権干犯論を唱えた政友会の総務鳩山一郎・幹事長森恪・最高実力者鈴木喜三郎らを嫌い、政友会から後継首相を出すことを忌避《きひ》なされた。

話は二年前に遡《さかのぼ》るが、昭和五年三月二十七日、浜口雄幸首相が昭和天皇にロンドン海軍軍縮会議の経過を報告したとき、昭和天皇は、

「世界平和のため、早くまとめるよう努力せよ」

と述べられた。全権財部彪海相が五月二十六日に参内すると、昭和天皇は強い声で、

「御苦労であった。今後も（ロンドン軍縮条約が）批准出来るよう努力せよ（『財部日記』）」

と述べられた。昭和天皇は国際協調の立場から、ロンドン条約締結を望まれたのである。

従ってロンドン軍縮条約調印翌日に開かれた第五十八議会で、野党政友会の鳩山一郎が、「浜口雄幸内閣が海軍軍縮条約を調印したことは、天皇の統帥権を犯す統帥権干犯」と民政党の浜口内閣を論詰したことは、昭和天皇の意向に背く行為だった。

昭和天皇は、鳩山一郎の統帥権干犯論を、嫌悪なされたのである。

その後、政友会の犬養首相は五・一五事件で統帥権干犯論を奉じる海軍将校に射殺された。政友会総務鳩山一郎の統帥権干犯論は、政敵である民政党の浜口雄幸首相の生命だけでなく、身内である政友会の犬養毅首相の生命をも奪った訳である。

国際協調を旨とする昭和天皇は、ロンドン軍縮条約の成立を強く望んでおられたので、「統帥権干犯論を唱えて浜口首相や犬養首相の暗殺を招いた政友会に政権担当能力なし」と御判断なされたようだ。

後継首相の選考

暗殺された犬養毅首相（政友会）の後継首相として、世評にのぼったのは、

一、政友会の多くは、政友会最高実力者鈴木喜三郎を推《お》した。しかし幹事長森恪は鈴木喜三郎に反発し、平沼騏一郎（枢密院副議長）を推した。

二、昭和天皇周辺では、鈴木喜三郎や平沼騏一郎を忌避する声が強かった。

三、陸軍は、平沼騏一郎または荒木貞夫（陸軍中将）を推した。

かかるなか昭和天皇は、後継首相について、元老西園寺公望に侍従長鈴木貫太郎を通じ、

一、首相は人格の立派な者であること。

二、現在の政治の弊害を改善し、陸海軍の軍紀を振粛するは、首相の人格に依頼す。

三、協力内閣と単独内閣は、問うところにあらず。

四、ファッショに近き者は絶対に不可なり。
五、憲法を擁護すること。
六、外交は国際平和を基礎とし、国際関係の円滑に務めること。
七、事務官と政務官との区別を明らかにし官紀振粛を実行すべし。

との七カ条の要求を下した。

第一項・第二項の「人格立派な者により政治の弊害を改善」とは、統帥権干犯論を唱え議会を混乱させた政友会の鈴木喜三郎と森恪を、選考対象外としたものである。

第四項の「ファッショに近き者は絶対に不可」とは、満州事変・満州建国を行った陸軍からの登用を否定し、陸軍の荒木貞夫を選考対象外としたものである。

第五項の「憲法を擁護すること」とは、かつての護憲三派による第二次護憲運動を念頭に、枢密院からの選出を否定し、具体的には平沼騏一郎を対象外としたものである。

この結果、鈴木喜三郎（政友会）や森恪（政友会）、平沼騏一郎（枢密院）、荒木貞夫（陸軍）が対象外となり、朝鮮総督・枢密顧問官の経歴をもつ海軍予備役大将斎藤実が浮上した。

木戸幸一の進言

昭和天皇が元老西園寺公望に七カ条要求を下して後継首相に斎藤実を選定させたのは、昭和天皇が内大臣秘書官長木戸幸一の進言を採用したためである。

実は、五・一五事件に際し、首謀者三上卓中尉は「日本国民に檄《げき》す」との檄文を散布し、「君側の奸を屠《ほふ》れ！政党と財閥を殺せ！官憲を膺懲《ようちょう》せよ！奸賊・特権階級を抹殺せよ！」と主張していた。これを読んだ内大臣秘書官長木戸幸一は三上卓中尉の檄文に共鳴し、事件翌日、「時局収拾大綱」を著して内大臣牧野伸顕に献策。このなかで、

「五・一五事件は三上卓中尉らが政党の堕落と財閥の横暴を憤慨したものである。従って後継首相は政党人を外し、軍部から信頼される人物を選んで政党を監視させるべきである。そうすれば、（軍部の不満が沈静化して）軍部の政治介入の激化を防げるとともに、政党人に反省を促すことが出来る。後継首相は、人格者として知られる海軍予備役大将斎藤実が最適」

と進言。内大臣牧野伸顕も同意した。

一方、貴族院副議長近衛文麿は、木戸幸一の主張に反対し、元老西園寺公望を訪ねて、

「過去十年間、折角、確立された政党内閣を軍部のクーデターで葬り去ることに反対。『憲政の常道』を守り、政友会に組閣させるべきである。海軍大将斎藤実のような第三者による内閣は無責任内閣になりがちで、軍部を甘やかすことになり害あって益なし。仮に将来、政党内閣と軍部が衝突するなど混乱があるにしても、『憲政の常道』を堅持する覚悟を持つべき」

と正論を述べた。また世間では、

「原敬首相（政友会）が暗殺されたとき、後継は政友会の高橋是清。加藤高明首相（憲政会）

病気急逝のとき、後継は憲政会の若槻礼次郎。浜口雄幸首相（民政党）重篤の際の後継は、民政党の若槻礼次郎。首相急死の場合の後継首相は、同じ党派の延長となるのが当然。後継首相は、政友会総裁鈴木喜三郎（五月二十日に総裁就任）に大命降下するだろう」と考えていた。当の政友会総裁鈴木喜三郎も、

「自分に組閣の大命が降下するのは当然」

と期待。政友会総裁鈴木喜三郎は閣僚の人選を進め、自分に反発する幹事長森恪を懐柔すべく、森恪を拓相として入閣させる組閣名簿案を流していた。

しかし昭和天皇は国内平穏・国際協調の道徳的な王道政治を目指しておられたので、鈴木喜三郎・森恪ら政友会の不行跡を不道徳な行為と見て、内大臣秘書官長木戸幸一の進言を採り、後継首相に斎藤実を想定。元老西園寺公望に七カ条要求を下された。昭和天皇は「斎藤実は穏健な人格者だから、道徳的な王道政治を実現させるのに最適」と御判断されたようだ。

テロへの配当としての斎藤実内閣

こうして斎藤実内閣が、昭和七年五月二十六日、左記の陣容で発足した。

首相　斎藤実

外相　斎藤実（昭和七年七月六日以降は内田康哉《こうさい》。昭和八年九月十四日以降は広田弘毅）

陸相　荒木貞夫（陸軍中将、前陸相）
海相　岡田啓介（海軍大将、元海相。昭和八年一月以降は大角岑生）
斎藤内閣は、陸軍の実力者荒木貞夫と、海軍の実力者岡田啓介を、陸相と海相に据えた。なお政友会三名・民政党二名が入閣。昭和天皇が望む挙国一致内閣が出来たように見えた。

しかしよく考えてみると、五・一五事件で犬養首相（政友会）が統帥権干犯論を奉じる海軍将校三上卓中尉に射殺され、「憲政の常道」によれば後継首相は政友会から出すべきところ、「海軍軍令部の希望どおり、海軍に後継首相を与える」という皮肉な結果となったのである。これは海軍軍令部にとって、棚から牡丹餅《ぼたもち》だった。

一方、何も考えない下々の者が、表面的かつ短絡的に考えると、「統帥権干犯論を奉じる海軍将校は、五・一五事件で政党内閣を葬り、海軍が望む海軍内閣を作り目的を達成した。昭和天皇は統帥権干犯論を支持しておられ、五・一五事件は成功」した、ように見えたのである。

そして海軍軍令部第二課長南雲忠一大佐は、「五・一五事件の解決策」なる一文を著し、「（三上卓中尉ら海軍）青年将校の念願は強力な海軍を建設するにあり。（三上卓中尉ら）被告の至誠報国の精神を高揚し、動機を諒とし、死刑・無期（懲役）は絶対に避け、むしろロンドン（海軍軍縮）条約に統帥権干犯を生じた（軍縮派の）責任者に適当な処置（排除・処分すること）をとるべき」

と述べた。これが五・一五事件に関する海軍軍令部の大方の空気だった。こうして犬養首相を射殺した海軍将校三上卓中尉らは海軍最大の功労者となった。海軍は、五・一五事件で、「テロへの配当」を得たからである。

三上卓中尉らは、海軍が主宰する軍法会議にかけられたが、判決文は、

「憂国の至情、諒《りょう》なるをもって……」

と述べて厳罰を回避。刑期を終えた三上卓中尉らは表舞台へ出て、やがて政界の深奥に棲《す》み、政界の黒幕として、時々の政局に強い影響力を行使するようになる。

これを見た陸軍青年将校の間で、海軍に対する羨望《せんぼう》が生じた。

陸軍がテロにより海軍内閣を倒せば、後継首相は陸軍へ回り、陸軍は「テロへの配当」を得るだろう。こうした羨望が、四年後の二・二六事件（昭和十一年二月）を誘発する。

木戸幸一の台頭

前述のとおり、犬養首相が射殺されたとき、貴族院副議長近衛文麿は元老西園寺公望に、「政党内閣を軍のクーデターで葬り去るのに反対。憲政の常道を守り政友会に組閣させるべき、と正論を述べて、内大臣秘書官長木戸幸一の斎藤実起用案に反対した。

上級公卿の近衛文麿は皇室・皇族・公卿制度の保全・安泰を一心に念じ、昭和天皇が内大臣秘書官長木戸幸一の口車に乗って政治的関与を強めることを深く憂慮し、「同じく皇室の安泰を祈念する上級公卿出身の西園寺公望なら、自分と憂慮を共有出来る」と期待した。そもそも「憲政の常道」を確立させたのは西園寺公望だから、近衛文麿は元老西園寺公望の理解を得られると期待したようだ。

しかるに元老西園寺公望が、世間や近衛文麿の期待を裏切って「七カ条要求」を受容し、海軍大将斎藤実を後継首相に指名して「憲政の常道」を捨てたのは、「昭和天皇の寵《ちょう》(お気に入りなこと)が、自分を去り、内大臣秘書官長木戸幸一へ移った」ことを鋭敏に感じたからである。

このとき以来、西園寺公望の元老としての地位は名存実亡《めいそんじつぼう》(名目上は存在しているが、実態的な権力は失われていること)へと化し、昭和天皇の寵を得た木戸幸一が徐々に勢威を強め、やがて最高権力者となって、わが国を昭和軍国主義・昭和ファシズムへ導いて行く。

犬養首相の後継選定問題とは、元老西園寺公望が内大臣秘書官長木戸幸一との暗闘に敗れ、立憲政党政治が終焉した、昭和史の分岐点だったのである。

西園寺公望は上級公卿徳大寺公純の次男に生まれ、明治三年から十年間フランスへ留学。伊藤博文の信頼を得て、明治三十六年、伊藤博文の後継者として政友会第二代総裁となった。フランスで長く暮らした西園寺は、ルイ王朝がフランス革命で倒れたことを熟知しており、「天皇制を維持するには、天皇は一切の政治関与を避け、政治は政党政治に委ねるしかない」と想い定めていたらしい。

西園寺公望は、伊藤博文の後継者として政友会第二代総裁になるなど、政党政治への理解が深く、強い指導力で大正デモクラシーを開花させ、「憲政の常道」を確立させた。

しかしながら、犬養首相後継問題が生じた昭和七年五月当時、元老西園寺公望は既に八十二歳、昭和天皇は三十一歳、内大臣秘書官長木戸幸一は四十二歳。

若き昭和天皇は、天皇の政治関与を戒《いまし》める年老いた元老西園寺公望を敬して遠ざけ、甘言《かんげん》を弄《ろう》して歓心を買おうとする壮年盛りの内大臣秘書官長木戸幸一を重用した。以来、わが国は、西園寺公望が主導した「立憲政党政治」から、木戸幸一が主導する「天皇制官僚主義」へ、舵を切るのである。

若き昭和天皇から重用された木戸幸一は、明治二十二年、侯爵木戸孝正の長男に生まれた。長州藩士来原良蔵が明治の元勲木戸孝允《たかよし》の妹治子と結婚し、その長男が木戸孝正である。

木戸幸一・木戸孝正は木戸孝允の直系でなく、女婿でもなく、遠縁の長州閥に過ぎない。しかるに木戸幸一は、木戸孝允の男子直系の孫であるかのように振る舞って権勢を誇った。

木戸幸一は、学習院高等科を経て京都帝国大学法学部を卒業後、大正四年に農商務省に入り、工務局工務課長・同会計課長・臨時産業合理局第一部長兼第二部長などを歴任。その後、近衛文麿に取り入り、近衛の推薦で、昭和五年、内大臣秘書官長に就任した。

木戸幸一は親英米派でも自由主義者でもなく、いわば無思想に近く、反面、権力欲が強く、自己保身に長《た》けた典型的な官僚的人物だった。木戸幸一は、木戸孝允の遠縁にあたる長州閥に過ぎず、昭和天皇の側近となるべき権源（権力の源泉的原理）を有さなかったので、行政官僚・海軍官僚・陸軍官僚など新興官僚群を束ねる官僚機構の総元締めとして昭和天皇の君側にはべり、天皇の権威を利用して、絶大な権勢を誇るのである。

昭和天皇を政治利用した薩摩閥と日本海軍

昭和天皇が「憲政の常道」を破棄し、犬養首相の後継に海軍の斎藤実を指名して政党政治を終焉させた背景には、薩摩閥と海軍による、昭和天皇の政治利用が仕組まれていた。

昭和天皇（迪宮《みちのみや》裕仁）は明治三十四年に皇太子嘉仁《よしひと》親王（後の大正天皇）・節子妃の間に生まれると、海軍中将川村純義《すみよし》（薩摩）邸へ里子に出され川村邸で養育された。当時、皇子らが里子に出されるのは慣例だったが、里子の先が海軍軍人というのは新機軸である。

裕仁皇太子は、学習院初等科を終了後、東宮御学問所で、学友五人と共に学んだ。東宮御学問所の総裁は海軍元帥東郷平八郎（薩摩）。御学問所の運営を取り仕切った幹事は、海軍大佐小笠原長生（後に海軍中将。宮中顧問官）。

倫理学は日本中学校校長杉浦重剛が担当。杉浦重剛は三種の神器・五箇条の御誓文・教育勅語を重視し、明治天皇の威徳を強調するとともに論語など中国古典の引用を頻繁《ひんぱん》に行った。このほか京都帝大教授狩野直喜が「古昔《こせき》支那に於ける儒学の政治に関する理想」を進講し、「君主が徳をもって国を治めれば民衆は感化されて国が栄える、という儒学の徳治主義」を裕仁皇太子に勧めた。裕仁皇太子はこれらを素直に受け入れ、天皇即位後、徳義溢れる王道政治を目指されたのである。

しかし、ここに二つの大きな問題があった。

第一は、裕仁皇太子が海軍中将川村純義・海軍元帥東郷平八郎・海軍大佐小笠原長生《ながなり》との接触を通じ海軍ファンになるとともに、陸軍に冷淡・疎遠となったことである。

第二は、杉浦重剛・狩野直喜が強調する儒学の徳治主義に感化されたことである。

そもそも儒学は、紀元前五世紀頃、孔子が唱えたが諸王に採用されず、紀元前三世紀頃、秦の始皇帝から焚書坑儒の弾圧を受けた。宋の時代に朱子学が生まれるが、宋が元に征服されると朱子学は衰微。明の時代に陽明学が生まれるが、明が清に征服されると陽明学も衰微。

辛亥革命（明治四十四年）で清が滅亡し、ソ連が孫文を援助して北伐が始まる頃、支那は「儒学の徳治主義」とは真逆の、弱肉強食の軍閥抗争の乱世となった。さらに混乱に乗じて共産主義が支那・満州へ浸透。支那暴民の暴威により、支那・満州の治安が悪化した。

このため支那では、日本人居留民保護・日本人資産保全など、只ならぬ困難が惹起した。しかるに昭和天皇は「古昔支那に於ける儒学の徳治主義」なる空想的理想主義に浸り、「支那は徳義の国だから、日本と支那で紛争が生じるのは、日本陸軍が悪いに違いない」との先入観を持って、大元帥陛下として、陸軍の頂点に立った。

この結果、「支那に於ける儒学の徳治主義」なる空想的理想主義に耽溺《たんでき》する昭和天皇と、弱肉強食の軍閥抗争の乱世となった支那で、日本人居留民保護など現実的困難に難儀する日本陸軍との間に、深刻な亀裂が生じるのである。

杉浦重剛は天皇親政を想定せず

だからといって、杉浦重剛や狩野直喜が責められるべき、とはいえない。

昭和天皇が「君臨すれど統治せず」の政治不介入を堅持し、政治の一切を政党政治に委ねるなら、杉浦重剛・狩野直喜の空想的理想主義は帝王教育として相応《ふさわ》しかった、と言える。

実際のところ、杉浦重剛は、明治天皇の「五箇条の御誓文」を強調していた。

そもそも「広く会議を興し万機公論に決すべし」との五箇条の御誓文は、「君臨すれど統治せず」の原則で国王が政治に関与しない立憲君主制＝イギリス型議会主義と同質である。

この五箇条の御誓文の公議政体論に基づいて自由民権運動が起こり、明治七年に民撰議院設立建白書が提出され、大正十三年に「憲政の常道」に基づく政党政治が確立する。

裕仁皇太子は、大正十年三月三日から九月三日まで、訪欧旅行に出た。

裕仁皇太子は戦艦「香取」に乗り、インド洋経由でイギリスに到着。五月十日、宿舎となったバッキンガム宮殿でイギリス国王ジョージ五世の訪問を受け、約一時間、懇談した。

このときジョージ五世は「イギリス立憲政治の在り方」について語り、裕仁皇太子は「立憲君主制における君主のあるべき姿」を学ばれた。その後、裕仁皇太子は大陸へ渡りフランス・ベルギー・オランダを巡り、第一次世界大戦の戦跡を訪ね、九月三日、横浜港へ帰朝した。

裕仁皇太子の訪欧旅行は大正デモクラシーの真只中にあたり、裕仁皇太子はジョージ五世との懇談を通じて、「君臨すれど統治せず」との立憲君主制への理解を深められたのである。

その意味で、杉浦重剛が裕仁皇太子に五箇条の御誓文を強調したことは適切であった。

薩摩閥・海軍による昭和天皇の政治利用に山県有朋が反発

「薩の海軍、長の陸軍」といって、当時、薩摩が海軍を、長州が陸軍を支配していた。

しかし裕仁皇子（のちの昭和天皇）が海軍中将川村純義（薩摩）邸へ里子に出され、海軍元帥東郷平八郎（薩摩）が総裁を勤める東宮御学問所で学ばれ、薩摩閥と海軍による裕仁皇子の囲い込みが明らかになると、長州陸軍の総帥である元老山県有朋が強く反発。大正九年、宮中某重大事件という事件が起きた。裕仁皇太子と久邇宮邦彦王の長女良子女王との婚約が大正八年六月に発表されたが、大正九年五月頃、「良子女王には薩摩島津家に由来する色盲の血統がある」と指摘されたのである。良子女王の母俔子は旧薩摩藩主島津忠義の娘である。

元老山県有朋は、裕仁皇太子が薩摩閥に囲い込まれることに反発し、「色盲の血統がある良子女王との婚約は万世一系の皇統に汚れを生じる」と、婚約解消を強硬に主張した。

これに対して久邇宮邦彦王は「婚約は辞退しない」と突っぱね、東宮御学問所御用掛杉浦重剛が山県有朋を非難。皇族や薩摩系の間から、「婚約解消論は山県有朋の陰謀」と流布され、元老山県有朋は失脚。山県直系の宮内大臣中村雄次郎が辞任した。すると後継の宮内大臣に牧野伸顕《のぶあき》（薩摩）が就任し、宮中における薩摩閥の影響力が一段と強まったのである。

牧野伸顕が天皇親政を目論む

大正天皇が大正十年十一月二十五日に引退され、同日、裕仁皇太子（後の昭和天皇）が摂政に就任。大正天皇が大正十五年十二月二十五日に崩御《ほうぎょ》し、昭和天皇が即位すると、牧野伸顕が、昭和天皇の最側近として絶大なる権勢を保持し、昭和天皇を政治利用するのである。

牧野伸顕は大久保利通《としみち》の次男で、生後間もなく、遠縁の牧野家へ養子に入った。

宮内大臣となった牧野伸顕は、元老による天皇親政を目指し、元老の補充を企図。薩摩閥の海軍長老である山本権兵衛と枢密院議長清浦奎吾を、新たな元老に加えようとした。天皇親政を目指す牧野伸顕は、こうして、立憲政党政治を推進する元老西園寺公望と激突した。

ここで、明治・大正期に隠然たる勢威をふるった「元老」という存在を見ていきたい。元老とは、新しく発足した議会が道を外れぬよう、議会制度を監視するとともに、議会制度を後見する存在で、議会制度が軌道に乗り円滑に運営されれば消えゆく過渡的存在だった。

明治政権は、「広く会議を興し万機公論に決すべし」との五箇条の御誓文から発足した。しかし大久保利通が有司専制の中央集権政治を行うと、自由民権運動が生じ、板垣退助らが民撰議院設立建白書により国会開設を要求。明治十三年三月、国会期成同盟が結成された。明治二十三年十一月に第一議会が開催されると、伊藤博文は「国会を意のままに動かすため、自分の政党を作る」として、明治三十三年九月に政友会を結成。政友会初代総裁になった。

第四次伊藤博文内閣（～明治三十四年）が退陣すると、山県有朋の腹心である陸軍大将桂太郎（長州）が第一次桂内閣を組閣。第一次桂内閣の次に、伊藤博文の後継者である政友会第二代総裁西園寺公望が第一次西園寺内閣を組閣した。

第一次桂内閣・第一次西園寺内閣から始まる数年間は、山県有朋の後継者である桂太郎と、伊藤博文の後継者である西園寺公望が、交互に内閣を組織し、「桂園時代」といわれる。

以来、維新の元勲である藩閥指導者は第一線を退いて元老となり、天皇の最高政治顧問として後継首相推薦や重要国務に参画。夫々が育てた後継者を表舞台へ出し世代交代を進めた。

このように元老とは、議会が道を外れぬよう、議会制度を監視するとともに、議会制度を後見する存在で、議会制度が軌道に乗り円滑に運営されるまでの、過渡的存在だった。

元老は伊藤博文、山県有朋、黒田清隆、井上馨、松方正義、大山巌、西郷従道の七名。第三次桂内閣が総辞職した大正二年二月十一日に、政友会総裁西園寺公望が新たな元老となり、後継首相に海軍大将山本権兵衛を指名。山本権兵衛内閣は、政友会の意向に沿い、

一、内閣の施政方針は、政友会の主義・綱領に沿うこと。
二、首相・陸海軍大臣・外務大臣以外の閣僚は、政友会員であること。

の条件を呑み、大正二年二月二十日に発足。政党政治を進展させた。

その後、大正十三年に憲政会総裁加藤高明が護憲三派連立の加藤高明内閣を組閣して以来、犬養毅内閣が五・一五事件の凶弾に倒れるまで、「憲政の常道」が継続した。

このように議会制度が幾多の混乱を乗り越えて定着した以上、元老の役割は消滅した。

黒田清隆は明治三十三年に死去、西郷従道は明治三十五年に死去、伊藤博文は明治四十二年に死去、井上馨は大正四年に死去、大山巌《いわお》は大正五年に死去、山県有朋は大正十一年に死去、松方正義は大正十三年に死去。昭和期に入ると、西園寺公望が最後の元老となった。

最後の元老西園寺公望の仕事は、「憲政の常道」を保護することだけだったのである。

しかるに宮内大臣牧野伸顕は、父大久保利通の「有司専制の天皇親政」を理想として、立憲政党政治を否定。天皇親政を目指して、元老の補充を目論んだ。

かくして宮内大臣牧野伸顕と、「元老は憲政の常道を保護して政党政治を発展させ、静かに消えゆくべし」とする西園寺公望とが、激突するのである。

牧野伸顕が昭和天皇に天皇親政を慫慂

内大臣平田東助が大正十四年三月三十日に病気で辞任すると、宮内大臣牧野伸顕が後任の内大臣に昇任した。前任の内大臣平田東助は、

「なるべく（裕仁摂政宮には）拝謁《はいえつ》せざるほうがよろし」

と述べて、裕仁摂政宮への政情報告を控えていた。

しかし新任の内大臣牧野伸顕は、摂政輔導《ほどう》と称し、裕仁摂政宮に積極的な政情報告を行い、牧野伸顕の政治思想を吹き込んで行った。このため裕仁摂政宮の政治思想は、牧野伸顕の政治思想に近いものになって行く。

内大臣牧野伸顕の摂政輔導とは、裕仁摂政宮が天皇に即位なされることを念頭に置いて、「裕仁摂政宮が天皇に即位なされたら君主として明確な政治意思を持ち、天皇の意思を政府に伝達し、政府は天皇の意思に従って政治運営をする」ことを目指したものである。これこそ、まさに「天皇親政」である。

内大臣牧野伸顕は裕仁摂政宮に、帝国議会発足以前の明治天皇を理想とするよう勧め、「明治天皇が牧野伸顕の父大久保利通を重用したように、裕仁摂政宮が自分牧野伸顕を重用して『天皇親政』を行えば、裕仁摂政宮は明治天皇と並ぶ賢帝になれる」との手前味噌を吹き込み、裕仁摂政宮をその気にさせた。

内大臣牧野伸顕は、昭和天皇に積極的な政治関与を勧める一方、宮中において「牧野グループ」と呼ばれる側近集団を形成した。こうして宮中全体を支配した内大臣牧野伸顕は、元老西園寺公望と並んで、後継首相の推薦に参画する権力を手中に収めるようになる。

内大臣牧野伸顕の摂政輔導は、大いに成果を挙げた。宮中という狭い空間領域で牧野伸顕の輔導を受けた昭和天皇は、政党政治を嫌悪する牧野伸顕の意のままに繰られるようになり、即位直後から、「統治権の総攬者」としての自覚を深めて政治に積極的に関与なされ、天皇大権の取扱いについて、昭和天皇の意思を無視した運用に厳しい目を向けるようになられた。

昭和天皇が、最初に「統治権の総攬者《そうらん》」としての意思を行使なされたのは、「政党による官僚人事の政治任用」の廃止である。昭和天皇は、昭和二年六月十五日、田中義一内閣が行った中央・地方の「官僚人事異動における政治任用」について、内大臣牧野伸顕に対し、「近頃、事務官の進退頻繁《ひんぱん》にて、面白からず（『牧野日記』）」

と反対の意を示された。このように政治関与を深める昭和天皇について牧野伸顕は、「(天皇) 大権に関すること、(天皇の) 御責任につき、(昭和天皇が) 御自覚あらせられる。国事多難の際、国家・皇室のため、最も祝福すべきこと (『牧野日記』)」と、天皇親政を目指す牧野の輔導が充分な成果を挙げていることへの満足感を示した。

昭和天皇は、第二次若槻礼次郎内閣の内務省人事における「政治任用」についても、「この人事行政は政党色彩あるように思われ、(中略) 事務次官以下、行政事務官の政党化を避くるよう、注意を与えおかれたし (国立国会図書館所蔵『牧野伸顕関係文書』)」と、内大臣牧野伸顕から若槻礼次郎首相を注意するよう指示。その後、内大臣牧野伸顕は、昭和天皇の指示に基づいて、若槻礼次郎首相を注意した。

しかし政党政治の実効を保証するには「政党による官僚の政治任用」が絶対不可欠である。政党による官僚の政治任用が否定されれば、官僚機構は内閣をあしらって絶対不可侵・無答責 (失敗責任を問われないこと) の安泰を貪り、予算権・人事権を駆使して絶大なる権力を保持したまま自己保身・自己増殖を続け、誰も、官僚機構の暴走を制御出来なくなる。

さらに昭和天皇は牧野伸顕の輔導を受けて政治関与を深められ、首相の解散権を封じた。

田中義一内閣は、昭和二年十二月二十六日、発足後初めて第五十四議会に臨んだが、与党政友会は過半数に達していなかったので、田中首相は昭和三年一月二十一日、衆議院を解散した。選挙の結果、政友会は第一党となったものの、過半数に達しなかった。

そこで田中首相は、昭和天皇に、

「済南事件の出兵予算案否決の場合は、再度、議会を解散したい」

と申し出た。これについて昭和天皇は、内大臣牧野伸顕を呼び、

「解散権の濫用である」

として、田中首相を注意するよう指示。田中首相の解散権を封じた。


そもそも昭和天皇は、皇太子だった大正十年三月の訪欧の際、イギリス国王ジョージ五世からイギリス立憲政治の話を聞き、「君臨すれど統治せずの政治不介入」を堅持するイギリス立憲君主制を手本とし、政治の一切を政党政治に委ねる、と御決意された筈である。

しかるに昭和天皇は、牧野伸顕に感化された後、統治権の総攬者としての意識を強め、「天皇の意思に従って政府に政治運営させる」との天皇親政へ、基本方針を転換されたのである。

昭和天皇は田中首相を叱責

侍従長珍田捨巳《ちんだすてみ》が病気急逝すると、内大臣牧野伸顕は、昭和四年一月二十二日、後任の侍従長に海軍軍令部長鈴木貫太郎を据えて、牧野グループを強化した。

この時期、天皇親政を目指す内大臣牧野伸顕は、政党政治を開花させた田中義一（政友会）の政党内閣に対して、反感を強めていた。そこで侍従長鈴木貫太郎は、政党内閣への反感を強

める牧野グループに、いち早く順応した。


前述のとおり、田中首相が張作霖爆殺事件の処理に苦しみ昭和天皇の意に沿えないことについて、内大臣牧野伸顕らは田中首相を非難。昭和天皇は、五月上旬、侍従長鈴木貫太郎に、

「田中（義一首相）を問責したい」

との言葉まで発せられた。そこで内大臣牧野伸顕は、田中首相が張作霖爆殺事件処理の最終報告のため参内することを知ると、

「事件の処理振りは別として、前後の内奏が相容れざることあり。首相の責任を免れ得ず」

として、田中首相を問責すべく、上奏日の前日、侍従長鈴木貫太郎と最終協議を終えた。

翌日、宮中の事情を知らぬ田中首相が参内して昭和天皇に、張作霖爆死事件につき警備責任者の行政処分を行う旨を言上すると、昭和天皇は内大臣牧野伸顕の助言に基づき、田中首相を「責任を明確に取るにあらざれば、許しがたし」と御叱責。翌々日、白川陸相の「河本大佐を行政処分」との内奏に、激怒なされた。

驚愕した田中首相は、改めて拝謁の取次ぎを要請したが、侍従長鈴木貫太郎は、

「お取次ぎは致しますが、本件の事なら、お聴きになりますまい」

と冷厳に言い放った。首相田中義一は、このとき初めて、昭和天皇・内大臣牧野伸顕・侍従長鈴木貫太郎らに包囲されていたことに気付き、総辞職に至ったのである。

昭和天皇が、政党政治を嫌悪する牧野伸顕に感化されて政治関与を深められ、田中首相を問責して内閣総辞職に至らしめたことについて、一般大衆は、

「昭和天皇は天皇親政を目指しておられ、政党政治、とくに政友会を嫌悪しておられる」

と受け止めた。また各政治勢力のリーダー層は、

「大正天皇は政治関与を控えておられたが、昭和天皇は大正天皇と異なり、天皇親政を目指しておられる。いまや昭和天皇の御意思が、政局全般に重大な影響を及ぼす時代に入った」

と認識するようになった。なお元老西園寺公望は、昭和天皇の田中首相問責について、

「天皇による首相問責は明治天皇の時代から先例がなく、首相の進退に直接関係する」

と述べて、反対姿勢を示した。

そして一部の先鋭的な人々は、

「牧野伸顕・鈴木貫太郎ら牧野グループは、昭和天皇の政治利用を目論む君側の奸」

と見て、牧野伸顕（薩摩）・鈴木貫太郎（海軍）に対する殺意を抱いたのである。

徳治主義を信奉する昭和天皇は政党政治を終焉させた

昭和七年二月頃、昭和天皇は憔悴《しょうすい》していた。満州事変（昭和六年九月〜）は拡大し、条約尊重・対外協調に成果が上がらず、昭和天皇と陸軍の間に亀裂が生じたからである。

側近は昭和天皇にゴルフ・玉突き・ブリッジなど気晴らしを勧めたが、昭和天皇は「徳義溢れる王道政治の理想」を目指しておられたので、「時局混迷は自身の不徳のため」とお考えになり、「儒学の徳治主義」に磨きをかけるべく、儒学の御聴講を希望なされた。

昭和天皇の希望で、中国文学の専門家塩谷温東京帝国大学教授が、「唐太宗の王道政治」を進講。京都帝国大学教授狩野直喜が、「儒学の政治原理」を講じた。

しかし、前述のとおり、「儒学の徳治主義」なる政治的リアリズムを欠いた空想的理想主義が、昭和天皇と、支那における現実問題に難儀する陸軍との、亀裂を深めているのである。

昭和天皇が政治関与を深めるなら、鬼手仏心《きしゅぶっしん》（慈悲の心を実現するため手荒な手段を用いること）というように、マキャベリの『君主論』、アダム・スミスの『国富論』、マルクスの『資本論』、クラウゼヴィッツの『戦争論』、マハンの『海上権力史論』や、韓非子《かんぴし》・孫子が必読書だった。時局対応に憔悴した昭和天皇が、難局打開のため儒学の徳治主義なる空想的理想主義へ回帰したことは、事態の悪化に一段と拍車をかける皮肉な結果となったのである。

日本陸軍は、昭和七年三月一日、満州国を建国した。

首相犬養毅（政友会）は、三月十二日、昭和天皇に拝謁して「満州国を承認しない」との決意を述べたが、首相犬養毅は非力だった。

政党内閣は、「官僚の政治任用」も「解散権」も掣肘《せいちゅう》を受けて、機能不全に陥っていた。「オラが大将」と渾名されて人気があった長州閥の陸軍予備役大将田中義一首相は、昭和天皇の不興をかって総辞職となり、世間は「政友会は昭和天皇の信認を失った」と見ていた。政友会総裁犬養毅は、元来、国民党の出身。田中義一総裁が総辞職二カ月後に急死したため、急遽、総裁に担ぎ上げられた外様で、政友会内部に確固たる基盤を持っていなかった。政友会総裁犬養毅に、政局を切り回す力は残っていなかったのである。新聞各紙や大衆は満州国承認を要求し、満州国不承認を堅持するのは容易でなかった。しかし犬養毅は議会人としての信念を堅持。命懸けで、満州国不承認の姿勢を貫いた。

一方、天皇親政を目指す内大臣牧野伸顕が差配する宮中では、機を捉えて、「政党政治を廃止し、天皇親政へ移行する」ことが意思統一されていた。

昭和天皇への御進講は「選挙の実状、無記名の弊」「選挙の結果、棄権率の増進」「議会政治否認の傾向及びその原因」など、政党政治の欠点を指摘する内容が選ばれていた。

昭和五年に内大臣秘書官長に就任した牧野グループのニュー・フェース木戸幸一は、就任後ほどなく、宮中の空気を察知。五・一五事件の四十一日前の昭和七年四月四日、

「(犬養内閣が倒れたら) 斎藤実のもとで、挙国一致内閣を作ることになる (『木戸日記』)」

との判断を固めた。また昭和天皇は、五・一五事件の一カ月前の昭和七年四月十四日、

「政党政治は駄目だ (『木戸日記』)」

と木戸ら周囲に洩らした。昭和天皇のお側に仕え、昭和天皇の肉声を聴き、昭和天皇の真意を知った内大臣秘書官長木戸幸一が、以来、天皇側近として昭和天皇の寵を得る。


このように昭和天皇周辺においては、五・一五事件の一カ月前〜二カ月前に、

「不測の事態で犬養毅内閣が倒れたら、政党政治は廃止させ、後継は海軍の斎藤実を指名」

する、との意思統一が成立していた。


海軍将校が首相犬養毅を射殺した五・一五事件は、こういう状況下で、発生したのである。

第四章

海軍内閣における国際的孤立と昭和ファシズムの発生

海軍官僚としての斎藤実

昭和天皇が「ファッショに近き者は絶対に不可なり」として選んだ後継首相斎藤実が、皮肉にも、昭和ファシズムを発生させた。昭和天皇は、「斎藤実は穏健な人格者だから、徳義溢《あふ》れる道徳的な王道政治の実現に最適」と考えられたのだが、斎藤実は昭和天皇の負託に応え得る人物ではなく、そつもなく角もない海軍官僚に過ぎなかった。そもそも昭和天皇が目指す「徳義溢れる王道政治」を実現し得る政治家は、現実社会には存在しなかったようだ。

斎藤実は、安政五年、奥羽《おうう》の水沢藩の小姓頭斎藤家に生まれた。水沢藩は戊辰戦争で奥羽列藩同盟に組して西軍と戦って敗れ、明治以降は「白河以北《しらかわいほく》、一山百文《ひとやまひゃくもん》」の冷遇に泣いた。

斎藤実少年は、薩長の世になった明治六年、東京へ出て海軍兵学寮予科に入学。秀才の誉れ高く、薩摩閥が幅を利《き》かすなか、大尉に昇進。薩摩閥の長老仁礼景範《にれかげのり》海軍中将の娘春子と明治二十五年に結婚した。子爵仁礼中将は寛厚の長者の風格をもち、横須賀鎮守府司令長官・海軍大学校長・海軍大臣を歴任。仁礼邸に出入りする若い海軍士官も数多く、仁礼中将は、娘の婿として、斎藤実に着目したのである。

斎藤実は人格温容にして、細事を疎かにしない細心緻密な性格。努力家であるとともに、周囲への気遣いを忘れぬ慎重さで摩擦を回避する、協調性豊かな人物だった。

仁礼中将の女婿となった斎藤実は、「薩の海軍」と云われ薩摩閥が幅を利かす海軍のなかで順調に出世し、軍艦「秋津洲《あきつしま》」「厳島《いつくしま》」の艦長を経て、明治三十七年、中将に昇進。その後、細心緻密な海軍官僚として、薩摩閥の最大実力者山本権兵衛に重用された。

明治初期は賊軍と冷遇された奥羽水沢藩出身の斎藤実は、隠忍自重して、海軍薩摩閥の懐刀として、立身出世を果たしたのである。

斎藤実は、明治三十九年、第一次西園寺公望内閣の海相に就任したのを皮切りに、第二次桂太郎内閣・第二次西園寺内閣・第三次桂内閣・第一次山本権兵衛内閣で海相を歴任。この間、大正元年に海軍大将へ昇任した。

斎藤実は、その後、大正八年、朝鮮総督に就任。赴任直前、大正天皇から、

「(朝鮮人も)一視同仁（日本人と同等に扱うこと）にするよう」

との御言葉を受けると、着任後は大正天皇の御言葉を忠実に実行。従来からの武断的統治方法を一変させ、産業振興・教育制度刷新・自作農養成など、朝鮮人の生活向上に資する諸施策を実施。この時期の朝鮮統治は、斎藤実の徳望と相俟《あいま》って、平穏に推移した。

そして斎藤実は、昭和二年、枢密顧問官となった。斎藤実は、自身について、

「わしは偉い人間でも何でもない。全くの凡人に過ぎない。ただ何事も一生懸命努力してきた。そうしているうち世間からどえらい椅子に押し上げられてしまった（『斎藤實追想録』）」

と述べている。これは正直な述懐であろう。

しかし斎藤実という人物は枢密顧問官あたりで引退するのが妥当だった。斎藤実に組閣の大命が下ったことは、斎藤自身にとっても、日本にとっても、不幸な出来事だったようだ。

斎藤実は、隠忍自重して周囲と協調する生き様を選び、人格温容な性格と相俟って、海軍薩摩閥に重用され立身出世を遂げた海軍官僚に過ぎなかった。官僚の本質として、自己の信念を貫く覇気に乏しく、諸権力に対して従順で、諸勢力の跳梁跋扈《ちょうりょうばっこ》を許し、昭和ファシズムを発生させてしまうのである。

かかる考察に立てば、近衛文麿が、木戸幸一の斎藤実起用案に反対して、「斎藤実のような内閣は無責任内閣となりがちで、軍部を甘やかし、害あって益なし」と述べたことは、正鵠《せいこく》を得ていたように思われる。

斎藤内閣における満州国承認と国際連盟脱退

これまでの諸内閣は、首相がリーダーシップを持って閣僚を束ね、為政を行ってきた。しかるに斎藤内閣は基本方針を欠き、各閣僚が省益のため、各々、勝手なことを始めた。斎藤内閣で最初に蠢《うごめ》き出し、わが国を昭和ファシズムへ導いたのが外相内田康哉である。

斎藤内閣の内田外相は、満州事変が拡大するなか満州国承認方針を打ち出し、来日したリットン調査団に「満州国を承認していただく以外、解決の道はない」との強硬姿勢を表明。

さらに内田外相は、昭和七年八月の第六十三臨時議会で「日本国を焦土にしてでも（満州国承認の）主張を通すことにおいて一歩も譲らない」と言い放つ焦土演説を行い、昭和七年九月、満州国を承認。リットン報告書が発表されると、昭和八年二月二十日の閣議で国際連盟脱退方針を決定。わが国は、同年三月二十八日に国際連盟を脱退し、国際的孤立の道を歩む。

伏見宮による軍令部優位の確立

斎藤実内閣（昭和七年五月二十六日～昭和九年七月三日）の海相は、当初は岡田啓介だったが、岡田啓介は昭和八年一月に定年となり、後任海相に大角岑生大将が就任した。

海軍軍令部長は、犬養毅内閣のとき就任した伏見宮博恭王《ふしみのみやひろやすおう》大将が留任。伏見宮大将は、斎藤実内閣発足翌々日の五月二十八日に海軍元帥に昇任した。

海軍では、従来から海軍省が軍令部の上にあって海軍全体を統括。軍令部は、戦時においてのみ、戦闘・戦術を担当した。海軍省と軍令部が並立して二元政治（権力が二つあること）になれば、海軍は統制を欠いてばらばらになり、無責任体制に堕すからである。

しかるに斎藤実内閣において、軍令部長伏見宮博恭王元帥が軍令部の大幅な権限強化を目指して、制度改定を行わせ、軍令部の海軍省に対する優位が確立する。

当時、海軍軍縮条約の賛成派は「条約派」、反対派は「艦隊派」と呼ばれていた。

海軍省の大勢は「条約派」で、概《おおむ》ね、空母・航空隊主義者だった。

一方、軍令部の大勢は「艦隊派」で、概ね、大艦巨砲主義者だった。

軍令部長伏見宮博恭王元帥は、艦隊派の巨頭であるとともに大艦巨砲主義者であり、軍令部の権限を強化して、空母・航空隊強化を目指す海軍省を抑え込み、わが国は太平洋海戦を大艦巨砲主義で戦い完敗するのである。

軍令部長伏見宮元帥（明治八年生まれ）は、日露戦争で戦艦「三笠」分隊長として戦傷を負うなど実戦経験豊富で、率先して最前線に立ち部下を鼓舞して苦楽を共にする姿勢や、操艦の名手として関門海峡のような海の難所で艦を無難に操る実力があり、皇族ながら海軍士官としての力量を評価され、艦長や艦隊司令長官を務め、海軍内に絶大な影響力を有していた。

昭和天皇も、皇族軍人としての伏見宮博恭王に、一目置いていた。かくして伏見宮元帥は、海軍内で東郷平八郎と並び、「神様（東郷平八郎）と宮様（伏見宮博恭王）」と並び称され、東郷平八郎が昭和九年五月に死去した後、海軍でただ一人の元帥となって、「むかし神様。いま宮様」と称される海軍の最長老として神格化され、絶対不可侵の勢威を誇るようになる。

軍令部長伏見宮元帥は、斎藤実内閣において、伝統的に海軍省が優位だった海軍における軍令部の権限を強化すべく、「軍令部条例及び海軍省軍令部業務互渉規定」の改定を主導。

軍令部長伏見宮元帥の意を受けた軍令部次長高橋三吉中将が、昭和八年三月、海軍省に「軍令部条例及び海軍省軍令部業務互渉規定」の改定を要求した。この改定の内容は、

「軍機・軍略や艦隊派遣命令や海軍戦力・兵力量の決定などの統帥事項および将官・参謀の人事権は、海軍省から、軍令部へ引き渡し、軍令部が天皇直属のもとに決定する」

というものだった。改定が実現すれば、軍令部が天皇の名の下に海軍を支配することになる。

高橋三吉軍令部次長が、こうした無理難題を要求したのは、伏見宮軍令部長が、

「私の在任中でなければ出来まい。是非やれ！」

と督励したからである。

組織上、改定案の起案者は主務課長である海軍省軍務局第一課長。決裁権者は海軍大臣だった。主務課長・起案者である海軍省軍務局第一課長井上成美大佐は、軍令部第二課長南雲忠一大佐から提示された改定案を通読し、

「軍令部長は、海軍大臣と異なり、憲法上の機関でないから、何ら責任をとる必要がない。何ら責任をとらない軍令部長が権力を持つことは、立憲政治の原則に反し、極めて危険」

と判断し却下した。井上課長が起案しないので改定案は成立しない。

業を煮やした軍令部次長高橋三吉中将は、昭和八年八月末頃、改定案を海相大角岑生大将に突きつけたが、海相大角岑生大将は要求を拒否。改定案を高橋中将につっ返した。

すると軍令部長伏見宮元帥が海相大角大将を呼びつけ厳しく叱責。改定案を強要した。

皇族軍人の伏見宮元帥は、昭和天皇ですら一目置く、海軍内で絶対不可侵の存在だった。

海相大角岑生大将は、軍令部長伏見宮元帥の圧力に屈し、改定案に同意したのである。

しかし、大角海相から軍務局長を通じて「改定案を起案するよう」促された主務課長の井上成美大佐は、九月十六日、改定案反対の姿勢を貫き、

「自分が正しくないと思うことに同意出来ません。どうしても改定案を通すなら、私を更迭したらよいでしょう。私は、こんな不正や理不尽が横行する海軍に、居りたくありません」

と起案を拒否。すると井上成美大佐は、四日後の九月二十日、

「横須賀鎮守府付という、予備役編入を前提とする、見せしめの懲罰人事」

を受けたのである。

「軍令部条例及び海軍省軍令部業務互渉規定」の改定案は、井上成美の後任として第一課長に任ぜられた阿部勝男大佐が起案し、大角海相が決裁。九月末に、昭和天皇の裁可を得る運びとなった。このとき昭和天皇は大角海相に対し、

「運用を誤れば、政府の所管である予算や人事に、軍令部が過度に介入する懸念がある」

と疑問を呈しながらも、皇族である伏見宮元帥の意向を尊重して、裁可した。この改定について、海軍省先任副官岩村清一大佐(後に第二南遣艦隊司令長官・海軍中将)は、

「(憲法上の)責任がない軍令部の力が強くなると、海軍大臣が戦争にブレーキをかける力が弱くなってしまうから、戦争が起きる危険が増えるなあ」

と嘆いた。

「軍令部条例及び海軍省軍令部業務互渉規定」は昭和八年十月一日に改定・実施され、

一、兵力量決定の権限や平時における兵力指揮権などが、海軍省から軍令部へ移管され、軍令部の権限が大幅に強化された。一方、海軍省の統制力は縮小された。

二、軍令部長の呼称が軍令部総長に変った。

三、海軍内の人事権は規定上は海軍大臣が握っていたが、将官級人事は伏見宮の同意を要する慣行が成立。伏見宮の信任を失うと予備役へ編入されるようになった。海相人事については、前任者が後任者を推薦し伏見宮の同意を得る、との不文律が確立した。

「軍令部条例及び海軍省軍令部業務互渉規定」の改定に果した伏見宮軍令部総長の役割について、高橋軍令部次長の部下だった軍令部作戦部長嶋田繁太郎少将は、戦後、

「伏見宮殿下が軍令部長であらせられ、非常な御熱意と特別の思召《おぼしめ》しによって出来た」

と述べ、改定は伏見宮が主体的に推進し、それ以外の者では出来なかった、と証言した。

軍令部総長伏見宮元帥は、太平洋戦争開戦八カ月前の昭和十六年四月まで軍令部を差配し、①皇族という高貴な身分、②海軍元帥という地位、③軍令部総長としての権限により、絶対不可侵の権力を確立。わが国は、太平洋戦争を大艦巨砲主義で戦う、破滅の道を歩む。

改定案起案を拒否して見せしめの懲罰人事を受けた井上成美は、伏見宮元帥が太平洋戦争開戦八カ月前に敗戦責任を回避すべく軍令部総長を退任したとき、海相及川古志郎に、

「もともと宮様は重大事に軍令部総長になるよう育っておられない。宮様が軍令部総長だと、

軍令部次長が軍令部総長のような権力をふるうことになり、よろしくない」

と述べて批判。さらに井上成美は、軍令部総長伏見宮元帥（明治八年生まれ）について、

「皇族が軍令部総長に就《つ》いたため海軍が硬直化した。明治の頭で昭和の戦争をした」

と、手厳しく批判している。

海軍条約派を粛清追放

艦隊派の巨頭伏見宮元帥が大角岑生海相（昭和八年一月〜）に条約派将官の粛清・追放を要求すると、大角海相はその意向を受容し、昭和八年三月から昭和九年十二月に、山梨勝之進大将（昭和八年三月予備役編入）・谷口尚真大将・左近司政三中将・寺島健中将・堀悌吉中将（昭和九年十二月予備役編入）ら条約派将官を、自ら辞令に署名して追放した。

これが「大角人事」と云われる、条約派将官の粛清追放人事である。

大角岑生は海軍兵学校を三番の成績で卒業して順調に出世し、海軍次官・第二艦隊司令長官など重要ポストを歴任。軍縮問題には、賛成でもなく反対でもなく、条約派と艦隊派の抗争にもまったく無関心で、昭和六年、大将に昇任した。渾名は八方美人。大角岑生は確固たる信念を持たず、協調性と調和力を旨とし、内外に波風を立てぬことのみに腐心して出世した。


大角人事で予備役へ編入された山梨大将は、昭和九年三月頃、親しい中沢佑《なかざわたすく》中佐に、

「大角（岑生）海相のうしろから、いろいろ強い圧力がかかっているんだよ。具体的にいえば、

伏見宮殿下と東郷（平八郎）さんなのだ」

と述べている。

同じく大角人事で予備役へ編入された海軍中将堀悌吉は、海軍兵学校を首席で卒業し、海軍大学校を恩賜で卒業。同期生が「神様の傑作の一つ堀の頭脳」と述べたほどの秀才で、日本海軍の宝というべき人物だった。堀悌吉は、同期の山本五十六、二期後輩の古賀峯一と親友で、後輩の井上成美からの信頼も厚く、山本権兵衛・加藤友三郎の系譜を継ぐ海軍軍政を担う逸材と目されていた。堀悌吉は、昭和四年九月、少将のとき海軍省軍務局長に就任し、浜口雄幸内閣の下でロンドン海軍軍縮条約締結に尽力。その後、第一戦隊司令官などを歴任し、昭和八年十一月、海軍中将に昇任した。しかし海軍中将堀悌吉は、五十一歳の働き盛りに、予備役へ編入された。このとき山本五十六は、

「(日本海軍にとって）巡洋艦隊と堀の頭脳の、どちらが重要か分かっているのか」

と嘆いた。また、日米開戦時の東條英機内閣の海相嶋田繁太郎は、戦後、

「堀（悌吉）が開戦前に海軍大臣であれば、もっと適切に時局を処理したのではないか」

と回想し、粛清・追放された堀悌吉の才幹を惜んでいる。

これらのことから、伏見宮博恭王元帥は、戦後、
一、「軍令部条例及び海軍省軍令部業務互渉規定」の改正を主導して軍令部の権限強化を果

たし、伏見宮が海軍人事全般に関与するようになって、軍令部が独走を開始し、
二、条約派を粛清・追放して米英との疎隔を招き、日米開戦の一因を作ったうえ、
三、大艦巨砲主義を頑守して、太平洋海戦の完敗をもたらした。
として、批判的評価を受けることが多い。

反面、伏見宮家は北朝第三代崇光天皇の第一皇子栄仁親王を始祖とする由緒ある御家柄なので、一切の戦争責任・敗戦責任は追及せらるべきでない、との見解も今なお根強い。

鳩山文相による滝川事件

内務省は、昭和八年四月、京都帝大法学部教授滝川幸辰の著書『刑法講義』『刑法読本』を、内乱罪・姦通罪の見解が不適切として、発売禁止処分とした。すなわち滝川教授の、
一、内乱罪は、破廉恥罪と異なり、犯人が理想社会建設を目的としたことを顧慮すべき。
二、姦通罪が、妻の姦通のみに適用されるのは、平衡《へいこう》を失する。
との見解が公序良俗に反する、としたのである。

斎藤内閣の文相鳩山一郎が、四月二十二日、京大総長小西重直に滝川教授の罷免を要求。小西総長と京大法学部教授会は鳩山文相の要求を拒絶したが、鳩山文相は、五月二十五日、文官分限令により滝川教授の休職処分を断行した。

すると京大法学部の全教官が辞表を提出して抗議。小西総長も辞職した。

しかし後任の京大総長松井元興（七月に就任）が、滝川幸辰および佐々木惣一・宮本英雄・森口繁治・末川博・宮本英脩《ひでなが》六教授の辞表を受理・免官とし、それ以外の者の辞表を却下。この切り崩しにより、京大法学部教官は辞任を貫いた辞職組と、辞表を撤回した復帰組に分裂。前記六教授以外に教授二名・助教授五名・専任講師等八名が辞職。事件は決着した。そもそも文相鳩山一郎が滝川幸辰教授の休職処分を強行した意図は、「大学自治の総本山と見られた京都帝大を、国家権力のもとに服従させる」という点にあり、滝川教授を休職処分としたことは、「大学の自治」を踏みにじる行為だった。滝川事件は、自由主義的言論をも弾圧対象とする、昭和ファシズムの始まりだったのである。

帝人事件

斎藤実内閣は、帝人事件という疑獄事件で、昭和九年七月三日に総辞職する。

鈴木商店が昭和二年の恐慌で倒産したとき、帝人（帝国人造絹絲㈱）の株式二十二万株は鈴木商店に融資した台湾銀行の担保に入っていた。帝人は人絹ブームに乗り業績良好だったので帝人の株価上昇が見込まれ、帝人株を巡る暗躍が起きたのである。

鈴木商店の大番頭だった金子直吉は、帝人の株を買戻そうとし、政友会の鳩山一郎や、番町会という財界人グループに働きかけ、その結果、帝人株十一万株の買戻しに成功した。

その後、帝人が増資を決定したため株価が急上昇。金子直吉や、台湾銀行からの帝人株買戻しの謝礼に帝人株を分与された商工相中島久万吉《くまきち》・番町会永野護らが巨額の利益を得た。

この問題について時事新報（武藤山治社長）が、昭和九年一月十六日から、「番町会を暴《あば》く」なる批判記事を連載して、帝人株をめぐる贈収賄疑惑を取り上げ、

「番町会は伏魔殿に立てこもり、吸血をなしつつ、政財界を毒しつつある。番町会を囲繞《いにょう》（取り囲むこと）するものに現（斎藤実）内閣の某大臣（中島久万吉のこと）あり。政権を笠《かさ》に金権を擁し、財界と政界の裏面に暗躍する暴状は、眼に余るものあり」

と糾弾。財界の金儲けの実態と、官僚・政治家が結託する醜悪な現実を世間に暴露した。

議会で追及された鳩山文相は、三月四日、別件の樺太《からふと》工業からの贈収賄疑惑も絡み辞任。

時事新報社長武藤山治は、三月九日、自宅を出たところ福島某なる男に拳銃で射殺された。

検事局が動き出し、四月十八日から五月にかけて帝人社長高木復亨、台湾銀行頭取島田茂、番町会の永野護・河合良成、大蔵次官黒田英雄、大蔵省銀行局長大久保偵次らを拘引。十六人を起訴。帝人事件により政府批判が高まり、斎藤実内閣は同年七月総辞職したのである。

岡田内閣発足

斎藤内閣の後継は海軍出身の岡田啓介内閣（昭和九年七月～昭和十一年二月）となった。

本来なら、斎藤内閣が帝人事件という不祥事で倒れた以上、後継首相は、例えば、
一、「憲政の常道」に立ち戻って、後継首相は政友会（総裁鈴木喜三郎）から出す。

二、あるいは枢密院に政権を委ね、枢密院副議長平沼騏一郎を後継首相とする。
三、サプライズ的だが、陸軍に政権を回し、陸軍から後継首相を出す。
など、海軍以外から出すのが常識的判断である。

しかるに斎藤内閣の後継に、再び海軍から岡田啓介が選ばれたのは、以下の経緯による。


前述のとおり、元老西園寺公望は「天皇制を維持するには政治を政党政治に委ねるべき」と天皇の政治関与を戒めたが、天皇親政を目指す牧野グループの内大臣秘書官長木戸幸一の進言で斎藤実が首相に指名され、西園寺公望の元老としての地位は名存実亡となった。勢威を失った元老西園寺公望だったが、用意周到に、自身の復権と政党政治の復活を目指した。

元老西園寺公望は、重臣会議のメンバーを枢密院議長一木喜徳郎・首相経験者（斎藤実・清浦奎吾・若槻礼次郎・高橋是清）として、後継首相選定に関する内大臣秘書官長木戸幸一の関与を排除。そのうえで、斎藤実内閣の後継選定を、内大臣・重臣会議に委ねた。

元老西園寺公望の反撃で、選定権者から外れた木戸幸一は、西園寺邸を訪れ、

「政党人（若槻礼次郎・高橋是清）を重臣に加えることは、政党の力が増すので反対」

と述べて、自身の政治関与を訴えたが、西園寺公望は冷厳に却下。前首相斎藤実が、元老西園寺公望の招集した内大臣・重臣会議で、岡田啓介を推したのである。

それにしても前首相斎藤実は、余りに浅慮だった。本来なら、自身が帝人事件という不祥事

で総辞職したことを自省し、後継首相は海軍以外へ回すのが常識的判断である。しかるに斎藤実は、後継に海軍の長老岡田啓介を指名。海軍内での政権のタライ回し＝海軍による政権私物化を行った訳である。岡田啓介内閣は、昭和九年七月八日、左記の陣容で発足した。

首相　岡田啓介
海相　大角岑生（留任）
陸相　林銑十郎（昭和十年九月以降川島義之）
蔵相　藤井真信（昭和九年十一月以降高橋是清）
外相　広田弘毅（留任）

このほか政友会から床次竹二郎・内田信也・山崎達之輔が、民政党から二名が入閣した。「憲政の常道」の復活による政権復帰を熱望した政友会は、岡田内閣に不満を強め、政友会から入閣した床次竹二郎・内田信也・山崎達之輔を除名し、岡田内閣に対決姿勢をとった。

なお昭和天皇に天皇親政を勧め、侍従長鈴木貫太郎と組んで政友会総裁田中義一首相を総辞職へ追い込んだ内大臣牧野伸顕は、この頃、「天皇を政治利用している」との批判を浴び、牧野暗殺の噂が飛んだ。牧野伸顕は進退窮まり、昭和十年十二月二十六日、内大臣を辞した。すると元老西園寺公望は、後任の内大臣に、前首相斎藤実を据えたのである。

こうして西園寺公望は復権の足掛かりを築いた。これが上流階級の喧嘩のやり方である。

海軍軍縮条約から脱退

首相岡田啓介は、ロンドン海軍軍縮条約の締結に奔走した条約派の巨頭である。

しかるに岡田内閣は、昭和九年十二月二十九日、大正十一年に締結されたワシントン海軍軍縮条約（戦艦等主力艦は対米六割）の破棄を通告（失効は昭和十一年）した。

さらに昭和十年十二月九日に第二次ロンドン海軍軍縮会議が開催され、ロンドン海軍軍縮条約（巡洋艦・駆逐艦等補助艦艇は対米六・九七割）の改正・継続問題が論じられると、

一、アメリカは、ワシントン条約・ロンドン条約の維持に加え、現有戦力の二割削減を主張。

二、イギリスは、ワシントン条約・ロンドン条約の維持を主張。

三、日本は、軍備平等化を主張。

交渉は不調に終わり、日本は昭和十一年一月十五日にロンドン海軍軍縮条約から脱退。日本は無条約時代に入り、米英との阻隔を深める。

岡田内閣で、ワシントン海軍軍縮条約・ロンドン海軍軍縮条約から脱退した理由は、

一、伏見宮元帥が、「軍令部条例及び海軍省軍令部業務互渉規定」を改定させて軍令部の権限を強化し、海軍将官人事に深く関与。海軍内に絶対不可侵の権力を確立していた。

二、艦隊派の巨頭伏見宮元帥の意を受けた大角海相の「大角人事」により、条約派将官が粛清・追放され、海軍を去っていた。

海軍は、艦隊派の巨頭伏見宮元帥の牙城となっており、条約派の巨頭岡田首相ですら、ワシントン海軍軍縮条約・ロンドン海軍軍縮条約からの脱退を阻止出来なかったのである。

後日談だが、昭和十一年にワシントン条約・ロンドン条約から脱退し、アメリカと建艦競争に入った結果、日米経済力格差が露呈。太平洋戦争開戦十一カ月前の昭和十六年一月には、「日本海軍の戦艦保有量は対米五割を下回る（『軍令部作成：第五次軍備充実計画案』）」との皮肉な結果となった。戦力比は一（一＊一）：〇・二五（〇・五＊〇・五）以下である。

かかる考察に立てば、わが国は第二次ロンドン海軍軍縮会議のアメリカ案を受諾して保有比率を維持したうえ、保有トン数の格差を縮小せしめ、日米開戦の折には、縮小した保有トン数の格差を、急遽、昼夜兼行で建艦してカバーする方が、得策だったように思われる。

幻の「海の屯田兵構想」

日本海軍は、軍備無条約時代のなか、アメリカと建艦競争を進め、艦隊派による大艦巨砲主義の道を歩むのだが、ここで粛清・追放された条約派の、幻と消えた「航空母艦を基幹とする海の屯田兵構想」を披露しておきたい。まず航空母艦＝空母について語ることとする。

航空機が実用化された後、各国海軍は軍艦から航空機を発着させる努力を続け、アメリカは一九一一年に巡洋艦「ペンシルベニア」に飛行甲板を仮設し離着艦の実験に成功。イギリスは一九一二年に停泊中の軍艦の仮設甲板からの離艦に成功したが、実用性は乏しかった。

日本海軍は第一次世界大戦で、一九一四年、ドイツ海軍基地がある青島沖から、水上機母艦「若宮」のファルマン水上機が攻撃を行った。機体はクレーンで揚収し、海面から発着。洋上を発進した航空機の実戦活動は、「若宮」の搭載機によるドイツ基地攻撃が世界初である。

イギリスは建造中の巡洋艦「フューリアス」に飛行甲板を設置する改造を一九一八年に完了し、アメリカは給炭艦「ジュピター」を空母「ラングレー」へ改造した。

最初から本格的空母として設計された世界初の空母は、日本が大正十一年（一九二二年）に完成させた「鳳翔《ほうしょう》」。イギリスは二年後の大正十三年に空母「ハーミーズ」を完成させる。

ワシントン海軍軍縮条約（大正十一年）で戦艦等主力艦の建造が制限されると、日・米・英は建造中の戦艦等主力艦を空母へ改造。こうして新たに建造された日米英の空母は、

日本　　：「赤城《あかぎ》」「加賀《かが》」「飛龍《ひりゅう》」「蒼龍《そうりゅう》」「龍驤《りゅうじょう》」など。

アメリカ：「レキシントン」「ヨークタウン」「サラトガ」「レンジャー」「ワスプ」など。

イギリス：「カレイジャス」「グローリアス」など。

このように日本海軍は、空母に関する限り、アメリカ海軍の一歩先を歩んでいた。

「海の屯田兵構想」は、日米海戦の主役は「大艦巨砲」でなく「空母」と予測し、空母へ転換可能な貨客船を民間に大量建造させる、というものである。すなわち、

一、甲板上部は豪華客船として旅客輸送に勤しみ、日米間の理解を深めて開戦を回避し、

二、船倉は貨物室として貿易に携わり、国富を蓄え、
三、飛行甲板を確保すべく平面を広く取り、高性能エンジンを装備。船体を頑丈に建造。
四、日米開戦となれば、甲板上部の客室を撤去し飛行甲板に変え、船倉の貨物室は飛行機格納庫へ改造。一挙に大量の空母群を誕生させ、アメリカ軍艦を太平洋に沈めてしまう。
五、戦艦・巡洋艦など軍艦の役割は、①空母の護衛と、②輸送船・油槽船の護衛、となるから、対米六割の保有量、すなわち対米三・六割の戦力（〇・六＊〇・六）で充分。
というものである。

平時は貨客船、戦時は空母。平時でも戦時でも、有効に稼働する「海の屯田兵」である。戦艦・巡洋艦・駆逐艦など戦闘艦艇は、平時においては、無用の長物である。

「海の屯田兵構想」は、経済力が脆弱で国家財政に限界ある当時の日本にとって、平時でも戦時でも活動して稼働率を高める、適切な海軍戦略だった。

「海の屯田兵構想」は、条約派が粛清・追放されたのち、言わず語らずのうちに極めて不徹底ながら実行に移され、太平洋海戦でアメリカ海軍に一太刀浴びせ、一泡吹かせる。

すなわち日本海軍は、商船改造空母として「隼鷹《じゅんよう》」「飛鷹《ひよう》」「大鷹《たいよう》」「冲鷹《ちゅうよう》」「雲鷹《うんよう》」「海鷹《かいよう》」「神鷹《しんよう》」七隻を就航させた。「海の屯田兵」を馬鹿にしてはいけない。日本郵船の豪華客船だった橿原丸《かしはらまる》（三菱長崎造船所で建造）は、空母に改造されて「隼鷹」となり、開戦十カ月後の南

太平洋海戦（昭和十七年十月）でアメリカ海軍の正規空母「ホーネット」撃沈、「エンタープライズ」撃破。一時的ながら、アメリカ海軍の作戦可能空母を皆無とする殊勲を挙げた。

軍令部総長伏見宮博恭王元帥が条約派を粛清・追放しなければ、日本近現代史は、今とは、随分、異なるものとなっただろう。

海軍内閣に対する陸軍の不満

帝人事件という不祥事で倒れた前首相斎藤実が、後継に岡田啓介を指名した海軍の政権タライ回しに、陸軍が不満を抱いた。海軍と陸軍は、幕末以来、不倶戴天《ふぐたいてん》の敵だからである。日本海軍は幕府が創建した幕府海軍を源流とし、日本陸軍は長州藩奇兵隊を源流とする。海軍と陸軍は幕末維新の敵同士として発足。以来、「海主陸従」か？「陸主海従」か？との根本問題を巡って対立。日露戦争後、海軍はアメリカを仮想敵国とし、陸軍はロシアを仮想敵国とし、別々の方角を睨《にら》んでいた。日露戦争後、国家財政は破綻状態だったが、アメリカを仮想敵国とする海軍と、ロシアを仮想敵国とする陸軍は、予算配分を巡って激突した。

第二次桂太郎内閣の明治四十三年に、海相斎藤実が軍艦建造費用総額五億八千万円を要求した。明治四十三年租税収入三億一七二九万円に比して余りにも巨額である。しかし桂首相（陸軍大将）は一応の理解を示し、「総額五億八千万円のうち、とりあえず八千二百万円を予算化。

六カ年にわたり継続支出」との妥協案を示し、斎藤海相を納得させた。

第二次西園寺公望内閣（明治四十四年～大正元年）は、財政困窮のため陸軍の二個師団増設要求（総額三三八九万円を六カ年計画）を却下したが、斎藤海相の海軍予算要求を認め、「戦艦三隻建造費用九千万円を予算化。五カ年計画とし、初年度分六百万円」を計上した。

第一次山本権兵衛内閣（大正二年～大正三年）は海軍予算を優遇。従前に認められた戦艦三隻のほか、新たに戦艦一隻・駆逐艦十六隻・潜水艇六隻の建造を認め、予算計上額を第二次西園寺内閣の九千万円から一億五千四百万円へ増額。大正八年度までの継続事業とした。

海軍の予算要求総額は五億八千万円。陸軍の予算要求総額は三三八九万円。九四：六である。

それでも陸軍の二個師団増設予算は、第二次西園寺内閣でも第三次桂内閣でも第一次山本権兵衛内閣でも却下され、陸軍は不満を強めた。

そこで第二次大隈重信内閣（大正三年～大正五年）が、「国防予算は首相・外相・蔵相・陸相・海相らによる防務会議（国防会議のこと）で決定する」との仕組みを確立したうえ、陸軍の二個師団増設予算と海軍の軍艦建造予算を可決。ようやく陸軍と海軍を融和させた。

しかるに斎藤・岡田と海軍内閣が続き、陸軍は海軍偏重に不満を強めたのである。

海軍に対する陸軍青年将校の憎悪

陸軍将校の海軍に対する憎悪の根源は、日露戦争の黄海海戦における海軍作戦参謀秋山真之の重大なる作戦ミスで乃木第三軍が旅順への過酷な肉弾攻撃を余儀なくされたことにある。

そもそも日露戦争における、陸軍の対ロシア作戦計画は、
一、満州のロシア陸軍を、旅順と遼陽に分断し、
二、旅順のロシア軍には竹矢来を敷設して、乃木第三軍が封じ込めておく。
三、黒木第一軍・奥第二軍が遼陽でロシア軍主力と戦い、ロシア軍を北方へ追い払う。
というものだった。陸軍は、乃木第三軍の旅順攻撃を予定していなかったのである。


旅順要塞を包囲した乃木第三軍が旅順湾へ向け山越えの間接砲撃（照準を行わない砲撃）を行うと、明治三十七年八月十日朝、ロシア旅順艦隊は戦艦六隻・巡洋艦五隻など総勢二十隻で旅順湾を出てウラジオストクを目指した。日本艦隊はただちに追撃。黄海海戦となる。同日午後五時頃から始まった黄海海戦は、午後七時七分、日本海軍の勝利となり、ロシア艦隊は四分五裂となって戦場を離脱。

戦艦「レトウィザン」「ポベーダ」「ペレスウェート」「セワストポリ」「ポルタワ」と巡洋艦「パラーダ」は旅順へ戻った。この事情を、ロシア側史料は、

「戻った全戦艦は右舷に多数の命中弾を受け、惨状は悲惨。最早、我々に艦隊は無い」

との壊滅的打撃、と伝えている。この状況は、日本艦隊から視認出来た筈である。

このとき秋山真之作戦参謀は、戦艦（速力十五・五ノット）や駆逐艦（速力二十九ノット）

を旅順湾口へ先回りさせ、満身創痍で帰港するロシア戦艦（正常最高速力十四ノット）を旅順湾口前で全艦撃沈すべきだった。こうすれば乃木第三軍の肉弾攻撃は不要だった筈である。秋山真之作戦参謀は、黄海海戦で、「詰めが甘い」という致命的ミスを犯した訳である。

そして秋山真之作戦参謀は、旅順へ戻ったロシア旅順艦隊に怯《おび》え、乃木第三軍に対し、「旅順攻略に四、五万の勇士を損ずるも、さほど大いなる犠牲に非ず。国家存亡に関すればなり。眼前（の日本将兵の）死傷の惨状は眼中に置かず、（乃木第三軍は）全軍必死の覚悟をもって、この目的達成に努むるほか、他に策あるべき筈なし（『乃木第三軍岩村団次郎中佐宛明治三十七年十一月三十日付書簡』）」

と、旅順要塞への肉弾攻撃を要求した。鉄壁に卵をぶつけるような肉弾攻撃を強いられた乃木第三軍の青年将校の憤怒はここにある。明治の陸軍青年将校は志操高く、純真で、不満を口にすることはなかったが、彼ら明治の陸軍青年将校の偽らざる肉声を聞いてみよう。

旅順第三回総攻撃の明治三十七年十一月二十八日、二〇三高地に挑んだ第一師団東京第一連隊はロシア軍鉄条網の手前数十メートルへ迫って突撃壕に入り、第一次突撃隊が突撃した。この模様を東京第一連隊旗手兼記録係猪熊敬一郎少尉（肺結核により二十八歳で死去）は、「決死隊を募ったが、みずから申し出る者は居ない。仕方ないから指名した。壕を出れば、即ち死である。国のため捧げた身体なので死は覚悟している。しかし攻略成功が覚束《おぼつかな》い死は心細いではないか。肉体を弾丸に代えて、鉄と火の中へ突入するのである。指名された者は『自分が死んだら、これを何処へ送ってくれよ』などと戦友に仔細に頼んで出撃して行った」と記録している。

第一次突撃隊は、「突撃隊ッ！前へッ！」との号令が掛かると、突撃濠から飛び出し、鉄条網まで数十メートルを驀進。ロシア軍の機関銃・小銃の乱射を浴びて全滅。彼らは、後続の戦友たちの眼前で、撃たれ、倒れ、激痛に喘《あえ》ぎ、一人残らず死んだ。この様子は、「ああ惨劇！　虐殺以上の惨劇！　敵の鉄条網に至る数十メートルの地面は瞬時に、わが兵の死体を以って蔽《おお》われ尺寸の地も余さざるに至った。正視するに忍びず。眼を掩《おお》いて戦慄《せんりつ》した。これは人間の世界ではない。眼に見えるものは血と火である（猪熊敬一郎著『鉄血』）」と記録されている。

旅順要塞が明治三十八年一月一日に陥落すると、乃木第三軍は招魂祭を一月十四日に水師営高地で行い、一月十九日に北進することとなった。猪熊敬一郎少尉は、後に、「（一月）十九日は旅順と別れて北進することとなったので、予《よ》は、十八日夜、陣没せし諸戦友に最後の別れを告げるべく、山腹なる戦死者墓地へ急いだ。この夜、月は皎々《こうこう》と四辺を照らし、天地闃寂《げきせき》として、聞こえるものは夜風のささやく声のみ。予は第六中隊墓地なる木村軍曹の墓前にぬかずいた。木村軍曹は最古参の最も勇敢な模範的下士官だったが、選ばれて白襷《しろだすき》隊《たい》に加わり、名誉の戦死を遂げたのである。予は墓前に立って、『卿《けい》は予の小隊戦死者の最古参なり。予に代わりて、予の誠意を戦死の戦友に告げよ。今や、予は、諸君の霊としばし決別させざるべからず。今や、死生異なるといえども、予は、北進の後、諸君のあとを追わざるべからず。南北ところを異にするも、死は一なり。誓って国難に殉ぜん』。言い終わって悌泣《ていきゅう》（涙を流すこと）を久しうした。低徊《ていかい》、去るに忍びず。回顧《かいこ》（周りを見わたすこと）すれば、墓地のなかには、彼方に一人、此方に一人、予と同じように低徊している黒い影がある。仰げば月は天心《てんしん》にかかって、寂しき下界を照らす。感慨俯仰《ふぎょう》。去らんとして去り得ざるも、過雁《かがん》の一声に驚かされて、山を辞した（猪熊敬一郎著『鉄血』）」

と述べている。

乃木第三軍は、旅順要塞への肉弾攻撃で、五万九千余人の死傷者を出した。

しかしこの犠牲は、黄海海戦が終わったとき、海軍作戦参謀秋山真之が連合艦隊の戦艦や駆逐艦を旅順湾口前へ先回りさせ、満身創痍で帰港するロシア戦艦を旅順湾口前で全艦撃沈しなかった、詰めの甘さによる犠牲なのである。そして当時、すべての陸軍青年将校が、

「この発端を作ったのが、黄海海戦で詰めを欠いた海軍作戦参謀秋山真之の致命的ミス」

である、ことを周知していた。

それでも明治の陸軍青年将校は、不満を口にすることなく、従容《しょうよう》として死に就《つ》いた。

しかし大正デモクラシーの空気を吸い、それなりに人権意識を育んだ昭和の陸軍青年将校に

とって、海軍の身勝手で無駄死という最後を遂げることは、我慢ならなかったのである。

岡田内閣総辞職

陸軍青年将校は、昭和十一年二月二十六日未明、「君側の奸を屠《ほふ》って、真崎甚三郎陸軍大将（前教育総監）を首班とする陸軍内閣を作る」として決起。第一師団東京第一連隊四百余名・東京第三連隊九百余名・近衛歩兵第三連隊など総勢千四百余名の部隊が、内大臣前首相斎藤実海軍大将・首相岡田啓介海軍大将・侍従長鈴木貫太郎海軍大将・前内大臣牧野伸顕・蔵相高橋是清・教育総監渡辺錠太郎陸軍大将を襲撃した。二・二六事件である。

内大臣前首相斎藤実海軍大将は、私邸を襲撃され、殺害された。

首相岡田啓介海軍大将は、首相官邸を襲撃されたとき、女中部屋の押入れに隠れた。このとき岡田の義弟で首相秘書官兼身辺警護役をつとめていた陸軍大佐松尾伝蔵が、岡田啓介と容姿が似ていたため、岡田啓介本人と誤認され、身代わりとなって殺害された。

侍従長鈴木貫太郎海軍大将は、侍従長公邸に乱入した決起将校から複数の銃弾を撃ち込まれ瀕死の重傷を負ったが、辛うじて一命を取り留めた。

襲撃を受けた斎藤内大臣・岡田首相・鈴木侍従長が海軍の大物だったので、海軍は「海軍への陸軍の攻撃」と認識。横須賀鎮守府の海軍陸戦隊が芝浦に上陸し、海軍省の警備についた。

前内大臣牧野伸顕は、「昭和天皇の君側に侍《はべ》る君側の奸」と見られ、居留先の湯河原の旅館を襲撃されたが、危ういところで、旅館の裏山へ避難した。

蔵相高橋是清は、「海軍寄りの予算編成をした」と憎まれ、殺害された。

教育総監渡辺錠太郎陸軍大将は、「青年将校が思慕する皇道派の真崎甚三郎教育総監を追い落として後任の教育総監になった」と憎まれて私邸を襲撃され、殺害された。

難を逃れた岡田首相は、翌二十七日午後、首相官邸から脱出し、翌二十八日に辞表を奉呈《ほうてい》。

岡田啓介内閣は、三月九日、総辞職した。

第五章 陸軍統制派の発生と二・二六事件

皇道派将校こそ陸軍の正統的後継者

二・二六事件は陸軍と海軍の対立であり、陸軍内の皇道派と統制派の抗争でもあった。

皇道派とは、戦闘現場で最前線に立って自身の犠牲を顧《かえり》みず勇敢に戦い、下士官・兵と苦楽を共にしながら這《は》い上がった実戦派の将校グループである。皇道派は、日露戦争頃まで日本陸軍の中心的存在であり、戦上手な多くの名将を輩出した。長州藩奇兵隊を源流とする日本陸軍では、創設以来、日露戦争まで、全員が皇道派だったといえる。

統制派とは、肥大化した陸軍組織を統制するため昭和八年頃に発生した官僚グループで戦争は下手である。統制派は予算獲得・組織統制・権力強化のため、つねに主戦論・強硬論を唱えて軍国主義化を唱道し、ついには太平洋戦争を引き起こす。

本章では、統制派なる官僚グループが、陸軍内のヘゲモニーを獲得すべく皇道派の排除を目論《もくろ》み、反発した皇道派が決起して返り討ちに遭《あ》った二・二六事件を見ていく。

日本陸軍は、文久三年（一八六三年）六月頃、長州藩内で結成された農民・町人からなる奇兵隊・膺懲《ようちょう》隊・游撃《ゆうげき》隊・力士隊など長州藩諸隊を源流として発足。このうち膺懲隊では、「膺懲隊とて、見下げてくれるな。もとの天下（豊臣秀吉）も、根は百姓」と唄って意気軒昂《いきけんこう》だった、という。この長州藩諸隊が、日本陸軍創業の原型である。

その後、長州藩は第一次長州征伐を受けて降伏したが、高杉晋作は、元治元年（一八六四年）十二月十五日、長府の功山寺に力士隊の伊藤博文ら八十余人を集めて決起。

「真があるなら今月今宵。明日になれば、誰も来る」

と唄って同志の参加を促し、山県有朋が遅まきながら参加すると喜んで、

「ぬしと私は焼山かずら、山は焼けても、根は焼けぬ」

と唄った。やがて決起集団は三千人とも云われる大集団となり、長州藩諸隊は第二次長州征伐・鳥羽伏見戦で幕府軍を破り倒幕を実現。明治政権を樹立する。

高杉晋作は倒幕の実現を見ることなく、慶応三年（一八六七年）四月、結核により死去するが、その少し前、戦死した長州藩諸隊兵士の霊を祀るため桜山招魂社を建立し、

「弔《とむら》わる、人に入るべき身なりしに、弔う人となるぞ恥ずかし」

「遅れても、遅れてもまた君たちに、誓いしことを、あに忘れめや」

の二首を詠み、真っ先に戦死すべき自分が生き残っていることを詫《わ》びる真情をうたった。

長州藩諸隊は、こうした同志的結合と、隊長・幹部を互選で決める平等的・民主的気風をもち、上下の関係は緩く、下克上の風潮を内包し、兵士の出身階層である農民・町人の生活実態に敏感な特徴があり、政治に積極的に関与しがちな革命軍としての性格を持っていた。

日本陸軍の青年将校は、最も危険な陣頭に立って率先垂範して正々堂々と戦い、大将・元帥に登り詰めることを理想とした。日露戦争の第一軍司令官黒木為楨《ためもと》大将や、第二軍司令官奥保《やす》

翬《かた》大将（後に元帥）や、第四軍司令官野津道貫大将（後に元帥）がその実例である。

荒木貞夫中尉の沙河会戦

昭和の青年将校から崇拝された荒木貞夫中尉（後に陸軍大将・陸軍大臣）が戦った、日露戦争における明治三十七年の「沙河《さか》会戦」を見てみよう。

遼陽会戦が日本軍の勝利に終わると、児玉源太郎総参謀長は「沙河付近での戦闘は無い」と油断し、旅順へ戦況視察に出かけた。このとき日本軍は、最右翼の本渓湖付近に、梅沢旅団（旅団長梅沢道治少将・副官荒木貞夫中尉）を配した。梅沢旅団は後備兵（年配の兵）による弱体な部隊で、後備兵には後方警備など補完的役割が与えられ、日清戦争で使用された旧式の村田銃（明治十三年制定）が支給された。

大逆襲の決意を固めたクロパトキン大将は、「日本軍最右翼の脆弱な梅沢旅団を殲滅《せんめつ》し、日本軍の右翼後方へ回り込んで、全体を崩壊させる」と企図。ロシア軍は十月四日から前進開始し、沙河を越えて南下。ロシア軍西部兵団を日本軍正面へぶつけて牽制し、ロシア軍東部兵団に梅沢旅団を包囲殲滅させて、日本軍全体を崩壊させようとした。

秘匿《ひとく》されたロシア軍の大逆襲を察知したのは、情報将校として、イギリスを舞台にロシア軍の補給状況を監視していた駐イギリス公使館付武官宇都宮太郎中佐である。宇都宮太郎中佐は、

満州軍総司令部に、

「ロシア軍が、本渓湖・撫順《ぶじゅん》付近にかけて、日本軍右翼を急襲する」

と打電。満州軍総司令部は電報を九月二十三日に受領したが、電報を無視して、児玉総参謀長を旅順から呼び戻すことはしなかった。

一方、日本軍の現場はしっかりしていた。ロシア軍大逆襲を最初に気付いたのは、梅沢旅団長梅沢道治少将。九月十七日のことである。外出から旅団司令部へ戻った副官荒木貞夫中尉が梅沢旅団長の不在を訝《いぶか》っていると、最前線の歩哨兵が駆け込んできて、荒木中尉に、

「旅団長命令ッ！　敵はわが方に向かって南下中なりッ！　直ちに警急呼集せよッ！」

と命じた。一兵卒から命じられた荒木中尉は余りのことに驚きながら、全軍を呼集した。

実は梅沢旅団長は、動物的直感で胸騒ぎを感じ、最前線へ出てみずから歩哨に立ち、ロシア騎兵約八個中隊・歩兵約四個大隊の南下を発見した。これはロシア軍前衛先遣部隊の威力偵察だった。梅沢旅団長は敵情観測を続けながら歩哨兵を伝令として走らせ、副官荒木貞夫中尉に梅沢旅団の指揮を委ね、この日、ロシア軍部隊を撃退。以降、厳重警戒態勢をとった。

児玉源太郎総参謀長は、十月六日午前六時に旅順から戻り、作戦主任参謀松川敏胤《としたね》大佐からロシア軍大挙南下の急報を聞いたが、想定外の事態に呆然自失で思考停止。翌十月七日、満州軍参謀会議を招集して一切を委ねたが、甲論乙駁《こうろんおつばく》の小田原評定となり、結論は出ず。

十月八日夜。ロシア軍東部兵団が梅沢旅団を包囲した。日本軍右翼崩壊の危機である。児玉総参謀長は相変わらずの思考停止状態で、十月九日、黒木第一軍・野津第四軍の参謀も呼び寄せ、拡大参謀会議を開いてみたが結論は出ず。議論は堂々巡りするばかりだった。

業を煮やした黒木第一軍参謀福田雅太郎中佐は、午後二時頃、末席から、

「小兵力で脆弱な梅沢旅団は敵に包囲され壊滅寸前です。速やかに結論を出して下さいッ！」

と、思わず絶叫。悲痛な訴えに応《こた》えて、松川敏胤参謀が即時攻勢を決定。大山巌総司令官の裁可を得て、十月十日、日本軍主力は一斉に北上を開始。翌十一日から沙河会戦が始まる。満州軍作戦主任参謀松川敏胤大佐（渾名は文殊菩薩《もんじゅぼさつ》）の、この軍命令は、

「ロシア軍東部兵団に包囲された梅沢旅団は、単独で耐えに耐えて現位置を固守し、日本軍全体の旋回軸を堅持すること。一方、正面主力部隊は前進してロシア軍西部兵団を撃破し、さらに北進して、梅沢旅団を包囲しているロシア軍東部兵団の背後へ迫れ」

という力技である。

十月十一日。ロシア軍東部兵団に襲われた梅沢旅団は全滅の危機に瀕しながらも日本軍全体の旋回軸を確保。この間、西部戦線の日本軍正面主力部隊がロシア軍西部兵団を撃破すると、ロシア軍東部兵団も退却に転じ、日本軍の勝利となった。

現場一筋の梅沢旅団長の薫陶《くんとう》を受けた副官荒木貞夫中尉は、村田銃と機関銃六挺を猛射して沙河会戦を勝利に導き、青年将校の鑑《かがみ》として後進の昭和の青年将校から尊敬されたのである。

陸軍情報派の光芒

日露戦争で、新たに明石元二郎《もとじろう》・宇都宮太郎ら情報将校グループの新派閥が発生した。

明石大佐は、ロシア国内の政情不安を増大させるべく、ロシア内の反政府活動を支援。

駐イギリス公使館付武官宇都宮太郎中佐が沙河会戦を予知し、満州軍総司令部にロシア軍大逆襲を打電したものの、満州軍総司令部に無視されたのは、前述のとおりである。

宇都宮太郎中佐の貴重な情報は、沙河会戦のみならず、「黒溝台会戦《こっこうだいかいせん》」でも無視された。

沙河会戦の後、大軍を率いて来援したグリッペンベルク大将が、明治三十八年一月二十三日、黒溝台など日本軍左翼に大攻勢をかけ、日本軍は崩壊の危機に瀕《ひん》した。こういう危機的状況になるまで、児玉源太郎総参謀長は「厳寒期にロシア軍が大作戦を行う筈がない」と油断し、ロシア軍大逆襲を「想定外」として、備えを全く行わなかった。

グリッペンベルク大将が黒溝台など日本軍左翼へ大攻勢をかける前、最前線の偵察騎兵が、

「敵の前哨活動が活発。大作戦の予兆あり」

との警報を、幾度となく、満州軍総司令部へ送っていた。

また駐イギリス公使館付武官宇都宮太郎中佐は、既に一月中旬、満州軍総司令部に、

「ロシア軍は近い時期に大攻勢をかける。グリッペンベルク第二軍が南下しつつある」

との電報を送っていた。

しかるに児玉総参謀長は、騎兵の偵察報告も宇都宮太郎中佐の警報も、ことごとく無視。不意を突かれた黒溝台会戦の危機は、救援に駆けつけた立見尚文中将（桑名藩出身）率いる第八師団（弘前）が、激戦の末、ロシア軍を撃退して日本軍崩壊の危機を救ったのである。

児玉源太郎総参謀長は、不都合な情報を嫌い、不都合な情報をことごとく無視した。日露戦争後、情報嫌いの陸軍官僚グループと、宇都宮太郎中佐ら情報将校グループは反目を深め、陸軍官僚グループによって、宇都宮太郎中佐ら情報将校グループは排除される。この結果、日本に、アメリカのＣＩＡ、ソ連のＫＧＢ、架空の人物ジェームズ・ボンドで有名なイギリスの秘密情報部のような情報機関は組織されず、日本軍は情報音痴の軍隊となった。情報無視の姿勢はやがて盲目的なドイツ崇拝熱を生み、日本は、日独伊三国同盟でドイツと組んでアメリカと戦う非合理的で無謀な選択を行い、破滅するのである。

立憲政党政治へ努力を重ねた日本陸軍

信じ難いと思うが、大正デモクラシーを彩《いろど》る政友会と民政党を創《つく》ったのは日本陸軍である。伊藤博文は、前述のとおり、かつて高杉晋作の功山寺決起のとき力士隊を率いて参じた攘夷過激派だったが、明治二十三年十一月に第一回帝国議会が開催されると、

「自分が開設した国会を、自分の意のままに動かすには、自分の政党を作る必要がある」

として、明治三十三年九月、「政友会」を結成。初代総裁となった。大正デモクラシーを彩る政友会を創建したのは、かつての武闘派、長州の伊藤博文である。

その後、陸軍大将桂太郎（長州）は、第三次桂内閣を発足させた際、政友会・国民党が憲政擁護運動（第一次護憲運動）を展開して第三次桂内閣に退陣を要求したことに対抗すべく、「自分自身の政党を結成する」として大正二年一月に立憲同志会の結成に着手した。立憲同志会が「民政党」の前身である。大正デモクラシーを彩る民政党を創建したのは、実は、陸軍大将桂太郎（長州）なのである。

その後、前述のとおり、大正十三年六月、憲政会総裁加藤高明が護憲三派（憲政会・政友会・革新俱楽部）連立の加藤高明内閣を組閣した。しかし政友会は、大正十四年四月に陸軍大将田中義一（長州）を総裁に迎え、同年五月に革新俱楽部を吸収して議会第二党となり、同年七月には憲政会と袂《たもと》を分かって、野党に下った。

かくして加藤高明内閣は、憲政会（のちに民政党）単独の内閣となり、田中義一総裁の政友会との二大政党制がスタートする。

こうして「憲政の常道」に基づく政党政治、大正デモクラシーが開花するのである。

政友会総裁田中義一は、護憲三派連立与党の一員として権力の座に安住し大政翼賛会的談合政治に堕すを潔しとせず決然と下野《げや》。憲政会（民政党）と政友会の二大政党制を確立した。みずから下野して二大政党制を確立した田中義一の決断は壮《そう》とせらるべく、帝国議会発足から今日に至るわが国憲政史上、最も画期的な政治決断として、評価されるべきである。

統制派の登場

昭和期に入ると、日本陸軍のなかに、統制派という新派閥が発生。統制派は、皇道派を排除して軍国主義化を推進し、太平洋戦争への道を歩む。統制派の発生は、欧州在留の陸軍大学校卒業生四人が大正十年十月二十七日に南ドイツの保養地バーデン＝バーデンで会同し、「陸大閥」の結成を目指した「バーデン・バーデンの盟約」に端を発する。

四人とは陸軍士官学校第十六期（明治三十七年十月卒業）の同期生であるスイス駐在武官永田鉄山少佐（陸大卒業明治四十四年）、ロシア大使館付武官小畑敏四郎《としろう》少佐（陸大卒業明治四十四年）、欧州出張中の岡村寧次《やすじ》少佐（陸大卒業大正二年）、及び、陸士第十七期でドイツに滞在していた東條英機少佐（陸大卒業大正四年）。四人は、

「①陸軍を陸大閥によって運営する、②総力戦を遂行し得る高度国防国家を建設し、国家総動員体制を確立する、③荒木貞夫・真崎甚三郎・林銑十郎三将軍を擁立する」

ことを目指し、有能な陸大卒業生を獲得・糾合することを語りあった。彼ら陸士第十六期は、日露戦争の陸戦（奉天会戦明治三十八年三月）が勝利で終わる直前に陸軍士官学校を卒業した世代であり、悲惨な日露戦争の実戦を経験していない。

バーデン・バーデンの盟約がなされた大正十年は、第一次世界大戦三年後。国際世論も国内世論も平和・国際協調・軍縮を渇望。国際協調のため大正九年に国際連盟が結成され、大正十一年には加藤友三郎内閣の山梨半造陸相が山梨軍縮を断行する時代である。こうしたなか「高度国防国家建設・国家総動員体制確立のため陸大閥を形成」との盟約は、平和・国際協調・軍縮を渇望する国際世論・国内世論に背を向ける動きだった。

その後、四人が日本へ帰国すると、永田鉄山・東條英機が中心となって陸士第十五期から陸士第十八期の陸大卒業生約二十人を集め、昭和二年頃、二葉会という陸大閥を結成した。

二葉会とは別に、参謀本部作戦課員鈴木貞一少佐（陸士第二十二期・陸大卒業大正六年）が、昭和二年十一月頃、私的に木曜会を結成。陸軍中央の少壮の陸軍幕僚を集め、陸軍装備・国防方針など軍事諸問題を研究していた。構成員は鈴木貞一のほか石原莞爾（陸士第二十一期・陸大卒業大正七年）、村上啓作《けいさく》（陸士第二十二期・陸大卒業大正五年）ら陸士第二十一期から第二十四期の陸大卒業生を中心に総勢約十八名。会合は昭和二年十一月頃から昭和四年四月まで計十二回開かれ、昭和三年一月の会合では、陸軍大学校教官石原莞爾少佐が「日米が航空機で勝敗を決する世界最終戦争が起きる」との構想を『わが国防方針』との演題で講話した。

二葉会は昭和四年五月十九日に木曜会を吸収して合流し、会員約四十名の一夕会《いっせきかい》となった。二葉会内では、小畑敏四郎が木曜会との合流に反対したが、永田鉄山・東條英機の意向が勝《まさ》り両会は合流。一夕会は永田鉄山が中心となって運営されるようになった。

一夕会の基本方針は二葉会と木曜会の方針を折衷・統合し、第一回会合で①陸軍人事を刷新し諸政策を強力に推進すること、②荒木貞夫・真崎甚三郎・林銑十郎三将軍の擁立、③満州問題の武力解決の三点を取り決めた。

一夕会はこの目標を達成すべく重要ポストの獲得に動き、昭和四年八月に岡村寧次が佐官級人事権をもつ陸軍省人事局補任課長に就任。永田鉄山が昭和五年八月に最重要ポストで予算配分に強大な権限をもつ陸軍省軍務局軍事課長に就任。昭和六年八月には鈴木貞一が陸軍省軍事課支那班長に、東條英機が参謀本部動員課長に、武藤章が参謀本部作戦課兵站《へいたん》班長に就任。

満州事変が勃発した当時、主要ポストは一夕会によって占められ、その活動により、陸軍内で「満蒙問題の解決に武力行使が必要」と認識されるようになり、陸軍中央では永田鉄山・東條英機が、関東軍では石原莞爾・板垣征四郎が主導し、満州事変が勃発した。

永田鉄山の国家総動員構想

永田鉄山は、陸大卒業後、第一次世界大戦の前後六年間、軍事調査のためドイツ周辺に滞在し、各国の実情を見聞。以来、国家総動員体制の重要性を各方面に訴える。永田は、「総力戦に勝つには、国家総動員体制により高度国防国家を建設し、ロシア・アメリカ・イギリス・フランスなど強国との長期持久戦を勝ち抜くべく、支那大陸などの資源を確保すべき」と考えたのである。これが才子と云われた永田鉄山の視野の決定的な狭隘《きょうあい》性である。

第一次世界大戦では、ドイツ・オーストリアなど同盟国に対し、イギリス・フランス・アメリカ・日本・ロシアなど連合国が多数派を形成して勝利した。このとき、わが日本は連合国陣営に参加して、戦勝国となった。この成功体験に見られるように、第一次世界大戦のような総力戦では、「国際協調により多数派に属する」ことが最も肝要である。永田鉄山の、「総力戦に勝ち残るには、国家総動員体制確立・高度国防国家建設が必要」との主張は、その限りでは、正しい。しかし、そのため国際協調を失い、アメリカ・イギリス・フランスなど主要国との阻隔を招いて国際的孤立に陥れば、本末転倒である。

しかるに永田鉄山は、剛腕を以って国家総動員体制確立・高度国防国家建設を推進する。この結果、日本は、米英との阻隔《そかく》を深めて国際的孤立に陥り、未曽有の敗戦に至るのである。

永田鉄山は、陸相の進退により、陸軍の意向を内閣に強要する手法を用いた。

五・一五事件で犬養毅内閣が総辞職（昭和七年五月十六日）したとき、陸軍少将・参謀本部第二部長（情報担当）だった永田鉄山は、翌五月十七日、内大臣秘書官長木戸幸一、元老西園寺公望の秘書原田熊雄、貴族院副議長近衛文麿と面談し、

「政党政治は絶対に排斥する処にして、もし政党による単独内閣の組織せられむ場合、陸軍大臣に就任する者は無かるべく。組閣困難に陥るべし」

と脅迫。政党政治を否定し、陸相の進退により内閣に陸軍の意向を強要する意思を示した。

そして結局、永田鉄山が望むとおり、わが国政党政治は犬養毅内閣をもって終焉する。こうした永田鉄山の政党政治否定と、陸相の進退により陸軍の意向を内閣に強要する陸軍の独善が、その後、わが国国策遂行上の動かし難い悪弊となり、日本は太平洋戦争への道を歩む。

永田鉄山は、かかる意味で、わが国国策を誤らせた最大の元凶と云うべきである。

陸軍三長官の鼎立

日本陸軍では、陸軍大臣・参謀総長・教育総監を互角・同格の陸軍三長官としてトップを形成し、陸軍将官人事など重要事項は陸軍三長官の協議で決定することで陸軍を円満に運営し、陸軍内の抗争を克服しようとした。

犬養毅内閣（昭和六年十二月〜）の陸相荒木貞夫は、参謀総長に閑院宮載仁《かんいんのみやことひと》親王を据え、昭和七年一月、真崎甚三郎を参謀次長に就任させて真崎参謀次長に参謀本部を差配させ、昭和七年五月に林銑十郎が教育総監になった。こうして荒木貞夫・真崎甚三郎・林銑十郎が陸軍三長官を分け合い、三将軍鼎立が実現した。

この間、小畑敏四郎は、昭和七年四月、少将に昇任のうえ参謀本部第三部長に就任し、真崎甚三郎参謀次長の腹心として信頼を得た。なお永田鉄山も、同年同月、少将に昇任のうえ参謀本部第二部長となり、小畑敏四郎と並んだ。

こうして陸軍内では、一応、勢力のバランスが保たれたのである。

真崎甚三郎参謀次長による満州事変の終息

満州事変について、犬養毅内閣の参謀次長真崎甚三郎中将は、「国家革新の熱病に浮かれた永田鉄山・東條英機・石原莞爾ら一夕会の幕僚連が、満州に理想国家を建設し、それを日本へ及ぼして日本を改造しようとたくらんだ不適切なもの」と判断。不拡大方針をとり、満州事変を満州域内で終息させるべく、収拾に当たった。

真崎参謀次長は、満州事変に付随して生起した上海事変について、早期停戦に尽力し、「日本軍の駐留こそ紛争の元である」として、上海から日本兵を一兵残さず撤兵させた。

満州事変の延長として行われた熱河《ねっか》作戦において、関東軍が万里の長城を越えて北支へ侵入したとき、真崎参謀次長は拡大防止に腐心し、「内閣の決定を得ない陸軍の使用は許されない」として、断固として、関東軍を万里の長城の外側へ撤収させた。

参謀次長真崎甚三郎中将は、こうした満州事変の収拾に際し、参謀本部第三部長小畑敏四郎少将を重用。真崎甚三郎・小畑敏四郎は「皇道派」と呼ばれるようになる。真崎甚三郎中将は、昭和八年六月十九日、大将に昇任。参謀次長を辞して軍事参議官になった。

皇道派と統制派の対立

かつて親密だった小畑敏四郎と永田鉄山は、満州事変以降、「対ソ連方針」と「対支那方針」

の違いを巡って激突した。昭和八年五月頃の陸軍省・参謀本部合同首脳会議で、小畑敏四郎は「対ソ戦備論」を説き、永田鉄山は「対支一撃論」を主張し、両者は一歩も譲らず。一夕会系の幕僚連は永田鉄山を支持したが、陸相荒木貞夫は小畑敏四郎を支持して、

「支那を叩くというが、支那と戦えば英米が黙っていない。世界を敵とする大戦争になる」

と永田に反駁《はんばく》。陸軍省・参謀本部合同首脳会議は小畑の「対ソ戦備論」を採用した。

以来、小畑敏四郎は「皇道派」として、永田鉄山は「統制派」として、反目を深め、昭和陸軍の最大の抗争である皇道派と統制派の対立が始まる。

小畑敏四郎と永田鉄山の論争は、解説を要する。

小畑敏四郎ら皇道派の「対ソ戦備論」とは、

「日本軍の戦力ではソ連の満州侵攻を防ぐのが精一杯なので、対ソ戦備に注力し、支那とは手を結ぶべきである。支那へ侵攻すれば英米と阻隔を招き、支那・英米と全面戦争になる」

として、対ソ戦備に全精力を投入し、支那とは静謐《せいひつ》を保つ、とする常識的なものである。勝利したとはいえ、あれほど苦しかった日露戦争を顧《かえり》みれば、

「第一次五カ年計画を達成して近代化されたソ連軍を侮《あなど》るべきでない。日本は支那・英米と友好・静謐を保ち、後顧の憂いを断って、対ソ戦備に集中すべき」

ということである。強力なソ連軍と戦えば最前線で戦死・戦傷する危険率が高い小隊長・中隊長クラスの青年将校が、これを支持した。日本陸軍が支那と戦ったとき、背後をソ連軍から襲

われれば、日本陸軍は壊滅の危機に瀕するからである。

永田ら統制派の「対支一撃論」は、小畑ら皇道派の主張を消極的・弱腰と見て、「ソ連のみならず英米等との長期持久戦となる次の世界大戦に備えて、国家総動員体制を確立すべく、原料資源確保のため、支那を一撃して、支那大陸の資源を確保すべき」とする強硬論である。統制派の陸軍官僚は最前線に立たず、戦死・戦傷の危険率は極めて低い。作戦に成功すれば栄達の道が開け、失敗すれば現地軍に責任転嫁すれば済む。

日本陸軍の国防の本義がソ連軍の満州侵攻に備えることなのは当然だが、ソ連と睨《にら》み合って軍事的均衡という平和を保つだけでは、陸軍官僚としての出世・栄達と無縁である。しかし日本が支那と戦った時、ソ連軍が満州へ侵攻すれば、日本陸軍は挟撃されて壊滅する。

この問題について、小畑ら皇道派は、ソ連軍の満州侵攻を、まず第一に「想定」した。

一方、永田鉄山・東條英機ら統制派は、ソ連軍の満州侵攻を「想定外」とした。

ソ連軍の満州侵攻を想定するか否かが、皇道派と統制派の対立の原点だった訳である。

この後、永田鉄山・東條英機ら統制派が皇道派を排除して日本陸軍を支配。東條英機・武藤章ら統制派はソ連軍の満州侵攻を「想定外」としたうえ、支那へ侵攻。ソ連軍の満州侵攻に備えていた関東軍を、支那大陸や南方へ配置転換し、満州をガラ空きにした。そしてわが国は、太平洋戦争が敗戦必至となるや、ソ連軍の満州侵攻を「想定外」としたうえ、ソ連に米英連合国への降伏の仲介を依頼した。終戦末期に、ソ連軍の満州侵攻により、満州の日本人開拓民が蹂躙《じゅうりん》されたのは、日本陸軍を支配した東條英機ら統制派が、終始一貫、「ソ連軍の満州侵攻は想定外」としていたからである。

林銑十郎陸相・永田鉄山軍務局長と真崎甚三郎教育総監

荒木貞夫陸相は、犬養毅内閣が斃《たお》れ斎藤実内閣（昭和七年五月～昭和九年七月）に替っても留任したが、昭和九年一月、急性肺炎を発して辞任した。

後任陸相としては軍事参議官真崎甚三郎大将が最有力だったが、閑院宮載仁《かんいんのみやことひと》参謀総長が真崎甚三郎を嫌い、永田鉄山少将の擁立した教育総監林銑十郎が後継陸相に就任した。

林銑十郎は、満州事変が勃発した際の朝鮮軍司令官で、南次郎陸相・金谷範三参謀総長（いずれも第二次若槻内閣）の事変不拡大方針を無視し、独断で平壌の混成第三九旅団を越境させて関東軍を支援。満州事変拡大を目論む永田鉄山の意にかなったからである。

軍事参議官真崎甚三郎大将は、昭和九年一月、教育総監に就任した。

対立を深めた永田鉄山と小畑敏四郎は、既に昭和八年八月、ともに参謀本部を去り、永田は第一師団第一旅団長へ、小畑は近衛師団第一旅団長へ転出していたが、今般、永田の擁立した林銑十郎が陸相になると、昭和九年三月、林銑十郎陸相は永田鉄山を軍務局長に抜擢。陸軍行政の全権を掌握した軍務局長永田鉄山少将は、林陸相の腹心として、林陸相が作成する人事案に容喙《ようかい》。林陸相の人事案は「永田人事」と云われるほど、強い影響力を確立した。

集団国防主義と一国国防主義

永田鉄山が軍務局長に就任して七カ月後の昭和九年十月一日、陸軍省新聞班が陸軍パンフレット（『国防の本義と其強化の提唱』。略して陸パン）を発行した。陸軍パンフレットは、永田鉄山軍務局長の指示により、軍務局軍事課員池田純久《すみひさ》少佐らが原案を執筆。永田軍務局長の加筆・点検・承認を得て、林陸相を通じ六十万部を発行したもので、その冒頭で、「戦いは創造の父・文化の母であり、生命の生成発展・文化創造の動機である」と戦争を賛美し、軍国主義を鼓吹《こすい》したものだった。

陸軍パンフレットは、永田の持論である「ソ連・米・英・仏等との長期持久戦を勝ち抜く高度国防国家を建設する永田構想」を国民に広宣《こうせん》したもので、国防力強化のため、①軍備充実、②統制経済、③資源確保などを提示。陸軍による国家統制、官僚による経済統制など、陸軍・革新官僚による軍事ファシズム体制への移行を提唱し、多くの論議を呼んだ。

永田鉄山は、前述のとおり、第一次世界大戦の前後六年間、ドイツ周辺で軍事調査を行い、国家総動員体制確立・高度国防国家建設の重要性を痛感したが、このとき永田鉄山は、「米・英・仏・日・露など全世界を相手に戦うドイツが勝つには、どうすべきか」とドイツの立場で研究を行い、ドイツ軍参謀次長ルーデンドルフ大将に私淑《ししゅく》していた。

ルーデンドルフはドイツ第八軍参謀長として第一次世界大戦のタンネンベルクの戦いでロシア陸軍を壊滅させ、参謀次長に昇任するや軍事・軍需生産・外交・新聞・映画・消費財・食料・宣伝等あらゆる分野を統制下におく総力戦を展開し、著書「総力戦」を発刊する。

永田は、ルーデンドルフに私淑しルーデンドルフを超えようとする、親ドイツ派だった。

第一次世界大戦の敗戦国となったドイツでは、その後、ヒトラーの国家社会主義ドイツ労働者党（ナチス）が総選挙で第一党となり、昭和八年一月にヒトラー内閣が成立。ドイツは昭和八年十月に国際連盟を脱退し、ヒトラーが昭和九年八月二日に総統に就任した。

そこで翌々月の昭和九年十月一日、統制派の首領たる親ドイツ派の永田鉄山が、

「ドイツのヒトラー・ナチスと連携して、ソ連・米・英・仏等との長期持久戦に勝ち抜く高度国防国家を建設するとの『集団国防主義』の永田構想」

を国民に提唱・広宣すべく、陸軍パンフレットを発行させたのである。

これに対して青年将校らは、

「永田鉄山の永田構想は、ドイツのルーデンドルフやナチスを真似《まね》た幕僚ファッショである。日本がソ連・支那・英・米等との大戦争に踏み込み、自ら青年将校が、永田鉄山ら統制派幕僚が手柄を挙げるための『将棋の駒』にされるのでは、たまらない」

と不安を募らせた。二年後、二・二六事件の決起趣意書（野中四郎大尉起草）が、

「露、支、英、米との間、一触即発して祖宗《そそう》遺垂《いすい》の神洲を破滅に堕《おちい》らしむるは、火を見るより

明かなり」

と述べるのは、永田構想によって祖国日本がソ連・支那・英・米との大戦争に突入し、「自分ら青年将校は無惨に戦死し、祖国日本は滅びる」との危機感を訴えたものである。こうした声を背に、相沢三郎中佐（福山連隊所属）は、陸軍パンフレットの原案を執筆した池田純久少佐に面会を求めて、詰問している。

また教育総監真崎甚三郎は、「一国国防主義」を信念とし、「戦争は、わが国の国防上已むを得ざる場合に、わが国一国のみで戦って勝てる戦争以外は断じて行うべきでない。陸軍パンフレットで示された永田構想は、日本がドイツと組んで、支那・ソ連・米・英等との収拾不能な全面戦争に突入する危険性をはらんでいる」と危惧した。かくして、「統制派幕僚の将棋の駒として使い捨てにされる」と不満を強めた青年将校と、「永田構想はドイツと組んで支那・ソ連・米・英等との全面戦争に突入する危険をはらむ」と危惧した真崎甚三郎教育総監が皇道派として急接近。

皇道派と統制派との対立が沸騰点に達する。

陸軍士官学校事件

陸軍パンフレットが発行された翌月の昭和九年十一月二十日。皇道派と統制派の均衡を破るように、陸軍士官学校事件という奇妙な事件が発生した。統制派の首領たる永田軍務局長が、

「青年将校の国家改造運動は、軍の統制を乱すが故に、断固として、許容しない」

との強硬方針を採るなか、出世欲の極めて旺盛な参謀本部辻政信大尉が、永田軍務局長の意を汲んで、陸軍士官学校中隊長なる左遷ポストと云われる閑職を敢えて熱望。陸軍士官学校へ入り込み、昭和九年十一月十八日、皇道派青年将校の村中孝次《たかじ》大尉・磯部《いそべ》浅一《あさいち》一等主計（主計大尉のこと）らを狙い撃ちして、参謀本部員片倉 衷《ただし》少佐と憲兵司令部塚本誠大尉に、

「陸軍士官学校を中心として、元老・重臣・警視庁を襲撃するクーデター計画がある」

と密告した。憲兵司令部では取扱いを巡って異論があり内査続行の措置をとったが、辻政信大尉は内査続行を不満とし、十一月十八日深夜、陸軍次官橋本虎之助に即時逮捕を要請。


永田軍務局長が東京憲兵隊警務課長に「士官学校でクーデター計画が発覚した」と逮捕を要求。村中大尉・磯部一等主計・片岡太郎中尉及び陸軍士官学校生徒五人が逮捕された。


元老西園寺公望の秘書原田熊雄が軍務局長永田鉄山に問い合わせると、永田軍務局長は、

「今度の事件は徹底的にやる。北一輝《きたいっき》・西田税《みつぎ》を捕えねばならん。事件を立派に処理する」

と言明した。


事件は軍法会議にかけられたが、村中孝次大尉・磯部浅一一等主計は、

「事件は無実のでっち上げであり、皇道派弾圧のための陰謀である」

と主張。村中大尉は、翌昭和十年二月七日、獄中から軍法会議に対し、辻政信大尉・片倉衷少佐を誣告罪《ぶこくざい》で告訴したが、この訴えは無視された。

結局、事件は嫌疑不充分として、三月二十九日、不起訴が決定。行政処分が行われ、村中大尉・磯部一等主計・片岡中尉は停職。陸軍士官学校生徒五名が退学処分となった。

事件決着後、村中大尉・磯部一等主計は、再度、辻政信大尉・片倉衷少佐・塚本誠大尉を誣告罪で告訴したが、訴えは棚上げとされた。業《ごう》を煮やした村中大尉・磯部一等主計は、七月十一日、『粛軍に関する意見書』なる小冊子を配布し、統制派の横暴を非難するとともに、誣告罪の審理促進を要求した。すると驚愕狼狽《きょうがくろうばい》した軍当局は、八月二日、両名を免官とし、軍籍から追放したのである。青年将校らは大いに憤激し、

「陸軍士官学校事件は、統制派の首魁《しゅかい》永田軍務局長が自派勢力拡大のため真崎大将を追い落とす目的で、『村中・磯部の黒幕は真崎大将』と喧伝すべく捏造《ねつぞう》した、卑劣極まりない陰謀」である、と軍務局長永田鉄山ら統制派を厳しく非難した。

真崎教育総監更迭事件

この間、斎藤内閣が倒れ岡田内閣（昭和九年七月〜昭和十一年二月）に替わったが、林銑十郎陸相・軍務局長永田鉄山少将・閑院宮載仁親王参謀総長・真崎甚三郎教育総監は留任。

永田軍務局長は統制派の勢力拡大を目論む人事案を策定し、林陸相を通じて実現を図ったが、真崎教育総監から「将官人事の陸軍三長官協議」をたてに、しばしば掣肘を受けた。

永田はこれを不満とし、統制派優位の「永田人事」を貫徹すべく、天皇側近・重臣・岡田首

相など各方面に真崎教育総監を讒言《ざんげん》。林陸相を使嗾《しそう》し、閑院宮参謀総長の賛同を得て、昭和十年七月、陸軍三長官の一つである真崎教育総監を罷免。後任に渡辺錠太郎大将を据えた。これは、「将官人事は陸軍三長官の合意により決定する」との内規を破るものだった。

永田軍務局長が、林陸相・閑院宮参謀総長を抱き込み、「将官人事は陸軍三長官合意との内規」を破る無茶まで犯して真崎教育総監罷免を強行した理由は、ドイツ情勢と深く関連する。

ドイツでは四カ月前の昭和十年三月にヒトラーが徴兵制復活・再軍備を宣言。イギリスはドイツ宥和政策を採り、昭和十年六月、英独海軍協定を締結して、ドイツ海軍はイギリス海軍の三五％を保有出来るとし、ドイツの再軍備を容認した。

ドイツ再軍備を予測していた永田鉄山は、これを見て、自身の先見性に陶酔するとともに、好機到来と見て、持論である「ドイツとの連携による集団国防主義」を完遂すべく、一国国防主義を固守して永田人事に抵抗する真崎教育総監の排除に踏み切った訳である。

軍務局長永田鉄山の意を受けた林銑十郎陸相は、昭和十年七月十日、真崎教育総監に罷免を申し渡したが、真崎は拒否。七月十二日、林陸相・真崎教育総監・閑院宮参謀総長による一回目の三長官会議が開かれ、この場で、林陸相が真崎教育総監に勇退を迫ったが、真崎教育総監は憤然として拒否した。二回目の三長官会議が七月十五日に開催されることが決まると、軍務局長永田鉄山は元老西園寺公望の秘書原田熊雄に対して、

「今度は思い切ってやらねばならない。しかし林陸相がぐらつかないか、心配だ」

と述べ、林陸相の優柔不断を気にかけていた。七月十五日の二回目の三長官会議では、閑院宮参謀総長の前で、林陸相が、真崎教育総監に再び勇退を迫った。しかし真崎教育総監は、

「三長官の意見が合致せざるに強いて決行するは臣道に反する所為なり。一方的意思にて教育総監を除かんとするは、建軍の本義に反する所為にて、大いなる禍根《かこん》を胎《たい》するものなり」

と反論。林陸相が言葉に詰まると、閑院宮載仁親王参謀総長が満面に朱を注いで、

「(真崎)教育総監は事務の進行を妨害するや」

と真崎教育総監を厳しく叱責した。これに対して真崎教育総監は、

「小官は卑賤《ひせん》なりといえども、かかる淋しき思想を有せず。皇族の長老にあらせられる(閑院宮)殿下の御意にそい奉ること得ざるは身の置き所を苦しみつつあり。しかれども小官は天皇陛下の教育総監として、教育大権輔弼《ほひつ》の責に任ずる者なり。しかるに今、建軍の本義たる大綱が断たれんとしつつあり。もし強行せらるるとき、軍は思想的に混乱し統一困難なるべし」

と、再度、反論した。すると業を煮やした閑院宮載仁親王参謀総長は、

「このままにて行けば、何事か起こるや知れざれども、このままにて行かん」

と述べて、真崎不同意のまま、真崎教育総監罷免を決定。

林陸相は、同日夕刻、昭和天皇に真崎罷免を上奏。天皇の裁可を得て真崎罷免を確定した。

昭和天皇は、永田軍務局長・林陸相ら統制派と、閑院宮参謀総長の意向を尊重して、皇道派

の真崎教育総監罷免を裁可なされたのである。

昭和天皇の事実誤認

真崎罷免の事情について、翌七月十六日、侍従武官長本庄繁が拝謁すると昭和天皇は、「林陸相は、真崎大将が（教育）総監の地位にあっては（軍の）統制が困難なること、昨年の士官学校事件も真崎一派の策謀なり、と話せり。自分（昭和天皇）としても、真崎が参謀次長のとき、熱河作戦、熱河から北支への進出等。自分（昭和天皇）の意図に反して、（真崎が事変拡大へ）行動した場合、（真崎が）辞表を奉呈するなら宜しきも、そのまま（参謀次長にとどまる）にては如何なものか。（真崎は）甚だ非常識に想わる。武官長はそうは思わぬか。多くの者は皆、真崎を非難す。過般来、対支意見の強固なりしことも、（対支一撃論者の）真崎の意見に、林陸相らが押されある結果と想像せらる。今回の（教育）総監更迭に関する陸相の奏上も、余儀なき結果と認めたり（『本庄日記』）」と仰せられた。昭和天皇は、事実と全く逆のことを、事実認識となされていた訳である。

前述のとおり、真崎参謀次長は「満州事変は永田ら幕僚連が引き起こした不適切なもの」と見て不拡大方針をとり、上海事変は一兵残さず撤兵。熱河作戦では、北支へ侵入した関東軍を万里の長城の外側へ撤収させた。永田は対支一撃論を唱え「ドイツと提携しソ連・米・英等と戦う集団国防主義の永田構想」を提唱したが、真崎教育総監は一国国防主義の立場から「永田構想は支那・ソ連・米・英等との全面戦争の危険をはらむ」と永田構想に反対した。

永田と真崎の対立が激化すると、永田の意を汲んだ辻政信大尉が真崎の声望を貶《おとし》めるべく、陸軍士官学校事件なる冤罪《えんざい》事件を捏造した。これが歴史の真実である。

しかるに昭和天皇は、永田鉄山軍務局長・林銑十郎陸相らによる虚偽の奏上を真に受けられ、事実を誤認なされていた。支那事変（昭和十二年～）が始まる二年前、太平洋戦争開戦（昭和十六年）六年前のことである。

昭和天皇は、国際協調の御立場から、満州事変の不拡大を希求しておられた。

また昭和天皇は、のちの支那事変も太平洋戦争も望まれなかったであろう。

昭和天皇は、皇太子のときの訪欧旅行を通じ、立憲君主制・親英米路線を指向されていた。だから昭和天皇は、正しい情報に基づいて御判断なされれば、満州事変不拡大・一国国防主義を唱え支那との静謐を指向する真崎甚三郎・小畑敏四郎ら皇道派を支持し、対支一撃論を唱え「ドイツと提携して支那・ソ連・米・英等との全面戦争に突入する危険性」をはらむ親ドイツ派の永田鉄山・東條英機ら統制派を排除すべきだったであろう。

しかし昭和天皇は、お気持ちの上で、皇道派を嫌われ、統制派をお好みになり、統制派による「虚偽の上奏」を鵜呑《うの》みになされて真崎甚三郎ら皇道派を排除なされた。そしてわが国は、真崎教育総監罷免の後、明治天皇・大正天皇以来の親英路線から親ドイツ路線へ国策を一八〇度転換し、ドイツと提携して支那・ソ連・米・英等との全面戦争に突入する。

こうした昭和天皇における理性と感情の撞着《どうちゃく》（自己矛盾のこと）は、いかなる人間でも避け難い、人間の本性である。昭和天皇は、敗戦後の昭和二十一年に人間宣言をなされたが、既に、天皇即位の頃から、理性と感情の撞着に悩む人間天皇であられたようだ。

こうした昭和天皇の御性格について、のちの侍従武官長畑俊六《はたしゅんろく》陸軍元帥は、

「（昭和天皇）陛下の御人格は、明治天皇の如き偉大剛毅の御性質はなきも、いわば、生一本に御気が弱くおわすと申上ぐるを適当とす。（昭和天皇は）輔弼《ほひつ》の申上ぐることはよく御聞き入れになるも、広く各方面のことをお聞きになり、之を御判決ありて、御自分の御考へを断固として御下命なさるる点に於いて御不十分なる。これは（内大臣など）御輔導役たりし人の責任にして、誠に止むを得ざる処なるも、常時、政治的に御輔弼申上ぐる内大臣あたりが、其職責を尽さざりし。（内大臣など）輔弼の責にある人々が、委曲《いきょく》を尽して申し上げたるや、疑問とせざるを得ず（『元帥畑俊六回顧録』）」

との、率直な記録を残している。

なお、昭和天皇と全陸軍の間にあって統制派の立場に立ち、昭和天皇が決定的な事実誤認をなされる原因となった参謀総長閑院宮載仁親王殿下は、第一一三代東山天皇の第六皇子直仁親

王を始祖とする高貴な御家柄の皇族であられるので、下々から批判がましいことは申し上げ難いが、昭和天皇の次弟秩父宮《ちちぶのみや》は、

「閑院宮は陸軍の長老ではあったが、全くのロボットであった。(閑院宮は)天皇に対する責任は、無関心と言うも過言でなかった。部下に対する訓示、(天皇に対する)上奏、ともに下僚の作文を取り次ぐに過ぎず、蓄音機レコード以上の何物でもなかった。従って、(天皇)陛下の下問に対して満足な返事が出来ず、(天皇からの)御信頼は零に近かった(『陸軍の崩壊』)」

との、遠慮ない御評価を下されている。

永田鉄山斬殺事件

先般の陸軍士官学校事件(昭和九年十一月)に続き、今般の真崎教育総監罷免(昭和十年七月十五日)である。永田鉄山ら統制派による皇道派一掃の姿勢が明らかになると、戦地第一線に立つ小隊長・中隊長クラスの少尉・中尉ら皇道派の青年将校が憤激を強めた。

こうした喧噪《けんそう》のなか、相沢三郎中佐(福山連隊所属)は、

「陸軍士官学校事件・真崎教育総監罷免の黒幕は、軍務局長永田鉄山少将である」

と判断。不満を強めた相沢三郎中佐は、真崎罷免の事情を確認すべく福山から上京し、真崎更迭四日後の昭和十年七月十九日、陸軍省軍務局長室で軍務局長永田少将と約一時間面談。永田鉄山軍務局長に辞職を進言して、福山へ帰隊した。

その後、相沢中佐は『教育総監更迭事情要点』『軍閥重臣の大逆不逞《たいぎゃくふてい》』なる文書を読み、「真崎教育総監罷免は永田軍務局長の策謀」と確信を深めた。さらに村中大尉・磯部一等主計の『粛軍に関する意見書』なる小冊子を読み、村中・磯部が同年八月二日に免官になると、

「このまま放置し、青年将校が不満を爆発させて部隊を動かし決起したら、国軍の秩序は崩壊する。自分が禍根の元凶たる軍務局長永田鉄山を斬って、国軍破滅の危機を脱すべき」

と決意した。相沢三郎中佐は福山を発《た》って再び上京。昭和十年八月十二日、陸軍省軍務局長室へ入って、軍務局長永田鉄山少将を斬殺した。

事件を受けて陸相林銑十郎は退任。後任陸相に川島義之が就任した。

軍法会議による第一回公判が昭和十一年一月二十八日に公開で開始されると、貞明皇太后（大正天皇の皇后）は裁判に並々ならぬ関心を寄せ、相沢三郎中佐の信念を高く評価。貞明皇太后は、相沢三郎中佐が刑事被告人として法廷に立たされていることについて、第三回公判が開かれた昭和十一年二月一日、高松宮（貞明皇太后の三男・昭和天皇の弟）に、

「相沢中佐も、あれだけ固き信念を持つものを、惜しきこと」

と語り、相沢三郎中佐への同情心を示された。

統帥派の首領永田鉄山は死去したが、永田鉄山の「国家総動員体制により高度国防国家を建設し、ドイツと提携し、総力戦体制によりソ連・米・英等と長期持久戦を戦うべく、支那を一撃して支那大陸の資源を確保するとの永田構想」と「永田人事」は不死身だった。永田構想は

統制派の東條英機・武藤章らに継承され、わが国は無謀な太平洋戦争への道を歩む。

統制派と皇道派の国家改造論の相違

あらゆる職業の中で戦争を最も嫌うのは、最前線で戦死する危険率が高い軍人である。戦争を最も好む職業は軍官僚である。軍官僚は最前線に立たないので、戦死の危険率は低い。作戦に成功すれば栄達し、失敗すれば現地軍に責任転嫁すれば済み、痛痒《つうよう》を感じない。従って、戦争を嫌う軍人と戦争を好む軍官僚の抗争は、生死を懸けた熾烈な抗争となる。統制派も皇道派も国家改造を唱えているので、この区別も容易でない。

しかし統制派の国家改造論と皇道派の国家改造論の内容は正反対である。

永田・東條ら統制派の国家改造論は「国家総動員体制を確立して軍事力を増強し、官僚統制により高度国防国家を建設すれば、ソ連・支那・米・英等と戦っても勝てる」とし、官僚機構が絶対権力を握り企画・立案・指導を行う官僚主導体制を目指すものである。この実現には、国民は堪えがたい重税に堪え、超人的な努力と勝つまでは欲しがらない忍従を要する。

皇道派青年将校の国家改造論は、農村の疲弊・窮乏は極限状態に達していると見て、「限られた国家予算を農村救恤《きゅうじゅつ》（農村を経済的に救済する社会政策のこと）に充当し、東北農民など不況に苦しむ貧窮層を救済しないと、共産主義がはびこって国防の基本が崩れる。米英とは不戦を堅持し、支那とは静謐を保ち、ソ連軍の満州侵攻に備えて満州の防備に専念し、ソ連軍と睨み合って軍事力の均衡による平和を保つ『一国敵視主義』に限定すべき」とする、所得分配を重視した対外消極論である。

従って、統制派と皇道派の国家観を巡る対立も、妥協の余地のない熾烈な抗争となった。

決起将校の肉声

ここで、二・二六事件に決起した青年将校の肉声を聞いてみよう。

対馬勝雄中尉は青森県南津軽郡田舎館村出身。父は砂利運搬船の作業員だったが、家計は立ち行かず、母が行商で補っていた。対馬勝雄は成績優秀で青森師範付属小学校を総代で卒業。青森中学から仙台陸軍幼年学校を経て士官学校を卒業。昭和六年に満州事変に出征。二・二六事件では首相官邸襲撃に参加した。昭和十一年七月十二日午前七時、銃殺刑にて刑死。享年二十九歳。対馬勝雄中尉と共に満州へ出征した末松太平中尉は、対馬中尉が津軽農民の凶作・出稼ぎ・娘の身売りなど惨状を目の当《ま》《あ》たりに成人し満州事変に出征。刑死したことについて、「対馬中尉を思うたび、佐倉義民伝を思う。二・二六事件は軍服を着た百姓一揆《いっき》だった。対馬中尉にとって、郷里津軽農民の貧困を抜本的に救わんとの決起だった（『邦刀遺文』）」と述べている。

高橋太郎少尉は金沢市出身。士官学校卒業後、東京第三連隊に配属され少尉任官。連隊旗手を勤め、初年兵教育を担当していた。事件では斎藤実私邸襲撃。高橋少尉は獄中手記に、

『姉は……』ぽつりぽつり家庭の事情について物語っていた彼は、ここで、はたと口をつぐんだ。そして、ちらっと自分の顔を見上げたが、直ちに（顔を）伏せてしまった。見上げたとき彼の目には、一杯、涙が溜まっていた。膝の上に固く握られた両こぶしの上に、二つ、三つ、涙が光っている。もうよい。これ以上、聞く必要はない。（中略）、食うや食わずの家族を後に、国防の第一線に命を致す兵《つわもの》。その胸中はいかばかりか。この心情に泣く人、幾人かある。この人々に注ぐ涙があったなら、国家の現状をこのままにしておけない筈だ。ことに為政の重職にある人は。国防の第一線で、日夜、生死の境にありながら、戦友の金を盗んで故郷の母に送った兵《へい》が居る。これを発見した上官は、ただ彼を抱いて声を挙げて泣いた、という」

と記した。高橋少尉は、七月十二日午前八時三十分、銃殺刑にて刑死。享年二十三歳。

林八郎少尉は陸軍幼年学校を経て士官学校を卒業。最年少の少尉だった。父は上海事変で戦死し軍神となった林大八少将。林八郎少尉が敬慕《けいぼ》し、日頃さまざまな話をしていた兄は、八郎が陸軍幼年学校三年のとき一高生（現在の東京大学教養学部）だったが青年共産同盟に関与し退学となった。林八郎少尉は二・二六事件で首相官邸を襲撃。林少尉は獄中での手記で、

「中央に蟠踞《ばんきょ》する（統制派の）幕僚は、自己中心・権力至上主義の権化なり。（自分らの決起失敗によって）結末は、（統制派の幕僚連が）吾人等を踏台に蹂躪して幕僚ファッショ時代が現出する。（統制派は）陛下の御名によってあらゆる権謀術策を弄し、純忠無私・熱誠殉国の志士を虐殺す。（統制派が）国体を汚辱《おじょく》し、（天皇陛下の）御聖徳を傷つけ奉ること甚だし」

と述べた。林八郎少尉は、七月十二日午前八時三十分、銃殺刑にて刑死。享年二十二歳。

二・二六事件には関与しなかったのに禁固五年の判決を受けた菅波三郎大尉は、

「決起の第一の理由は第一師団の満州派遣。第二の理由は統制派の幕僚連が目論んでいた支那への侵略だ。これは、当然、戦争になる。もとより生還は期し難い。決起した青年将校らは有能で勇敢な第一線指揮官なのだ。大部分は戦死してしまうだろう。だから満州派遣の前に君側の奸を斃《たお》す。そして支那へは、絶対、手を付けさせない。今は外国と事を構える時機ではない。わが国の国政を改革し、国民生活の安定を図る。これが彼ら青年将校の決起の動機だった。支那への侵略の張本人が軍務局長永田鉄山少将であることは、我々は誰もが知っていた」

と証言している。

昭和天皇と決起将校磯田浅一

昭和天皇は、事件第一報のときから、決起将校を叛徒《はんと》と呼んで激しい怒りを示された。

二月二十六日午前九時頃、事態収拾に憔悴した川島義之陸相が、昭和天皇に事実関係を御説明申し上げるべく決起趣意書を読み上げると、天皇は決起将校の意図に関心を示されず、

「叛徒ノ処置ハ、ドウスルツモリカ。速カニ事件ヲ鎮定スベク」

と、速やかなる鎮定をご指示なされた。

翌二月二十七日午前四時、緊急勅令による戒厳令が施行された。

昭和天皇は、二十七日午前八時、「戒厳司令官は決起部隊を原隊に復帰せしめよ」との奉勅命令を裁可なされ、断固たる即時鎮定の御意思を示された。この二十七日、皇軍相撃による流血の事態を憂慮した侍従武官長本庄繁が、

「決起将校の行為は許し難いが、その気持ちだけでも御理解願いたい」

と言上すると、昭和天皇は、

「朕《ちん》ガ股肱《ここう》ノ老臣ヲ殺戮《さつりく》ス。此ノ如キ兇暴《きょうぼう》ノ将校等、其精神ニ於テモ、何ノ恕《ゆる》スベキモノアリヤ」「朕ガ最モ信頼セル老臣ヲ悉《ことごと》ク倒スハ、真綿ニテ、朕ガ首ヲ締ムルニ等《ひと》シキ行為ナリ」

と一蹴なされ、決起将校の意図を一顧だになされなかった。

侍従武官長本庄繁、戒厳司令官香椎《かしい》浩平、討伐にあたる第一師団長堀丈夫《たけお》中将は、性急な武力討伐によって皇軍相撃となり、流血の惨事となって下士官・兵に犠牲が及ぶことを苦慮。説得による決起将校の帰順という、流血なき鎮定を模索していた。

しかし昭和天皇は鎮定行動が速やかに進捗しないことに激怒なされ、皇軍相撃による下士官・兵の犠牲を配慮する間を置かず、直ちに武力討伐を行うよう、本庄繁侍従武官長に、

「朕、自ラ近衛師団ヲ率ヒ、此ガ鎮定ニ当タラン」

とまで仰せられ、翌二十八日午前五時、奉勅命令が戒厳司令官香椎浩平に下達された。

決起将校は二月二十九日午後二時頃、下士官・兵を原隊へ帰隊させて帰順し事件は終息。

事件直後、決起将校をどう処分するか、陸軍内部では議論百出して容易に決定を見なかったが、昭和天皇の御意思により、三月一日、緊急勅令が下され、戒厳令下における特設軍法会議の設置が決定された。この日、昭和天皇は、侍従武官長本庄繁に対し、

「軍法会議ノ構成モ定マリタルコトナルガ、相沢中佐ニ対スル裁判ノ如ク、優柔ノ態度ハ、却《かえっ》テ累ヲ多クス。此度ノ軍法会議ノ裁判長及ビ判士ニハ、正シク強キ将校ヲ任ズルヲ要ス」

と述べられ、厳罰主義により速やかに処断するよう、御指示なされた。

三月四日に特設軍法会議が開設されると、昭和天皇は侍従武官長本庄繁に対して、

「最モ信頼セル股肱タル重臣及ビ大将ヲ殺害シ、自分ヲ真綿ニテ首ヲ絞ムルガ如ク苦悩セシムルモノニシテ、甚ダ遺憾ニ堪エズ。此際、十分ニ粛軍ノ実ヲ挙ゲ、再ビ失態ナキ様ニセザルベカラズ」

と述べられた。さらに昭和天皇は、三月十三日、侍従武官長本庄繁に対して、

「青年将校等ガ、社会状勢ノ表裏ニ通ゼズ、緩急是非ヲ識別スル能力ナキコトモ、今回ノ如キ大事変ヲ惹起《じゃっき》スル所以《ゆえん》ナラズヤ（『本庄日記』）」

と述べられ、翌三月十四日、侍従武官長本庄繁を召して、

「（昨日述べた）社会状勢云々《うんぬん》ハ、常識ノ養成ノ必要ナル意味ナルコト（『本庄日記』）」

と付言なされた。昭和天皇は、青年将校らを、世間知らずで視野が狭く社会状勢の表裏を知らず、物事の重要性や善悪など事の本質を識別する能力の無い、常識を欠いた、まつろわぬ者共、

と御判定なされたようだ。ここにおいて決起将校の命運は決まった。

特設軍法会議は一審制・非公開・弁護人無しの暗黒裁判になり、厳罰が下されたのである。


以来、統制派は、粛軍人事を通じて、皇道派を一掃。荒木貞夫・真崎甚三郎・小畑敏四郎ら皇道派将官は予備役に編入され、陸軍から追放される。そして荒木貞夫・真崎甚三郎・小畑敏四郎・青年将校らの、

「戦争は、国防上已むを得ざる場合、わが国一国のみで戦える以外は行わない一国国防主義であるべき。日本が支那へ侵攻すれば米英は黙っておらず、支那・ソ連・米・英等との全面戦争となる。限られた国家予算を農村救恤などに充当して貧窮層を救済し、米英とは不戦を堅持し、支那とは友好静謐を保ち、ソ連軍の満州侵攻に備える一国敵視主義に限定すべき」

とする対外消極論は雲散霧消《うんさんむしょう》（あとかたも無く消え去ること）した。

そして、昭和天皇の寵を得た東條英機・武藤章ら統制派が、日本陸軍を完全に支配し、

「支那を一撃して原料資源を確保し、ドイツと連携して、ソ連・米・英等との長期持久戦を勝ち抜く『集団国防主義』を標榜する永田鉄山の永田構想」

を推進。わが国は、永田構想を捧持《ほうじ》する東條英機・武藤章ら統制派により、ドイツと同盟して無謀な太平洋戦争に突入する道を歩むのである。

二・二六事件首謀者磯部浅一（山口県大津郡菱海村出身）の父は、貧しい左官職。磯部浅一は、貧窮のため苦界に身を売られた女性を、身請金を借金して工面し、妻に迎えた。

磯部浅一は長州の先輩吉田松陰・高杉晋作・久坂玄瑞《くさかげんずい》を崇拝して、山県有朋を嫌悪し、「貧窮者が呻吟《しんぎん》する現況は、天皇を中心とする近代的民主国家を目指した明治維新が不徹底だったため。今やわが国は天皇・重臣・軍閥・財閥など特権階級による独裁国家に堕した」と考え、自分ら青年将校が捨石となって君側の奸を芟除《せんじょ》（取り除くこと）する昭和維新を断行し、近代的民主国家を目指した明治維新の本来の精神を復活させるべき、と考えた。

磯部浅一は、決起が失敗に終わったのち、決起将校の意図と暗黒裁判の実態を後世に訴えるべく、獄中で『獄中日記』を執筆。磯部浅一は『獄中日記』において、決起将校の意図を一顧だになされなかった昭和天皇の責任を厳しく追及し、

「天皇陛下、陛下の側近は国民を圧《あっ》する漢奸で一杯ですぞ。御気付き遊ばさぬでは、日本は大変な事になります。天皇陛下は周囲に、国民が最も嫌っている国奸《こっかん》を近付けて、彼等の言いなりになっているのだろうか。何という御失政でありましょう。こんなことを度々なさいますと、日本国民は陛下を御恨み申すようになりますぞ。陛下、日本は天皇の独裁国であってはなりません。明治以後の日本は、天皇を政治的中心とした立憲国・近代的民主国です。しかるに今の日本は、天皇を政治的中心とする元老・重臣・貴族・軍閥・財閥の独裁国ではありませんか。よく観察すると、この特権階級の独裁政治は、天皇さえないがしろにし、天皇をロボットにし

奉って、自恣専断《じしせんだん》を続けております。日本国民は、この独裁政治の下で喘《あえ》いでいるのです。陛下、何故もっと民を御覧になりませんか。国民の九割は貧苦に萎《しな》びて、おこる元気も無いのです。かくのごとき不明を御重ね遊ばすと、神々の御怒りに触れますぞ。いかに陛下でも、神の道を踏み違え遊ばすと、御皇運が果てることもございます」

と、昭和天皇に対し凄まじい怨念を述べている。

そして磯部浅一は、決起将校の意図を一顧だになされなかった昭和天皇を獄中から、

「今の私は、怒髪《どはつ》天を衝《つ》く怒りに燃えています。私は、今、陛下をお叱り申し上げるところまで、精神が高まりました。だから毎日、陛下をお叱り申しております。天皇陛下、何という御失政でありますか。何というザマです。皇祖皇宗《こうそこうそう》にお謝りなされませ」

と、御叱り申し上げていた。さらに磯部浅一は、『獄中日記』に、

「何を！　殺されてたまるか。千万発射つとも死せじ。断じて死せじ。死ぬことは負けることだ。成仏することは譲歩することだ。死ぬものか。成仏するものか。悪鬼となって所信を貫徹するのだ」

との激烈な言葉を残している。

磯部浅一は、翌昭和十二年八月十九日、銃殺刑執行。享年三十二歳。磯部浅一は、当日朝、刑務所長から銃殺刑執行を告げられたとき、

「大変、御厄介になりました。所長殿より職員一同に宜しく申して下さい。これは妻の髪の毛

ですが、処刑のとき、棺の中に入れることを許して下さい」

と述べ、銃殺刑執行時、他の決起将校と異なり「天皇陛下万歳」は唱えなかった、という。

支那事変発生（昭和十二年七月）の翌月、太平洋戦争開戦四年前の事である。

第六章

ワンポイント・リリーフとしての広田弘毅内閣

広田弘毅に大命降下

二・二六事件で岡田内閣が総辞職すると、元老西園寺公望は後継首相の選定に苦慮した。このとき枢密院議長一木喜徳郎が、岡田内閣の外相だった広田弘毅を推薦し、元老西園寺公望が賛同。広田弘毅に大命が降下した。広田弘毅は、首相就任を甘受した理由を、

「そのとき、わが国で最大の懸案は二・二六事件に善処することであった」

と述べている。

広田弘毅はソ連大使（昭和五年〜昭和七年）のとき、外務人民委員代理カラハンと漁業交渉・貿易交渉を進め、満州事変が勃発（昭和六年九月）するや外務人民委員リトヴィノフに、

「日本は、東支鉄道（東清鉄道から改称）など、ソ連の権益を侵さない」

と明言してソ連の信頼を勝ち取り、ソ連の中立・不干渉を獲得。満州事変について国際連盟がリットン調査団を派遣したとき、ソ連政府はリットン調査団にビザを発給しなかった。

さらにソ連大使広田弘毅がカラハンに満州国承認を要請すると、カラハンは、

「ソ連は、満州国を承認しないが、不承認の立場も採らない」

と回答した。広田ソ連大使がソ連との信頼を確立したことは特筆すべき功績といえる。

広田弘毅は、斎藤実内閣（昭和七年五月〜昭和九年七月）の昭和八年九月、外相に就任した。このとき広田弘毅は斎藤実首相に、

一、国際協調・国際平和を希求する。
二、日本外交は外相を主務者とし、二元外交に堕さない。
の二点を強調し、ソ連、支那、米・英との関係改善を目指した。

広田弘毅は、岡田啓介内閣（昭和九年七月〜）でも、外相に留任。ソ連との友好親善を進め、昭和十年三月二十三日、ソ連から北満鉄道（かつての東支鉄道。その前は東清鉄道）を一億四〇〇〇万円の高額で買収し、日ソ間の緊張緩和を果たした。

また広田外相は「万邦協和の精神による協和外交」を標榜《ひょうぼう》して支那との親善に努め、蔣介石政府の要請を容れて、昭和十年五月十七日、在華日本代表部を公使から大使へ昇格させた。蔣介石政府は、この広田外相の努力と誠意について、五月十八日、

「日支国交に画期的な改善をなさしめたものとして、我々の最も感佩《かんぱい》するところなり」

との談話を発表。広田外交を徳として大いに評価した。

広田弘毅は円熟した外交官だったのである。

広田内閣の組閣

広田弘毅は、組閣に際し、陸軍の圧力に苦しめられた。

昭和十一年三月五日に組閣の大命が下った広田弘毅は、同日午後五時頃、外相官邸を組閣本部として組閣人選を開始。翌三月六日の新聞に、政党からの入閣者四名（政友会から二名、民

政党から二名）を含む閣僚候補者名簿が掲載された。広田弘毅内閣は、岡田啓介前内閣の政党人枠五名を一人減らして政党人枠四名としたのである。すると陸相候補者寺内寿一大将が、三月六日午後三時頃、組閣本部を訪ずれ、人選について、

「外相候補者吉田茂・拓相候補者下村宏・内相候補者川崎卓吉・法相候補者小原直・商工相候補者中島知久平は自由主義者・政党人・天皇機関説論者・軍需産業会社創業者なので入閣に反対である」

と述べ、内閣制度発足以来の未曽有の大干渉を行った。

陸相候補者寺内寿一の組閣干渉は、陸軍省軍務局軍事課高級課員武藤章中佐の意向だった。広田首相は寺内寿一大将・武藤章中佐の圧力に抗すべくもなく、内相候補者川崎卓吉を商工相へ回し、吉田茂・下村宏・小原直・中島知久平の入閣を断念した。

広田首相は、寺内寿一大将と協議して要求をすべて呑み、内閣の陣容が固まった三月八日午後八時頃、寺内寿一大将に、

「これで宜しいですね」

と念を押した。すると寺内寿一大将は苦渋の表情を浮かべ、

「一寸《ちょっと》」

と言って別室へ入り、別室で待機していた武藤章中佐らと、約三十分間密談。

寺内寿一大将は、再び、組閣本部に現れ、

「やっぱり、政党からの入閣者は各一名（計二名）でなくては、組閣は承知出来ぬ」と言い放って退去した。組閣人選は振り出しへ戻り、深夜深更に及ぶも、成案を得ず。業を煮やした広田首相は、同日午後十二時頃、寺内寿一大将に電話で、

「組閣はついに出来ない。明日、新聞に、『軍部が組閣を阻止した』と発表します」

と伝えた。すると寺内寿一大将は、これに慌《あわ》て、

「一寸、待ってくれ。今から特使に持たせる一文に賛成するなら、明日の組閣に同意する」

と述べ、日付が替わった翌三月九日午前一時半頃、武藤章中佐が組閣本部に現れ、「庶政を一新し、政党は出直せ」との声明文を突き付けた。

広田首相は声明文を受け入れて、政党人枠四名を確保。同日、広田内閣が発足した。広田首相は、三月十七日、閣議後に声明を発表し、

「政府は、確固たる決意を以って庶政を一新し、難局の打開に当たらんとす」

と述べ、「庶政を一新」の言辞を入れたが、とくに意味の無いリップ・サービスだった。

広田首相が、驚異的な粘り強さで政党人枠四名を確保して文民内閣を成立させ、二・二六事件直後、軍政に移行したり、政治的空白を作らなかったことこそ、功績に値する。

統制派の武藤章中佐が台頭

二・二六事件直後、決起将校の処分について、陸軍内部では議論百出して決定を見なかった

が、故永田鉄山直系の統制派の中心人物である武藤章中佐が、二・二六事件発生三日後の二月二十九日、昭和天皇の厳罰方針を忖度《そんたく》して、「事件処理要綱」を作成。抜本的粛軍を断行すべく、

一、決起将校を厳罰主義で速やかに処断すべく緊急勅令による特設軍法会議を設置。

二、高級将校の人事刷新。

三、憲兵制度の強化。

四、軍が後継内閣の中核となる。

ことを定めた。一については、前述のとおり、特設軍法会議が三月四日に開設された。四については、前述のとおり、武藤章中佐が広田内閣の組閣に未曽有の干渉をした。このうち二については、以下のとおりである。

武藤章中佐は、「事件処理要綱」で定めた抜本的粛軍を断行すべく、陸軍首脳陣に一斉辞任を迫り、同年二月及び三月、陸相川島義之大将・侍従武官長本庄繁大将・関東軍司令官南次郎大将および軍事参議官全員すなわち荒木貞夫・真崎甚三郎・林銑十郎・阿部信行・寺内寿一・西義一・植田謙吉から辞表を受領。皇族以外の現役大将は皆無となった。

しかし軍事参議官全員が辞任すると新執行部を構築出来ない。そこで軍事参議官の若手三名は残留し、寺内寿一が陸相に、西義一が教育総監に、植田謙吉が関東軍司令官に就任。残りの軍事参議官荒木貞夫・真崎甚三郎・林銑十郎・阿部信行四名と陸相川島義之大将は三月

十日、侍従武官長本庄繁大将と関東軍司令官南次郎大将は四月二十二日に予備役へ編入。

なお参謀総長閑院宮載仁親王殿下は、皇族であらせられるので、三月九日、昭和天皇の特別の御召しにより、

「今ヤ、時局極メテ重大ノ折柄《おりがら》ユヘ、此際、留任セラルベク」

と優諚《ゆうじょう》（天皇からのねんごろな仰せ）を賜《たまわ》り、一切の責任を免れ、参謀総長を留任した。

永田鉄山の腹心の東條英機少将は、関東軍憲兵隊司令官として、満州の地にあった。

陸軍は、同年八月、三千人に及ぶ大人事異動により大規模な粛軍を行い、皇道派を一掃。皇道派の論客小畑敏四郎中将（昭和十一年三月に昇任）も予備役へ退けられた。以来、日本陸軍は東條英機・武藤章ら統制派及び参謀総長閑院宮殿下らによって運営される。

軍部大臣現役武官制の復活

陸軍省・海軍省は、広田内閣の昭和十一年五月十八日、陸軍省官制・海軍省官制に「大臣及次官ニ任セラルル者ハ現役将官トス」との規定を設け、軍部大臣現役武官制を復活させた。

軍部大臣現役武官制とは、陸相・海相の補任資格を現役の大将・中将に限るものである。

昭和天皇は、二・二六事件二カ月後の五月四日、第六十九回帝国議会開院式で、

「今次、東京に起れる事件（二・二六事件のこと）は、朕が憾《うら》みとする所なり。我が忠良なる臣民朝野和協文武一致力を国運の進暢に効さむことを期せよ」

と勅語《ちょくご》を朗読なされ、今迄にない強いお言葉で、粛軍を強く要求された。

軍部大臣現役武官制復活は、皇道派との抗争に勝利した統制派が、粛軍を要求なされる昭和天皇の御意向を奇貨とし、皇道派の復活を阻止すべく、

「二・二六事件の責任を問われ予備役へ編入された荒木貞夫・真崎甚三郎ら皇道派の将官が、陸相となって復活し、抗争に勝利した統制派が逆襲される事態を完全に封じる」

ことを目的としたものである。

そもそも軍部大臣現役武官制は、第二次山県有朋内閣の明治三十三年に、政党勢力が陸海軍に影響を及ぼすことを阻止すべく定められたものである。そして第二次西園寺公望内閣は、大正元年、辞任した上原勇作陸相の後任を得られず、総辞職に至った。その後、政党勢力に擁立された第一次山本権兵衛内閣が、大正二年、陸相・海相の補任資格を現役の大将・中将から予備役・後備役の大将・中将へ広げ、軍部大臣現役武官制を廃止した。

この軍部大臣現役武官制が、今般、復活した訳である。

広田新首相は、寺内寿一大将・武藤章中佐の横車を受けながら、驚異的な粘り強さで内閣成立に漕ぎ着けた状態で、軍部大臣現役武官制復活を阻止する権限も余力も皆無だった。

また当時、陸軍・海軍の発言力は極めて強く、実際上の運用面で予備役・後備役の大将・中将が陸相・海相に就任した例は皆無だった。その意味で、軍部大臣現役武官制復活は現状を追認したに過ぎず、実質的な変更は生じなかった、と云える。

参謀本部が日独防共協定を推進

話は七カ月前に戻るが、二・二六事件発生四カ月前、岡田内閣の昭和十年十月。ドイツ人リッベントロップが、駐ドイツ大使館付陸軍武官大島浩少将に接触して、日独防共協定を提案した。大島浩少将から報告を受けた日本陸軍参謀本部は、

「日ソ戦の際に、ドイツがソ連に味方せず、中立を保ってくれるなら好都合」

と期待して強い関心を寄せ、外務省を外して大島少将を通じ、リッベントロップと日本陸軍参謀本部との間で非公式の秘密交渉を続けた。

リッベントロップはドイツワインの貿易商として成功をおさめて上流社会の一員となり、諸外国の地位の高い人々と多くの伝手《つて》を持つフランス語・英語に堪能なドイツ商人。栄達欲が強く、ヒトラーが喜びそうな情報を耳に入れてヒトラーの外交アドバイザーとなり、昭和九年(一九三四年)、リッベントロップ事務所を設立。リッベントロップは、ヒトラーの寵愛を得てドイツ外交の主宰者になろうとし、ドイツ外相ノイラートやドイツ外務省と、あらゆる局面で、ことごとく張り合った。

リッベントロップが頭角を現したのは、前述のとおり、昭和十年(一九三五年)六月、ドイツがイギリスと英独海軍協定を締結し、ドイツ海軍がイギリス海軍の三五％を保有するとの再軍備を容認させたときである。

ドイツ外相ノイラートは「英独海軍協定など成立不可能」と諦めていたが、リッベントロップはイギリス外相サイモンに強硬な談判を行って要求を認めさせ、英独海軍協定を成立させた。この外交的勝利によってリッベントロップは、ヒトラーの寵愛を得るようになり、その四カ月後、大島浩少将に日独防共協定を提案した訳である。

日本外務省がリッベントロップと陸軍参謀本部の秘密交渉を初めて知ったのは、交渉が進展した昭和十一年一月、岡田内閣のときだった。外務省欧亜局長東郷茂徳《とうごうしげのり》が陸軍から説明を受けて、このことを知った。このとき日本外務省もドイツ外務省も、「日独の提携はソ連及び米英を刺激する」と警戒し、消極姿勢だった。

そもそも、陸軍参謀本部が、私的な存在でしかないリッベントロップから、「日ソ戦の際に、ドイツはソ連に味方せず、中立を保つ」との甘言で釣られ、外務省に内密で交渉を行うのは、有り得べからざる二元外交である。

しかし日本陸軍の「恐露病＝恐ソ病」は、党派も理屈も超えた宿痾《しゅくあ》だった。

その翌月の昭和十一年二月に、二・二六事件が発生。広田弘毅内閣に替った。

二・二六事件で発言力を増した陸軍は、「日ソ戦の際、ドイツがソ連に味方せず、中立を保つ」と期待して、リッベントロップとの秘密交渉を続け、同年四月、日独防共協定のほぼ最終案を確定して、外務省に手渡した。

しかし外務省に、陸軍の二元外交を非難する力は全く無かった。

この頃、陸軍は、外務省を害務省と呼んで敵視。外務省通商局を分離独立させて貿易省とし、外務省アジア担当部局を分離独立させて興亜院とする、外務省解体を目論んでいた。発足したばかりの広田内閣は、陸軍が推進する日独防共協定を拒絶することは出来なかった。

こうした場合、外務省にとって次善の策は、協定の大骨も小骨も抜いて名存実亡《めいそんじつぼう》（名目上は存在するが実態上は無きに等しいこと）の実効性の無い「骨抜き協定」にすることである。首相広田弘毅は、外相有田八郎の「薄墨色の協定ならやむを得ない」との進言を容《い》れ、ソ連を刺激せぬよう、日独防共協定の内容を、

「共産インターナショナル（コミンテルン）の破壊活動を防止すべく、緊密に協力する」

として、実効性の無い「骨抜き協定」に仕上げ、日独防共協定は昭和十一年十一月二十五日に調印された。

リッベントロップは、これらの功績により昭和十一年八月に駐英大使に任命され、さらに昭和十三年（一九三八年）二月、ノイラート外相の後任として、念願の外相に出世する。

リッベントロップの一貫した外交姿勢は、ヒトラーの歓心をかって出世・保身することであり、政策としての一貫性は無い「無定見な場当たり外交」である。その意味でわが国もリッベントロップの「無定見な場当たり外交」に翻弄《ほんろう》された諸国のうちの一国だった、といえる。

腹切り問答で総辞職

広田弘毅内閣は、昭和十二年一月二十三日、「腹切り問答」により総辞職となった。

腹切り問答とは、第七十回帝国議会衆議院本会議において、政友会の浜田国松議員が寺内寿一陸相に対し、陸軍の政治干渉を厳しく批判して、問答を繰り広げたものである。

浜田国松議員は、大正十一年に犬養毅と革新倶楽部を結成したのち、政友会に合流。昭和九年から昭和十一年まで衆議院議長を勤めた議会の長老である。このとき浜田議員は七十歳、議員歴三十年。議員生活の最後まで自由主義・反ファッショの姿勢を貫き、腹切り問答で、政党政治家の気概を見せた。この日、暗殺せらることを覚悟した浜田議員は、真新しい下着に着替えて質問に立ち、二・二六事件以降の陸軍の政治干渉を、

「近年、わが国は、言論の自由に圧迫を加えられ、国民は言わんとする所を言い得ず、わずかに不満を洩らす状態に置かれている。近年、軍部による独裁強化の政治的イデオロギーは、滔々《とうとう》として軍の底を流れ、ときに文武恪循《かくじゅん》の堤防を破壊せんとする」

と痛烈に批判。政友会も民政党も盛んな拍手を送り、多くの議員の共感を呼んだ。

答弁に立った寺内寿一陸相は、険しい表情で、

「軍人に対しまして、いささか侮蔑されるような感じを致す所のお言葉を承りますが……」

と反駁《はんばく》した。これに対して浜田国松議員は、再び登壇し、

「私の言葉の、どこが軍を侮辱したのか。事実を挙げなさい」

と逆質問をした。答弁に窮した寺内寿一陸相は、

「侮辱されるが如く聞こえた」

とトーン・ダウンして言い直したが、浜田議員は寺内陸相を許さず。三度目の登壇で、

「速記録を調べて軍を侮辱する言葉があったら割腹して謝罪する。無かったら君が割腹せよ」

と激しく詰め寄った。寺内寿一陸相は激怒し、浜田国松議員を壇上から睨みつけた。

議場は怒号が飛び交う大混乱となり、議会は翌日から停会。激怒した寺内陸相は、

「政党が、時局を認識不足である。政党を反省させるため、政党に懲罰を加えるべき」

として、広田首相に衆議院解散を要求し、

「もし解散しないなら、自分は単独辞職する」

と言い放った。

そこで広田首相と、海軍予算の成立を急ぐ永野修身海相が、寺内陸相を説得した。しかし寺内陸相は、断固として、解散を譲らなかった。

政党出身の四閣僚は、「解散の名目が無い」として、解散に反対。永野修身海相も「海軍予算の成立を急ぐべき」と解散に反対した。

かくして広田弘毅内閣は、閣内不統一となり、内閣総辞職したのである。

広田内閣は、広田自身の抱負や周囲の期待と比べれば、影の薄い内閣だった。

しかし二・二六事件のような未曾有の大事件の後には、こうしたワンポイント・リリーフの内閣しか存立し得ないのである。広田弘毅は、二・二六事件の直後、陸軍の圧迫に耐えながら驚異的な粘り強さで文民内閣を立ち上げ、軍政に移行する事態や政治的空白を回避。以来、約一年間にわたり政権を維持した。

広田内閣は、大事件の余波を沈静化させる役割を、相応に果したと云えるだろう。

第七章

陸軍統制派が擁立した林銑十郎内閣

宇垣一成への大命降下

広田内閣総辞職の後、元老西園寺公望は陸軍の横暴を抑え得る人物として、前朝鮮総督で陸軍予備役大将の宇垣一成《かずしげ》を指名。宇垣一成に、昭和十二年一月、組閣の大命が下った。

二・二六事件後、軍事費が膨張してインフレ・財政破綻が懸念されるなか、陸軍の政治介入で戦争への危険が憂慮され、外交面では国際的孤立を深めていた。一方、政友会議員浜田国松の「腹切り問答」に見られるように国民の間で陸軍の横暴への批判が高まり、政情は不安定だった。そこで陸軍の横暴を剛腕で押さえ付け、支那・英米等との協調外交を再興し、政党政治に理解ある人物として、宇垣一成が後継首相に推挙されたのである。

政党・財界や多くの国民は、支那・英米との協調を探る宇垣一成の登場を歓迎した。

宇垣一成は慶応四年に岡山県の中規模農家に生まれ、村の代用教員・隣村の小学校校長を勤めたのち上京。陸軍に入って軍曹へ進級。士官学校卒業後、陸軍大学校を恩賜の軍刀で卒業。大正八年に陸軍中将へ昇進し、大正十三年一月、清浦奎吾内閣の陸相に就任。宇垣陸相は加藤高明内閣（大正十三年六月～大正十五年一月）、第一次若槻内閣（～昭和二年四月）でも留任。この間、大正十四年に陸軍大将へ昇任した。宇垣陸相は、加藤高明内閣の大正十四年、四個師団廃止により兵員数を削減し節約した費用で装備近代化を図る、宇垣軍縮を断行した。

宇垣一成が陸相に就任した大正十三年は、第一次世界大戦終結（大正七年）の六年後。第一次世界大戦後、世界の軍事潮流は火力強化の方向へ進み、列国の歩兵中隊の主要火器は小銃から軽機関銃へ移行。歩兵大隊には、重機関銃が配備されるようになっていた。しかし日本陸軍の装備は日露戦争直後の旧式装備のままで、日本陸軍の歩兵中隊に軽機関銃は配備されず、歩兵大隊に重機関銃は配備されず、戦車・歩兵砲など近代兵器も無かった。こうしたなか陸相宇垣一成は装備近代化を決意した。飛行機・戦車など近代兵器は高額で、装備近代化の総費用は六千万円と見込まれた。

しかしながら、先立つもの、要するに財源《かね》が無かった。宇垣一成が陸相に就任した大正十三年一月は、関東大震災（大正十二年九月）の四カ月後。政府は震災復興のため多額の予算を必要とし、飛行機・戦車など装備近代化の財源が無かったのである。

財政の事情で陸軍予算の増額が期待出来ない以上、装備近代化を実現するには、幾つかの師団を廃止して人件費を大幅に削減し、経費を捻出するしかなかった。宇垣一成陸相は、陸軍の抵抗を排して、四個師団廃止を断行した。廃止されたのは第十三師団(高田)、第十五師団(豊橋)、第十七師団（岡山）、第十八師団（久留米）。兵員三万四千人・馬六千頭が削減され、師団長ポスト四・連隊長ポスト十六が無くなった。

宇垣陸相は四個師団廃止で浮いた費用六千万円で装備近代化に邁進。飛行連隊・戦車隊・高射砲連隊・通信学校・自動車学校などを新設した。最優先で配備したのが飛行機である。陸軍に航空兵科が新設され、陸軍航空本部が発足。飛行第一連隊から飛行第八連隊まで陣容が整えられ、昭和七年までに戦闘機・爆撃機等二七〇〇余機を生産。陸軍歩兵約六千人が陸軍航空隊へ転属し、飛行機搭乗員・飛行機整備兵になった。宇垣軍縮による軍備近代化である。

宇垣軍縮が断行された大正十四年は、永田鉄山少佐・小畑敏四郎少佐・岡村寧次少佐・東條英機少佐のバーデン・バーデンの盟約の四年後。二葉会結成（昭和二年）の二年前。この時期、日本陸軍では、二葉会・一夕会を経て皇道派と統制派に分派する流れとは別に、陸相宇垣一成を領袖とし、政党政治の枠内に収まり軍縮を通じて陸軍近代化を目指す宇垣派が、厳然たる主流派だった。宇垣派の主要メンバーは、満州事変勃発の際、第二次若槻礼次郎内閣の一員として事変不拡大方針に尽力した陸相南次郎・参謀総長金谷範三や、小磯国昭《こいそくにあき》らである。

日本陸軍では、宇垣派、皇道派、統制派の三派が鼎立していた訳である。三派の特徴は、

宇垣派：政党政治を尊重し、軍縮を通じて装備近代化を図り、軍事予算の膨張を避ける。支那・英米との協調を目指す。大正デモクラシーと共存する主流派。

皇道派：政党政治を否定し、海軍予算削減・陸軍予算増額・農村救済予算増額を求め、対ソ戦を想定し、支那・英米とは不戦を堅持する。日露戦争以来の伝統派閥。

統制派：政党政治を否定し、陸軍予算の増額を求め、ドイツと連携し支那を一撃してソ連・英米と戦う集団国防主義を指向。大正デモクラシーに背を向けた新興派閥。

このうち皇道派が没落消滅するのは、前述のとおりである。

宇垣一成は浜口内閣（昭和四年七月～昭和六年四月）でも陸相を勤めたが、昭和六年六月に予備役となり、朝鮮総督（昭和六年六月～昭和十一年八月）に就任。広田内閣で日独防共協定が論じられていた昭和十一年八月、朝鮮総督を退任して日本へ帰国し、無冠の一私人となったが、日独防共協定を憂慮した。

前述のとおり、日独防共協定は、ドイツ商人リッベントロップがヒトラーの寵を得てドイツ外相に出世せんと画策し、日本陸軍は「日ソ戦の際にドイツがソ連に味方せず中立を保つ」と夢想し、ドイツ外務省と日本外務省を外して交渉を進め、同床異夢の不義により産まれる代物である。不義の結果とはいえ産まれた以上、日独防共協定が、

「日独を枢軸とし、ソ連・英米と対立する軍事同盟、という不良青年」

にグレて育つのでは困る。そこで宇垣一成は、

「日独防共協定に、英米を参加させて、共産ソ連を封じ込める反共の大包囲網」

へ発展させることを主張した。

日本とドイツは、ソ連と国境を接するソ連の隣国なので、共産主義の浸透に悩んでいる。英米は、共産ソ連と国境を接していないので、共産主義の脅威に鈍感である。だから英米が共産ソ連の脅威を理解すれば、先行きの怪《あや》しい日独防共協定も、

「共産ソ連を封じ込める、日独英米による、反共の大包囲網へ、バージョン・アップ」して、支那事変も太平洋戦争もスキップ（飛ばすこと）し、いきなり一九五〇年頃の東西冷戦へ突入したかもしれない。不義により産まれた子供が、立派に成人するようなものだ。これが宇垣一成の、日独防共協定の善処策である。

宇垣一成が帰国した翌月、昭和十一年九月、宇垣一成の最愛の妻貞子が病死した。宇垣一成は、無冠の一私人として、しばらく亡妻の供養に勤めていたが、この頃、

「陸軍が、対支那か対ソ連か不明ながら、戦争を起こすらしい」

との風聞が入ってきた。宇垣一成は、

「邦家《ほうけ》内外（日本を取り巻くとの意味）の情勢は、日々、急迫を告げつつある。仏（亡妻貞子のこと）の供養は子供らにまかせ、余は君国のため、敢然として、誉々《けんけん》匪躬《ひきゅう》の節を尽さん。政界を見渡しても、戦争をさせぬよう陸軍を抑えることをやれそうな人物は居ない。震源地が陸軍なのだから、我輩は陸軍育ちの人間として、日本が脱線せぬよう出馬せねばならん」

と決意した。自分が出馬して政権を担当し陸軍の暴発を抑えよう、というのである。

一方、元老西園寺公望は、広田内閣が陸軍の圧力で不安定化した昭和十一年十二月頃、

「陸軍を制御し、支那での軍事行動を抑制し得る後継首相は、宇垣しか居ない」

と判断。各方面に打診すると、重臣・財界・政党関係者らは、かつて宇垣軍縮を成功させた宇垣一成の力量を評価し、宇垣への期待の声を寄せた。肝心の陸軍では、寺内寿一陸相が、

「(後継首相は)宇垣(一成)で良いではないか。陸軍内に(宇垣への)反対は無い。熟柿主義(時間をかけて慎重に進めること)でなく、堂々とやったらいい」

との意向を示した。

これを受けた元老西園寺公望は自信を持って、宇垣一成を、内大臣湯浅倉平を通じて昭和天皇に推奏。宇垣一成は昭和天皇から、昭和十二年一月二十五日午前一時、組閣の大命を受けたのである。

陸軍省軍務局が宇垣一成の組閣を妨害

寺内陸相は、元老西園寺公望に「宇垣で良いではないか。陸軍内に反対は無い。堂々とやったらいい」と伝えたが、陸軍の中枢である陸軍省軍務局を掌握せず、判断が甘かった。

陸軍省軍務局は、将官人事を含め、陸軍内の政務の一切を差配していた。陸軍省軍務局は、寺内陸相を無視して、宇垣一成の首相就任に大反対したのである。陸軍省軍務局の動きは素早かった。広田内閣が昭和十二年一月二十三日に総辞職すると、同日、すなわち宇垣一成に組閣の大命が下る二日前。軍務局に軍事課長・軍務課長・片倉衷少佐ら主要メンバーが集まり、後継首相として排撃すべき人物として、宇垣一成予備役大将(宇垣派)、南次郎予備役大将(宇垣派)、荒木貞夫予備役大将(皇道派)ら五人の名前を挙げたのである。

前述のとおり、かつて陸軍内では宇垣派・皇道派・統制派の三派が鼎立していた。

しかし二・二六事件後の粛軍人事で、武藤章中佐が川島義之・本庄繁・南次郎及び荒木貞夫・真崎甚三郎・林銑十郎・阿部信行を予備役へ編入。さらに軍部大臣現役武官制を復活させ、予備役へ編入した皇道派と宇垣派の将官が陸相となって復活するのを阻止する態勢を確立。皇道派と宇垣派の将官を、地獄へ送った（左遷して復活出来ぬようにすること）。

こうして陸軍は統制派の独壇場となり、統制派の少壮幕僚連は、我が世の春を謳歌した。しかるに宇垣派の領袖宇垣一成や、地獄へ送った筈の南次郎・荒木貞夫ら予備役大将が首相となって返り咲き、統制派が逆襲されることは、統制派の少壮幕僚連としては切ない。

我が世の春を満喫する統制派の少壮幕僚連は、

「宇垣一成や南次郎や荒木貞夫が首相になって返り咲けば、自分たちは返り討ちに遭《あ》って、失脚の憂き目を見るのは明らか」

と内心秘かな恐怖を感じたのである。

統制派幕僚連の宇垣排撃の声に、宇垣軍縮で廃止された四個師団すなわち師団長ポスト四・連隊長ポスト十六を失った第十三師団（高田）・第十五師団（豊橋）・第十七師団（岡山）・第十八師団（久留米）の関係者が呼応。宇垣排撃の声は、陸軍内に燎原《りょうげん》の火のように広がった。

陸軍省では、翌一月二十四日午後九時頃、陸相官邸に梅津美治郎《よしじろう》次官・磯谷廉介《いそがいれんすけ》軍務局長・関係課長・高級課員が集まり、「宇垣一成首相候補への陸相推薦を拒絶」と機関決定した。

後継首相について、統制派の武藤章中佐・片倉衷少佐らは、広田弘毅内閣が成立（昭和十一年三月）した頃から、統制派の庇護者たる林銑十郎を想定していた。

こうして、宇垣一成を推奏した元老西園寺公望は、林銑十郎を擁立する統制派の武藤章大佐（昭和十一年八月に昇任）・片倉衷少佐ら少壮幕僚連と、激突したのである。

組閣の大命を受けた宇垣一成が、翌一月二十五日、寺内陸相を訪ねて陸相の推薦を要請すると、寺内陸相は大いに恐縮し、元老西園寺公望への前言を翻《ひるがえ》して、

「大局から見れば、（宇垣）閣下の御出馬が国家のため最善と思うが、（陸軍省軍務局の幕僚連が、宇垣首相では）軍の統制が乱れるとて騒ぐから、（首相辞退を）御考慮願いたい」

と述べた。宇垣一成は、この寺内発言について、

「（軍務局では、宇垣が首相になると逆襲を食らって）自己の身辺危うし、我儘《わがまま》が出来なくなる、と考える（統制派の）課長数名が策動しているに過ぎない。軍の総意など全く虚構」

との観測を述べている。さらに翌一月二十六日午前、教育総監杉山元《はじめ》が宇垣一成の組閣本部を訪れ、

「（宇垣）閣下が陸相のとき四個師団を削減されました。その後、陸軍部内は複雑になりまして、（陸軍）部内がまとまりません。この際、善処（首相辞退のこと）して頂けませんか」

と述べた。この杉山発言の意味は、

「宇垣軍縮の四個師団廃止により解散させられた部隊の将校達が、他の連隊や学校配属将校へ転属させられ、母隊を解散させた宇垣一成を呪詛《じゅそ》している」

との趣意である。宇垣一成は、杉山発言に対し、憤然として、

「部内を鎮めるのは貴方の責任じゃないですか。僕に辞《や》めろというのはおかしいですよ」

と反駁。教育総監杉山元は、黙って俯《うつむ》くだけだった。同日午後四時、陸軍三長官会議（陸相寺内寿一、参謀総長閑院宮載仁親王、教育総監杉山元）が、

「陸相に推挙する適当な人物は居ない」

との結論を下し、組閣本部に伝えた。

思い余った宇垣一成は、宇垣派の懐刀たる朝鮮軍司令官小磯国昭中将に長距離電話で、

「陸相をやってくれないか。僕と一緒に、討死する覚悟でやってくれないか」

と懇願した。これに対して小磯国昭中将は、

「陸軍三長官が同意するなら出ます」

と回答した。小磯国昭中将としては、宇垣一成に対する、精一杯の誠意だったであろう。

このとき既に、小磯国昭中将は、寺内陸相から、

「宇垣一成から依頼があっても、陸相就任を断るよう」

との電報を受領済だったからである。宇垣一成は、小磯国昭中将に対し、

「三長官の同意が得られぬから、頼んでいるのだ。三長官の同意云々では、話にならんよ」

と繰り言を述べたが効果は無く、小磯国昭中将の陸相起用を諦め、電話を切った。

宇垣一成は、宇垣排撃を強める陸軍から、陸相を得ることが出来なかったのである。

昭和天皇は優詔を下さなかった

宇垣一成が組閣を成立させる最後の手段は、「昭和天皇が現役の陸軍将官に優詔《ゆうじょう》を下して陸相に就任させること」である。この方法には、いくつか先例があった。

明治天皇の御代。明治三十一年、わが国初の政党内閣として第一次大隈重信内閣（隈板《わいはん》内閣）が発足する際、政党政治を嫌った陸海軍は陸相・海相を出さず、組閣を妨害した。このとき明治天皇は、優詔を下し、前第三次伊藤博文内閣の陸相桂太郎・海相西郷従道を留任させて、第一次大隈重信内閣を発足させ、わが国初の政党内閣をスタートさせた。以来、わが国の政党政治が進展する。このように明治天皇は、陸海軍の横暴を抑えるべく、優詔を下して、わが国政党政治の進展を支援なされたのである。

また大正天皇の御代。大正元年十二月、第三次桂太郎内閣が発足する際、海軍は桂太郎が海軍予算の延期を主張したことを不満とし、海相斎藤実の留任を拒否して倒閣に走った。このとき大正天皇は、倒閣に走った海軍を戒められ、海相斎藤実に留任を求める勅語を下して、第三次桂内閣を発足させた。以来、大正デモクラシーの下で、陸海軍の軍縮が進展する。大正天皇は勅語を下して、大正期における陸海軍の軍縮を支援なされたのである。

このように明治・大正の御代に、政党政治や陸海軍軍縮が進展したのは、明治天皇・大正天皇が優詔や勅語を下して、政党政治や軍縮を御支援なされたからである。

陸軍から陸相を得られず窮した宇垣一成は、翌一月二十七日、内大臣湯浅倉平を訪ね、「昭和天皇から、現陸相寺内寿一に、陸相留任を求める優詔を下して頂きたい」と優詔を要請した。しかるに内大臣湯浅倉平は、冷然として、「無理をなさらなくとも良いではありませんか。無理をなさると、（二・二六事件のような）血を見る不祥事が起きるかもしれません」と言い放った。これに対して、宇垣一成は、「不祥事が起こるかも知れぬことは私も覚悟しています。しかし天下国家の重きに出馬する以上、ピストルや爆弾は覚悟の上です。私は重要な事をするとき、これが最初で最後と思ってやります。この一挙に身命を賭して、御奉公して来ました。この先などは考えていない」とまで述べた。それでも内大臣湯浅倉平は、宇垣一成の要請を却下した。

その後、宇垣一成は、二十八日まで懸命に組閣工作を続けたが、陸相を得られず。万策尽きた宇垣は昭和十二年一月二十九日に参内。潸々《さんさん》と涙を流しながら昭和天皇に、「（私の）組閣に反対するのは、陸軍の十数名の者が地位と官権を濫用《らんよう》しあると明白になりました。（私が）組閣すれば、これらの者の始末は難事ではありません。組閣の大命拝辞の結果に思いを致しますと、陸軍及び国家の将来は実に寒心に堪へざるものあり。痛恨の極み」

であります、と述べて組閣の辞退を申し出た。支那事変発生（昭和十二年七月）の半年前、太平洋戦争開戦（昭和十六年十二月）四年前のことである。

元老西園寺公望の失脚

昭和天皇の周辺では、昭和天皇が陸相寺内寿一に陸相留任を求める優詔を下すことについて、内大臣湯浅倉平・木戸幸一・海軍軍令部総長伏見宮博恭王が反対していた。

そして昭和天皇ご自身も宇垣一成を好まれず、優詔をお下しなされなかった。

昭和天皇は、敗戦翌年の昭和二十一年、昭和天皇独白録において、

「宇垣一成は一種の妙な僻《くせ》（癖）がある。私（昭和天皇）に対しては明瞭に物を云うが、他人に対しては、よく『聞き置く』と云う言葉を使ふ。（中略）この様な人は総理大臣にしてはならぬと思ふ」

と述べられた。

大阪商人から、

「（この商談は）考えておきましょう」

と言われたら、お断りします、という意味である。政治家に何か提案して、

「貴重なご意見をどうも有難う。お預かりして、よく勉強してみます」

と言われたら、

「下らない提案だから直ちに却下するが、気を悪くせず、引き続き自分を支援して下さい」

という意味である。これが日本人の、当たり前の会話なのである。

宇垣一成が「聞き置く」という言葉を多用したのは、円熟した政治家だった証左である。

このことを昭和天皇に御理解頂けなかったことは、わが日本にとって不幸なことだった。


陸軍の反対で宇垣が組閣を断念すると、元老西園寺公望は後継首相推奏の意欲を失い、

「宇垣が組閣出来ないなら、元老としての御下問・奉答を御辞退しなくてはならん」

と述べ、元老辞退を申し出た。元老西園寺公望が宇垣を推奏したのに、元老の推奏で下った組閣の大命が陸軍の反対で阻まれたのでは、後継首相を推奏する元老の存在意義は消滅したに等しい。こうなると陸軍の気に入らない内閣は成立の見込みが無く、元老は後継首相を推奏出来ない。元老西園寺公望は、面子《めんつ》を潰されただけでなく、事実上、失脚したのである。

統制派の牙城たる陸軍省軍務局は、後継首相に林銑十郎（陸軍予備役大将・元陸相）を要求した。そこで内大臣湯浅倉平は、陸軍統制派の要求を容れ、後継首相を林銑十郎とした。

以来、湯浅倉平・木戸幸一が後継首相の選定に深く関与するようになる。

失脚した元老西園寺公望は、これ以降、政治の世界から徐々に身を退き、太平洋戦争開戦前年の昭和十五年十一月、老衰により死去する。享年九十一歳。

林銑十郎の首相就任

宇垣一成が組閣を辞退した昭和十二年一月二十九日の深夜、林銑十郎に組閣の大命が下り、林銑十郎内閣が二月二日に発足した。政党からの入閣者は無かった。林内閣は、昭和十二年二月八日、政策綱領を発表し、

「祭政一致の精神を発揚し、国運進暢《しんちょう》の源流を深からしめんことを期す」

と祭政一致を標榜したが国民に不評だった。静岡県興津《おきつ》に隠棲《いんせい》していた西園寺公望は、「宗教の自由、信書の秘密を認めた憲法に反する。宗教と政治を分離するのが政治の第一歩」と、冷ややかに述べている。

林銑十郎は、士官学校（第八期）・陸軍大学校卒業の後、日露戦争に出征。大正十五年に中将へ昇任し、東京湾要塞司令官となった。林銑十郎の能力からみて、「これで林銑十郎の軍歴も終わり」というのが、自他ともに認めた林銑十郎の実力だった。

しかし後輩の真崎甚三郎（陸士第九期）の尽力により、陸軍大学校校長に栄進。ここから出世の運が開け、近衛師団長を経て、昭和五年、朝鮮軍司令官となり、満州事変に遭遇した。

朝鮮軍司令官林銑十郎は、満州事変勃発の際、南次郎陸相・金谷範三参謀総長（いずれも第二次若槻内閣）の不拡大方針を無視。独断で平壌の混成第三九旅団を越境させて奉天へ向かわ

せ、兵力不足の関東軍を支援した。これは天皇の勅裁を受けず政府・陸相・参謀総長の方針に反した独断行動であり、死刑または無期の重罪である。しかし朝鮮軍司令官林銑十郎は、何ら罪に問われること無く、むしろ越境将軍なる勇名を得て、陸軍中枢へ一段と栄進した。

その後、林銑十郎は、昭和九年一月に荒木貞夫陸相が辞任すると、陸相候補の本命だった真崎甚三郎大将を蹴落として陸相に就任。統制派の領袖永田鉄山を軍務局長に抜擢し、永田鉄山・閑院宮載仁親王参謀総長と組んで、真崎甚三郎教育総監を罷免（昭和十年七月）した。

林銑十郎は、自分を盛り立ててくれた真崎甚三郎を蹴落とし、恩を仇で返したのである。


林銑十郎は、宮中が菊のカーテンで外界と隔てられ、昭和天皇が側近を疑わない純真無垢な御性質であることを奇貨とし、第五章で述べたとおり「真実とは真逆の虚偽」を上奏。昭和天皇は、

「林陸相は、真崎大将が（教育）総監の地位にあっては（軍の）統制が困難なること、昨年の士官学校事件も真崎一派の策謀なり、と話せり。過般来、（陸軍で）対支意見の強固なりしことも、（対支一撃論者の）真崎に林陸相らが押されある結果と想像せらる（『本庄日記』）」

と、事実とは真逆のことを事実認識となされた。

林銑十郎は、こうした姑息《こそく》な手段を使って、ライバルの真崎甚三郎を蹴落とし、今般、宰《さい》相《しょう》の印綬《いんじゅ》を帯びる光栄（総理大臣に登り詰めること）に浴したのである。

食い逃げ解散敗北で総辞職

林内閣は、第七〇回帝国議会で昭和十二年度予算案を成立させると、会期末の昭和十二年三月三十一日、突如、衆議院の解散に踏み切った。予算案成立後で何ら争点は無く、予算成立というご馳走を食べ終わるなり解散したので、「食い逃げ解散」と評された。

そもそも首相林銑十郎は、統制派の傀儡《かいらい》と云われるほど、政党政治を嫌い、「政党を追撃するのだ。二回でも三回でも解散する」と豪語していた。

総選挙の結果、野党は民政党一七九議席・政友会一七五議席・社会大衆党三七議席の圧倒的多数。与党の昭和会・国民同盟は合計四〇議席前後。総選挙は完全敗北だった。

しかし首相林銑十郎は強気の姿勢を崩さず、再度の衆院解散をちらつかせた。

一方、野党の民政党・政友会・社会大衆党は、林内閣に退陣を要求して、「無為」「無策」「無能」「何もせん十郎」などと攻撃。野党の倒閣運動が激化した。

ここに至って、さすがの陸軍も林内閣を見放し、陸相杉山元が総辞職を勧告。林内閣は、昭和十二年五月三十一日、総辞職した。

林銑十郎内閣は、特筆すべき功罪ともに無く、「何にもせんじゅうろう内閣」と評された。

その後、太平洋戦争開戦となり、昭和十七年六月、ミッドウェー海戦敗北。敗色濃厚となり、ガダルカナル島撤退を決定する御前会議が昭和十七年十二月三十一日に開催されることとなった。このとき林銑十郎は、御前会議十八日前の十二月十三日、陸軍を追われ逼塞《ひっそく》するかつてのライバル真崎甚三郎邸を訪れ、

「何もかも、君の言うとおりになってしまった。何とも申し訳がない」

と言って、深く頭を下げて詫び、無言のまま、端座し続けた。

そして林銑十郎は、二カ月後、敗戦二年前の昭和十八年二月、脳溢血により死去した。

林銑十郎の最後の言葉は、

「真崎甚三郎に会いたい」

だった、という。

末期を迎えた林銑十郎が、真崎甚三郎に何を語りたかったのかは、定かでない。

第八章

陸軍参謀本部・海軍軍令部の官僚化

参謀本部・軍令部は平時における作戦・戦術研究を怠った

陸軍では、陸軍省が人事・装備・予算などの行政を担当し、陸軍参謀本部が作戦を担当。海軍では、海軍省が人事・装備・予算などの行政を担当。作戦は海軍軍令部が担当した。陸軍省・海軍省は、平時における陸軍行政・海軍行政を担う行政官庁であり、出仕する武官は行政官としての官僚である。とくに陸軍は昭和十二年段階で十七個師団・兵員二十数万人の大組織であり、こうした大組織は官僚制によってしか運営出来ない。

一方、陸軍参謀本部・海軍軍令部は、平時にあって作戦・戦術・戦史の研究に勤しみ、戦時にあって作戦を指揮する役割を担っていた。これは参謀という最も軍人らしい仕事である。しかるに参謀本部・軍令部の参謀達は、昭和期に入ると参謀としての本来業務を忘れ、平時における作戦・戦術・戦史の研究を怠り、予算分捕り・勢力拡張・出世・保身に憂き身をやつす軍服を着た官僚に堕した。このため戦時に適切な作戦指導を行えなくなるのである。

この弊害は、海軍では、軍令部長伏見宮博恭王元帥が「軍令部条例及び海軍省軍令部業務互渉規定」を改定させ、海軍軍令部の権限を強化した昭和八年十月頃から、顕著になった。陸軍では、二・二六事件後の粛軍で皇道派が粛清された昭和十一年頃から顕著になった。

本来は、作戦計画があって、それに応じて予算要求がなされるべきである。

しかるに、この時期以降、参謀本部・軍令部の参謀達は、本来業務である作戦・戦術・戦史研究を怠り、陸軍省・海軍省の行政武官を真似て、深夜深更に至るまで、ポスト増や予算分捕りに熱中。作戦計画書は、予算要求付属説明資料としての、心にも無い誇大妄想的・荒唐無稽《こうとうむけい》な作文に過ぎなかった。この結果、日本陸海軍に、見るべき作戦計画が無くなった。

一方、アメリカの参謀達は、弛《たゆ》むことなく作戦計画の立案・検証・精度向上に精魂を傾け、昭和十一年(一九三六年)、対日侵攻占領計画であるオレンジ計画の最終版を完成させた。日本とアメリカの参謀達の、作戦立案に対する熱意の落差は、致命的である。

参謀本部・軍令部は、昭和十一年以降、作戦計画を持たなかった

近代軍事の作戦計画として、最も優れたものは、アメリカのオレンジ計画である。

第二位は、第一次世界大戦におけるドイツ陸軍参謀総長シュリーフェンによる、「開戦後、東北フランス国境を突破。北方からパリを迂回しフランス陸軍の側面・背後を叩き、東部国境へ移動してロシア陸軍を撃破。その後、西へ戻り、残存フランス陸軍を包囲殲滅」する、とのシュリーフェン・プランである。毛沢東の人民戦線論も優れた作戦計画である。

日本海軍における唯一まともな作戦計画は、前述の、海軍条約派が立てた、

一、ワシントン海軍軍縮条約・ロンドン海軍軍縮条約を厳格に守り、絶対トン数を一定割合

ずつ削減。軍艦保有絶対トン数の格差を縮減する。
二、人的交流を拡げ日米間の理解を深めて開戦を回避し、貿易に勤しんで国富を蓄え、
三、日米開戦となったら、「海の屯田兵構想」を発動して、貨客船を空母へ改造。一挙に大量の空母群を誕生させ、開戦劈頭《へきとう》、アメリカ軍艦を一気に太平洋へ沈めてしまう
四、アメリカは工業生産力が強く、日本は工業生産力が脆弱なので、長期戦は避ける。
五、日本の石油備蓄量は約二年分なので、約一年を目処とする短期決戦とする。
との「海の屯田兵構想」である。

日本海軍が「海の屯田兵構想」を採っていれば、日米開戦は避けられたであろう。

一本道で出会った二人の剣豪が、睨《にら》み合ったまま、互いに、

「むむ。おぬし出来るな！」

と感得し合って、剣を抜かず、別々の方向へ立ち去るようなものだ。

しかるに海軍条約派は粛清・追放され、「海の屯田兵構想」は雲散霧消した。


日本陸軍の唯一まともな作戦計画は、皇道派の理論家小畑敏四郎大佐の対ソ連作戦で、

「満州へ侵攻するソ連軍が、行軍の長蛇の列の縦隊から、戦闘隊形の鶴翼《かくよく》の陣へ転換する直前。長蛇の列の縦隊の先頭部分を日本陸軍がV字型に包囲し、長蛇の列の先頭を叩き潰す」

というものである。この作戦に固有名称は無いので、本書は「蛇頭打滅作戦《じゃとうだめつ》」と仮称する。

歩兵第十連隊長小畑敏四郎大佐が、昭和三年頃、編み出した蛇頭打滅作戦は説明を要する。日本陸軍は、満州へ侵攻して来るロシア陸軍の動員兵力を三十個師団と想定したが、日本の国力では陸軍二十五個師団の保持が上限だった。

そこで日本陸軍は、「ロシア陸軍の動員兵力三十個師団に対し、八十三％相当の二十五個師団で応戦する」とし、「二割弱の足らざる部分は『日本陸軍の無形力』で補う」とした。「無形力」といっても何ら具体性は無く、「現場で工夫しろ！」と云うに等しかった。現場では、ある者は工夫力と言い、ある者は精神力と言い、ある者は「天壌無窮《てんじょうむきゅう》の皇道《こうどう》」と強がりを言ったが、皇道派の理論家小畑敏四郎大佐が蛇頭打滅作戦を編み出したのである。

蛇頭打滅作戦は徹底的偵察でソ連軍の侵攻を早期に発見し、非常呼集をかけて迅速に行動。ソ連軍の蛇頭を日本陸軍がV字型に包囲し、蛇頭部分へ日本陸軍が圧倒的兵力を集中すれば、総兵力で劣勢な日本陸軍でも優勢なソ連軍に勝てる、というものである。蛇頭打滅作戦には偵察・伝令・非常呼集・急行軍・V字型展開が必須であり、訓練は日夜峻厳を極め、青年将校らは疲労困憊《こんぱい》して夜は爆睡《ばくすい》。陸軍大学校合格者は皆無だった、という。

皇道派の理論家小畑敏四郎は、昭和十一年八月、二・二六事件後の皇道派粛清人事に連座して陸軍を去り、日本陸軍の唯一まともな作戦計画だった蛇頭打滅作戦は雲散霧消した。

終戦直前の昭和二十年八月九日午前零時頃。天候は豪雨。ソ連軍が満州へ侵攻したとき、蛇頭打滅作戦は発動されず、関東軍（総司令官山田乙三大将）は開拓民を守れなかった。

参謀本部・軍令部は、昭和十一年以降、何ら作戦計画を持っていなかったのである。

参謀本部のドイツ頭

余談だが、著者は受験生の頃、
一、出題教官の能力を超える入試設問は、出題されない。
二、出題教官が愚劣であれば、愚問しか出題されない。
三、入試設問は、出題教官の能力を判定するバロメーターである。
と痛感した。

そこで昭和期の陸軍士官学校・海軍兵学校の戦史に関する入試設問を調べてみると、「ポエニ戦争・レパント海戦・アルマダ海戦・トラファルガー海戦・アウステルリッツ会戦・ワーテルロー会戦・普墺戦争・普仏戦争セダン包囲戦などヨーロッパの陸戦史・海戦史」がほとんどだった。

そして日本陸軍が仮想敵国とするロシア（ソ連）のモスクワ防衛反攻作戦や、日本海軍が仮想敵国とするアメリカの米墨戦争ベラクルス上陸作戦や、南北戦争アナコンダ作戦（大蛇が獲物を締め殺すように南部を海上経済封鎖で締め上げる作戦）は出題されていなかった。どうやら陸士・海兵の出題教官は、ドイツあたりからヨーロッパ戦史を和訳・直輸入して事足れりとし、日本の仮想敵国であるロシア（ソ連）やアメリカの戦史を研究しなかったようだ。

もっとも著者が大学生のとき、ヨーロッパ経済史や欧米経済理論を和訳・直輸入して事足れりとした教官も少なくなかったから、陸士・海兵の出題教官を嗤《わら》うことも出来まい。

昭和陸軍とくに昭和期の参謀本部は、自分の頭《あたま》で考えることを放棄し、ドイツ軍事理論を和訳・直輸入して事足れりとした結果、ドイツに洗脳されてドイツ崇拝になり、ドイツ頭《あたま》（ドイツの立場、ドイツの価値尺度で物事を判断すること）になっていたのではなかろうか。

そもそも士官学校の入試設問がドイツ軍学に染め上げられていたとすれば、日本陸軍軍人は士官学校への受験生のときから、ドイツ頭になることを強要せられ、陸軍大学校へ進学し高級幕僚へ昇進していく過程で、その度合いが一段と完璧精緻《かんぺきせいち》になったように思われる。この典型が、前述の永田鉄山や、東條英機・武藤章・大島浩らだったようだ。

日本陸軍が手本としたドイツ陸軍は第一次世界大戦で完敗。ドイツ軍学は時代遅れであると明白となったのに、ドイツ頭に洗脳された日本陸軍はドイツ軍学から決別出来なかった。そして前述のとおり、永田鉄山は「こうすればドイツは勝てた」という視点から、ドイツ陸軍参謀次長ルーデンドルフを仰ぎ、ルーデンドルフを超えようとして、永田構想を推進した。

以来、永田構想を捧持する統制派が陸軍を支配し、日本は第二次世界大戦で日本の国情に合わせた作戦を立案することが出来ず、ドイツに利用されて惨敗する結末を迎えた。

この点について『仙台陸軍幼年学校史』は、惨憺《さんたん》たる敗戦の後、ドイツ軍学について、

「（ドイツ流軍学の作戦思想は）大陸国家としてのドイツ陸軍の建前であって、（海洋国家である）日本の作戦思想とすべきものではなかった。日本としては、海洋的な見地から、陸海軍一体の作戦を考えるべきではなかったか（『仙台陸軍幼年学校史』）」

と、自省を込めて述べている。

しかし戦後の日本人は、「二度とドイツを真似てはならない」と反省しただろうか？　どんなに拙《つたな》くとも、「自分の頭で考えなければならない」と自覚しただろうか？

戦後の自衛隊は、自分の頭で作戦・戦術を考えず、アメリカ軍事理論の和訳・直輸入に終始していないだろうか？　もしそうなら、和訳・直輸入の対象がドイツからアメリカへ変わっただけで、ドイツ頭《あたま》からアメリカ頭《あたま》へ変わっただけではないのか？　ということが心配である。

第九章

第一次近衛内閣における支那事変発生

盧溝橋事件

林内閣が総辞職すると、昭和十二年六月四日、第一次近衛文麿内閣が発足した。主要閣僚は陸相杉山元・海相米内光政が留任。蔵相は賀屋興宣《かやおきのり》。外相は広田弘毅。

第一次近衛内閣発足一カ月後、支那事変（日中戦争）の発端となる盧溝橋《ろこうきょう》事件が発生した。

日本の支那駐屯軍は一個旅団（二個連隊編成）五千人。第一連隊（連隊長牟田口廉也《むたぐちれんや》大佐）は、第一大隊が北京に、第二大隊が天津に、第三大隊（大隊長一木清直《いちききよなお》少佐）が豊台に駐屯して、鉄道警備・居留民保護にあたっていた。盧溝橋は北京西南十二キロを流れる永定河《えいていが》に架かる橋で、周囲に盧溝橋城・盧溝橋駅があった。

第三大隊の第八中隊一三五人は、昭和十二年七月七日午後、豊台の兵営を出発し、盧溝橋北方一キロの永定河河畔の演習場に至り、対ソ夜間戦闘訓練を開始した。

一方、蒋介石配下の冀察《きさつ》政務委員会（河北省と察哈爾《チャハル》省を支配する軍閥。委員長宋哲元《そうてつげん》）の第二十九軍（軍長宋哲元・副司令秦徳純《しんとくじゅん》）は兵員八万人。第二十九軍第三十七師二百十九団第三営（営長金振中《きんしんちゅう》）が、盧溝橋城を本営とし、盧溝橋や永定河の堤防付近に蝟集《いしゅう》していた。

第八中隊（中隊長清水節郎大尉）は、午後七時三十分から夜間演習を開始し、午後十時三十分頃、演習を終了。隊員が集合中の午後十時四十分頃、突如、数発の実弾が撃ち込まれ、さらに永定河の堤防方向から十数発の実弾が撃ち込まれた。

清水節郎中隊長は「支那軍の奇襲総攻撃か！」と緊張。人員点呼を行うと、伝令志村菊次郎二等兵が行方不明だった。清水中隊長は、中隊全員を盧溝橋と豊台の中間にある一文字山の後方西五里店まで退却させるとともに、伝令を豊台へ急派し一木清直第三大隊長に報告。一木大隊長から電話で報告を受けた牟田口廉也連隊長は、

「直ちに盧溝橋付近へ前進して第八中隊を保護して戦闘態勢を確立し、夜明けを待って、盧溝橋城の主将たる第二十九軍第三十七師二百十九団第三営の営長金振中と交渉するよう」

命じた。第三大隊五百人は直ちに豊台を発《た》ち、日付が変わった七月八日午前三時頃、一文字山に到着し砲座を構えた。すると第三大隊は、午前四時頃に三発の射撃を、朝食中の午前五時頃に猛烈な射撃を受けた。第三大隊は直ちに応戦し、永定河堤防一帯・蘆溝橋を占領。蘆溝橋城内の支那軍を武装解除した。

この戦闘の犠牲者は日本軍死傷者約四十名、支那軍死傷者一八〇余名である。

北京特務機関長松井太久郎大佐は事態を憂慮し停戦に尽力。日本軍を、七月九日午後、豊台へ帰隊させ、七月十一日午後八時、第二十九軍副司令秦徳純と停戦協定を締結し、
一、冀察政務委員会は、責任者を処罰し、日本に遺憾の意を表明すること。
二、第二十九軍は盧溝橋付近から撤兵し、治安維持は支那の保安隊（警察隊）に任せる。

三、抗日団体の取り締まりの徹底。

を約させた。盧溝橋事件はこれにて一件落着となった、筈だった。

日本陸軍の不拡大方針

日本陸軍が少数精鋭の精強な部隊であることは、自他ともに認める事実だった。一方、支那軍は、なにしろ、大人数だった。日本陸軍は、精強であることを自負した反面、少人数であることに不安を抱いていた。支那事変は、この落差から、泥沼化する。

日本陸軍中央では、七月八日未明、電報で盧溝橋事件の第一報を知ると、

一、支那に一撃を加えて事態の解決を図ろうとする主戦論＝拡大派と、

二、対ソ戦備を優先するため、支那との衝突は避けようとする和平論＝不拡大派

の激しい対立が始まった。

盧溝橋事件発生時の参謀本部は参謀総長閑院宮載仁元帥、参謀次長今井清中将、作戦部長石原莞爾少将、作戦課長武藤章大佐。陸軍省は陸相杉山元大将、陸軍次官梅津美治郎中将。

主戦論＝拡大派の中心人物は作戦課長武藤章大佐で、「大軍を派兵して支那を一撃すれば、早期に解決する」と主張し、多数派を形成していた。

和平論＝不拡大派の中心人物は参謀本部作戦部長石原莞爾少将で、

「現在の師団数は十七個師団で、動員可能師団数は三十個師団。対ソ防衛・本土防衛上、支那

へは十五個師団以上は投入出来ない。支那と戦争になれば長期戦となるが、十五個師団以上は投入出来ないので、広大な大陸での戦いは困難を極める。従って支那と戦うべきでない」と和平論＝不拡大論を強調した。

事件発生当時、和平論＝不拡大派の石原莞爾作戦部長が陸軍中央を牛耳った。石原作戦部長は、主戦論＝拡大派の作戦課長武藤章を抑えて、七月八日午後六時四十二分、参謀本部から支那駐屯軍司令官に、参謀総長電報により、「事件の拡大を防止する為、兵力を行使することを避くべし」と不拡大を下命。七月九日、参謀本部から支那駐屯軍参謀長橋本群に参謀次長電報にて、「事件解決のため、①支那軍の盧溝橋付近からの撤退、②将来に関する保障、③直接責任者の処罰、④支那側の謝罪、を提議し、現地交渉により速やかに妥結するよう」指示。さらに陸相杉山元が、七月十一日午前、支那駐屯軍司令官香月清司に、「盧溝橋事件ニ就テハ、極力不拡大方針ノ下ニ、現地解決ヲ計ラレタシ」と指示した。これを受けて、七月十一日午後八時、現地で停戦協定が締結された。

中国共産党の抗日全面戦争方針

盧溝橋事件が発生したとき、支那側では、冀察政務委員会が日本と妥協を図ろうとする不拡大派＝和平派であり、中国共産党が抗日全面戦争方針の主戦派だった。

中国共産党は七月八日、全土に通電して対日即時開戦を呼びかけ、翌九日、各級幹部に、「宣伝工作を積極化し抗日団体を組織すること。抗日義勇軍を組織し、日本と衝突する」よう指令。周恩来は、七月十一日、蒋介石との会談で抗日全面戦争の必要性を強調し、「国民政府（蒋介石政府）が抗日を決意すれば、中国共産党は抗日の第一線に進出する」と約束。毛沢東・朱徳が、七月十三日、蒋介石政府に即時開戦を迫った。

さらに朱徳は、七月十五日、『抗日戦を実行せよ』と題する論文を発表し、「日本の戦力は恐るるに足らず、抗日戦は持久戦となるが、最後の勝利は中国側にある」と力説。中国共産党中央は、七月二十三日、第二次宣言を発して徹底的抗日戦を強調し、

一、松井太久郎・秦徳純七月十一日停戦協定（①冀察政務委員会の日本への謝罪、②第二十九軍の盧溝橋付近からの撤兵、③抗日団体の取り締まり）を破棄する。
二、第二十九軍に大軍を増派し、全国の軍隊を総動員して、抗日戦を実行する。
三、民衆を大規模に動員・組織・武装して、抗日統一戦線を組織する。
四、日本との和平を停止。日本人の全財産を没収。日本大使館を封鎖。漢奸を逮捕する。
五、政治機構を改革し、政府内部の親日派・漢奸分子を粛清する。
六、国民政府（蒋介石政府のこと）と中国共産党の親密合作を実現する。
七、国防経済と国防教育の実行。

八、米・英・仏・ソと、抗日に有利な協定を締結すること。

の八項目提案を発表した。

このように日本陸軍中央では、武藤章が拡大派＝主戦派、石原莞爾が不拡大派＝和平派。近衛文麿首相は、主戦派と和平派の間で、「やじろべえ」のように揺れていた。

支那では、中国共産党が主戦派、冀察政務委員会が和平派。蒋介石も、主戦派と和平派の間で、「やじろべえ」のように揺れていた。蒋介石は、主戦派と和平派の両方の上にバランスよく乗っていなければ、自分自身が失脚する。

このように日支両国とも、国内で、主戦派と和平派のヘゲモニー争いが激しく、和戦について、国論の一致をみなかったのである。

蒋介石の迷いと近衛首相の迷い

蒋介石は、盧溝橋事件の第一報を受けた七月八日、日記に、

「日本は、盧溝橋で戦いを挑んできた。日本は、我々の準備が完了せざるに乗じて、我々を屈服せしめんとするのか？（我々は）応戦の決心をするときか？」

と記して去就を迷い、翌七月九日、とりあえず、四個師団六万人を北上させた。

この対応が、事態を、混迷化させた。

参謀本部は翌七月十日に蒋介石軍四個師団の北上を察知。主戦派の武藤章作戦課長が、「関東軍混成二個旅団（一個師団相当）・朝鮮第二十師団を北支派兵。内地から三個師団を派兵準備」

との派兵案を策定し、参謀本部はこれを裁可した。

不拡大派の石原莞爾作戦部長が武藤作戦課長の派兵提案を了承したのは、石原作戦部長が、

一、武藤課長の「蒋介石軍六万人が宋哲元第二十九軍八万人と合し本格攻勢に入れば、支那駐屯軍五千人で北京・天津の日本人居留民一万五千人を保護するのは困難。関東軍混成二個旅団・朝鮮第二十師団の北支派兵が必須」との主張を論破出来なかったこと。

二、内地から派兵する三個師団は派兵準備で、事態が沈静化すれば派兵中止も有り得る。

と考えたからである。

七月十一日の閣議はこれを受けて、陸相杉山元の「在留邦人保護のため関東軍混成二個旅団・朝鮮第二十師団を北支派兵。内地三個師団は必要が生じた場合に向け派兵準備」との北支派兵提案を了承。第一次近衛内閣は、七月十一日午後六時頃、北支派兵の政府声明を発表し、

「今次事件は、支那側の計画的武力抗日なること、疑いの余地なし。（中略）。然《しか》れども、局面不拡大のため、平和的折衝《せっしょう》の望みを捨てず」

とした。政府声明は、主戦論と和平論の間で揺れる近衛文麿首相の迷いを示していた。

現地で、松井太久郎大佐と秦徳純の間で停戦協定が締結される二時間前のことである。

石原作戦部長の日支首脳会談構想

日支紛争の拡大を憂慮した石原莞爾作戦部長は、七月十八日、陸相杉山元・陸軍次官梅津美治郎に、

「日支戦争に突入すれば全面戦争となり、ナポレオンのスペイン侵攻と同様、底無し沼に嵌まる。この際、思い切って、北支の日本軍全体を、一挙に、満州と北支の国境である山海関まで引き下げる。近衛首相が自ら南京へ飛び、蒋介石と膝詰めで、日支和平を達成すべき」

と意見具申した。これに対し、陸軍次官梅津美治郎は、

「そうしたいが、近衛首相の自信は確かめたのか？　北支在留邦人の生命・財産は放棄するのか？　見棄てられる在留邦人の運命はどうなるのか？」

と疑問を呈した。

石原作戦部長が近衛首相に日支首脳会談を提案すると、近衛首相は乗り気だったが、結局、日支首脳会談は立ち消えになった。

当の蒋介石は、七月十九日、廬山《ろざん》において、「最後の関頭」なる声明を公表し、

「我々は、最後の関頭に臨んだなら、全民族の生命を賭けて、国家の生存を求める」

と述べて、徹底抗戦の姿勢を公言した。このように蒋介石の抗戦意欲が極めて旺盛だったので、近衛首相と蒋介石の首脳会談による和平の実現性は皆無だっただろう。

船津和平工作

現地では、冀察政務委員会委員長・第二十九軍軍長の宋哲元が、七月十八日、支那駐屯軍司令官香月清司を訪ねて盧溝橋事件に遺憾の意を表明。日本に妥協的な態度を示した。

さらに翌七月十九日、第二十九軍代表張自忠・張允栄が支那駐屯軍参謀長橋本群を訪ね、松井太久郎・秦徳純七月十一日停戦協定第三項の「抗日団体取り締まり」の細目実施について、「冀察政務委員会は、①中国共産党の策動を弾圧する、②日支和平に反対する支那人職員を罷免する、③排日的職員を取り締まる、④藍衣社《らんいしゃ》など抗日団体は撤去する、⑤学生などの排日運動を取り締まる、⑥第二十九軍・各学校における排日教育・排日運動を取り締まる」ことを申し出た。この申し出は、口先だけでなく、実行を伴った。

冀察政務委員会は、七月二十二・二十三日、抗日の書籍・雑誌六十余種を発禁。藍衣社など排日団体を弾圧。抗日学生を摘発すべく、大学などに警察官を派遣した。

宋哲元の抗日団体取締りについて、七月二十一日に現地視察から帰国した参謀本部総務部長中島鉄蔵少将・陸軍省軍務課長柴山兼四郎大佐の報告と、支那駐屯軍参謀長橋本群の電報で、「第二十九軍軍長宋哲元は協定細目を実行しつつあり。内地三個師団の北支派兵の必要なし」との報告が参謀本部に上がった。そこで派兵準備中の内地三個師団の派兵の是非が論争となり、七月二十二日、和平派＝不拡大派の石原作戦部長が主戦派＝拡大派の武藤作戦課長を、

「君が辞《や》めるか、僕が辞めるか、どちらかだッ！」
と剛腕でねじ伏せて、内地三個師団の北支派兵を見合わせたのである。
ここで収まれば、支那事変は平和裏に解決した筈である。

しかし宋哲元軍の支那兵の軍規は乱れており、抗日分子を排除することは出来なかった。七月二十五日。北京〜天津間の廊坊《ろうぼう》駅で軍用電話線修理中の日本兵が支那兵から小銃・機関銃・迫撃砲で襲撃される「廊坊事件」が発生。日本側に戦死者四名・負傷者十名を生じた。七月二十六日には、日本軍一個大隊が在留邦人保護のため、支那軍の事前了解を得て、北京城内の日本軍兵営へ向かうべくトラック二十七台を連ねて広安門《こうあんもん》から北京城内へ入城中、約半数が入ったとき広安門が閉められ、広安門城壁上の支那兵が機関銃猛射と手榴弾投擲《とうてき》を行った。この「広安門事件」で日本側に死傷者十九名を生じた。

かかる事態の急迫を受けて、北京市内の在留邦人は公使館区域へ避難準備を始めた。広安門事件という支那兵の残酷な欺瞞《ぎまん》行為に激怒した第一次近衛内閣は、七月二十七日、内地三個師団（広島第五師団・熊本第六師団・姫路第十師団）の動員派兵を決定し、香月清司支那駐屯軍司令官に「現地の支那軍を膺懲し、同地方の安定に任ずべし」と攻撃を下命。支那駐屯軍は、七月二十八日、一斉に攻撃を開始。北京・天津地区から抗日支那軍を駆逐した。

外相広田弘毅は、北京・天津から抗日支那軍を駆逐し戦局が固定すると、和平の好機到来と見て、八月初旬、船津辰一郎と国民政府外交部アジア局長高宗武による船津和平工作に着手した。船津和平工作は、和平派の陸軍省軍務課長柴山兼四郎大佐が七月三十一日に外務省東亜局長石射猪太郎《いしいいたろう》に申し入れ、陸軍省・海軍省・外務省の三省合意のうえ動き出したものである。船津辰一郎は上海総領事などを務めた元外交官で、在華日本紡績同業会理事長。外相広田弘毅が船津辰一郎に与えた船津和平工作とは、

「①秘密裏に高宗武に会って日本側作成の寛大な和平案を伝え、②支那側から公式に駐華大使川越茂に和平停戦を申し込めば、③日本側は当該和平案を受諾し、④日支和平が実現する、というものである。

船津辰一郎は八月七日に上海へ入り、八月九日に高宗武と会談し日本側の意向を伝えた。そして同日夜、高宗武と駐華大使川越茂の公式会談が実現。日支間の和平交渉が始まった。外相広田弘毅は、①日本側作成和平案は陸軍省・海軍省・外務省の三省合意なので国内で反対はなく、②和平内容は寛大なので蒋介石も受入れ可能であり、③国民政府外交部アジア局長・駐華日本大使という外交ルートに乗るので、和平の実現性は高い、と自負した。

上海戦勃発

しかし国民政府外交部アジア局長高宗武と駐華大使川越茂の和平交渉が開始された八月九

日、日支和平努力をあざ笑うように、後述の大山事件が発生し、船津和平工作は頓挫。日支の衝突は上海へ飛び火し、上海戦（第二次上海事変）が勃発。支那事変は第二段階に入った。

華中に居た在留邦人は上海に三万人、青島に二万人、重慶・宜昌・紗市・漢口など揚子江沿岸に三万人。盧溝橋事件発生（七月七日）で、在留邦人保護の方策が検討課題となった。

検討の結果、「上海の在留邦人三万人、青島の在留邦人二万人は日本軍が守る現地保護。重慶・宜昌・紗市・漢口など揚子江沿岸の在留邦人三万人は日本へ帰国」との方針が決定。揚子江沿岸の在留邦人三万人は七月二十八日に引揚げを指示され、八月七日までに引揚げが完了。

そうこうする八月九日。上海で、海軍陸戦隊中隊長大山勇夫中尉・斎藤要蔵一等水兵が自動車で移動中、支那保安隊に包囲され機関銃の猛射を浴び射殺された。「大山事件」である。

「上海在留邦人三万人は日本軍が守る現地保護」としたものの、在留邦人保護のため上海に駐屯していた海軍陸戦隊はわずか二五〇〇人。しかも中隊長が射殺されたのである。

上海には、在留邦人のほか、豊田・内外綿など日本人が経営する紡績工場があった。

一方、中国共産党は「全面的な抗日戦を実行し、日本人の全財産を没収する」という。こうなると海軍陸戦隊二五〇〇人で上海在留邦人と日本人資産を保護することは不可能である。

狼狽した日本海軍は、八月十日、巡洋艦四隻・駆逐艦十六隻および海軍陸戦隊二五〇〇人を上海へ急派。海相米内光政が、同日、陸軍に派兵を要請した。

海軍の陸軍派兵要請に対して、陸軍参謀本部作戦部長石原莞爾少将は、

「陸軍派兵は北支のみに止めるべきである。陸軍が上海へ派兵すれば、支那との全面戦争になる。上海の支那軍は、（ファルケンハウゼン中将ら）ドイツ軍事顧問団の指導を受け、（ドイツ製武器を装備して）強化されている。そもそも日本陸軍は、上海・華中での作戦計画を検討したことが無い」

と陸軍派兵に反対した。これに対して、作戦課長武藤章大佐は、

「上海の在留邦人を保護せず、上海の在留邦人を支那兵の蹂躪《じゅうりん》にゆだねるなど言語道断」

と陸軍派兵を主張した。

この論争を軍事的に考えれば、石原作戦部長の判断が正しい。しかし陸軍が上海へ派兵しなければ、上海在留邦人は紡績工場など全資産を捨てて日本へ引揚げない限り安全が確保されない。そこで在留邦人を保護すべく、日本陸軍は上海へ大軍を派兵。支那事変が泥沼化する。

しかし一方、支那抗日分子の挑発に乗らず、「上海在留邦人三万人を日本へ引揚げさせて、陸軍を派兵しない」という選択肢も有り得た筈である。ここが支那事変の要諦なのだ。

実際のところ、この時期、作戦部長石原莞爾は激昂して、

「上海の在留邦人が危険なら、在留邦人は全員（日本へ）引揚げたらよいッ！　損害は一億円でも、二億円でも、補償してやればよいッ！　戦争するより安くつくッ！」

と怒鳴った、と陸軍省軍務局軍務課政策班長佐藤賢了《けんりょう》中佐が証言（佐藤賢了著『東条英機と太平洋戦争』）している。

しかし政府内に、誰一人として、上海在留邦人を日本へ引揚げさせようとする者は居なかった。日本外務省は「海外紛争地からの在留邦人引揚げマニュアル」を作成していなかったので、「在留邦人を引揚げさせて陸軍は派兵しない」という選択肢を採り得なかったのである。

余談だが、昭和六十年のイラン・イラク戦争の際、イラン在留邦人二一五名は、トルコ政府が航空機を手配してくれたご厚意のおかげで、戦場のイランから脱出することが出来た。日本外務省は、戦前も戦後も、「海外紛争地からの在留邦人引揚げマニュアル」を用意していなかったのである。

上海では、八月十三日、支那軍五万人が海軍陸戦隊本部を攻撃した。支那兵はドイツ製鉄帽を被《かぶ》り、ドイツ製モーゼルM九八歩兵銃・チェコ製軽機関銃を装備。新手を繰り出し、度重なる夜襲を敢行。翌八月十四日、支那空軍が海軍陸戦隊本部及び揚子江上の日本艦隊を爆撃。日本の海軍陸戦隊五千人は、支那兵五万人の度重なる夜襲に睡眠不足・疲労困憊。全滅の危機に瀕したのである。

かかる事態を受けて第一次近衛内閣は日本海軍の要請を容れ、八月十三日の閣議で陸軍三個師団の派兵を決定。うち二個師団（名古屋第三師団・善通寺第十一師団）で上海派遣軍を構成し、残り一個師団は青島在留邦人二万人の保護の任務に就いた。

八月十五日、日本海軍航空隊が、前々日の支那空軍の爆撃への報復のため、南京・南昌の支那空軍基地へ渡洋爆撃を敢行。そして同日、第一次近衛内閣は、

「支那の不法暴虐は至らざるなく、在留邦人の生命財産が危殆《きたい》に陥《おちい》るに及び、隠忍《いんにん》の限度に達す。支那軍の暴戻《ぼうれい》を膺懲《ようちょう》し、蔣介石政府に反省を促すため、今や断乎たる措置をとる」

との暴支膺懲声明を発表した。


昭和天皇は、八月十八日、参内した陸軍参謀総長・海軍軍令部総長に対して、

「戦局漸次《ぜんじ》拡大し、上海の事態も重大となれるが、青島も不穏の形勢にある由。かくの如く諸方に兵を用ふとも、戦局は長引くのみなり。重点に兵を集め、(支那軍に)大打撃を加えたるうえ、和平に導き、速やかに時局を収拾する方策なきや」

と仰せられ、兵力の逐次分散投入でなく、大軍を派兵しての短期解決を唱導なされた。

昭和天皇は、この御判断について、敗戦翌年の昭和二十一年、

「そのうち事件は上海に飛火した。近衛（首相）は不拡大方針を主張していたが、私は上海に飛火した以上、拡大防止は困難と思った。当時、上海の陸軍兵力は甚だ手薄であった。ソ連を怖れて兵力を上海に割くことを嫌っていたのだ。陸軍が上海に二個師団しか出さぬのは、石原（莞爾作戦部長)が止めていたそうだ。二個師団の兵力では上海は悲惨な目に遭うと思ったので、

私はさかんに兵力の増加を督促したが、石原（作戦部長）はソ連を怖れて満足な兵力を送らぬ（『昭和天皇独白録』）」

と述べられ、重ねて、近衛首相・石原部長の支那事変不拡大方針を厳しく御批判なされた。

上海派遣軍二個師団は、支那軍五万人の攻撃で全滅の危機に瀕した海軍陸戦隊五千人を救援すべく、八月二十三日、上海北方の揚子江岸から上陸を開始した。しかし支那軍は、ファルケンハウゼン中将らドイツ軍事顧問団の指導により、上陸地点に機雷・水際鉄条網・地雷・機銃座・砲台を築き、日本将兵の上陸時に銃砲撃を浴びせた。上海派遣軍二個師団は、上陸後も、ドイツ軍事顧問団の援助により建築されたコンクリート製トーチカ陣地や、縦横に巡らされたクリーク（水堀のこと）に阻《はば》まれ、名古屋第六連隊長倉永辰治大佐が胸部貫通銃創で戦死。高知第四十四連隊（定員三五〇〇名）は死傷者三一〇〇余の大苦戦に陥り、九月十日、陸軍中央に増援要請を行ったのである。

この九月十日、不拡大派の石原莞爾作戦部長は、海軍軍令部第一部長近藤信竹を訪れ、

「上海に兵力をつぎ込んでも、戦況の打開は困難。陸軍は速やかに和平に進みたい」

と述べて「海軍が事変不拡大＝和平に協力するよう」求めたが、石原莞爾作戦部長の不拡大方針は上海在留邦人の安全確保策を欠いた空理空論と見なされ、拒否された。

なお青島在留邦人二万人は八月二十四日から日本へ引き揚げ、青島は平穏に推移した。日本外務省が上海在留邦人の引揚げを怠った怠慢こそ、上海戦（第二次上海事変）の淵源《えんげん》なのだ。陸軍は苦戦する上海派遣軍の増援要請を受け、九月十一日、三個師団（金沢第九師団・東京第一〇一師団・高田第十三師団）を増派。上海派兵は計五個師団となった。

前途を絶望した石原莞爾は、同日、作戦部長の辞任（発令は九月二十七日）を申し出た。不拡大方針の石原作戦部長は、拡大派の武藤章作戦課長との抗争に敗れ、失脚したのである。

日本陸軍は三個師団増派により計五個師団となったが、九月下旬から十月上旬の上海戦で、支那兵のトーチカ陣地からの銃撃やクリーク渡河時の銃砲撃により大損害を出した。

そこで第十軍（司令官柳川平助中将）の三個師団（熊本第六師団・久留米第十八師団・宇都宮第一一四師団）八万人が増派された。第十軍は、上海の後背にあたる杭州湾へ上陸し、十一月九日、上海を攻略した。八月から十一月まで三カ月に及ぶ上海戦＝第二次上海事変における日本軍死傷者は四万一千人。旅順攻略戦の死傷者五万九千人と比肩《ひけん》される大激戦だった。

こうして日本兵の、支那兵に対する憎悪が一段と募ったのである。

事変なのか戦争か？

近衛内閣は、九月二日、盧溝橋事件から始まる日支間の戦闘を支那事変と命名した。

日本では、近衛首相が、主戦派と和平派の間で揺れていた。

支那でも、蒋介石が、失脚せぬよう、主戦派と和平派の間で、揺れていた。

日支両国とも、国内における主戦派と和平派のヘゲモニー争いが激しく、国家として和戦の意思統一が定まらず。日支間で、何のために何を求めて戦っているのか分からず、戦闘目的も開戦日時も不分明で抗争終末点が定まらない激しい戦闘が果てしなく延々と続くのである。

日支間の、この激しい戦闘行為の目的を強いて挙げれば、
一、日支両国の主戦派が、夫々《それぞれ》、自国内でのヘゲモニー獲得を目的に戦闘を継続した。
二、日支両国の和平派は、夫々、自国内で、主戦派との権力闘争に敗れて失脚し消えた。
三、従って日支間の戦闘が終結するのは、日支両国の主戦派が、夫々、自国内での権力闘争に勝って自国内でヘゲモニーを獲得した時なのだろう。
とも見える。こうした特殊アジア的な戦闘行為は、宣戦布告が無く戦闘目的が不分明で抗争終末点が定まらないという意味で「戦争」と云うより「事変」と呼ぶべきように思われる。

将来、アジアで、こうしたタイプの戦闘行為が再発する懸念は皆無とは云えないだろう。

トラウトマン和平工作

和平論を力説して失脚した参謀本部作戦部長石原莞爾は、陸軍中央から排除されたとき、和平の種を撒《ま》いて、参謀本部を去った。この置き土産が「トラウトマン和平工作」である。

実は、石原莞爾作戦部長が辞任を申し出（九月十一日）て、作戦部長を辞任（九月二十七日）するまでの間、参謀本部情報部の馬奈木敬信《まなきたかのぶ》中佐が、憔悴する石原莞爾作戦部長に、

「自分は、駐華ドイツ大使トラウトマンと友人である」

と告げた。すると石原莞爾作戦部長は、

「それは願ってもない。支那へ行ってトラウトマンと会い、日支和平の手掛りを作ってくれ」

と、馬奈木敬信中佐を上海へ行かせた。そこからトラウトマン和平工作が始まる。


第一次世界大戦に敗れ武装解除されたドイツは、ドイツ軍を再建して英仏を屈服させ欧州の覇者となることを悲願とし、その際、ソ連に後背を襲われぬよう、日本軍がソ連を牽制することを望んでいた。ドイツは、一方で、支那に武器を輸出して外貨を稼ぐとともに、支那に軍事顧問団を派遣して支那を日本と戦わせ、軍事顧問団のドイツ将校に実戦経験を積ませることを目論んでいた。ドイツは、日本にとって友好国であり敵国でもあるとの、面妖《めんよう》な二股外交を行ったのである。

そこで石原莞爾作戦部長は、ドイツに日支和平を仲介させることにより、ドイツに「踏み絵」を踏ませて、ドイツの身勝手な二股外交を自己解消させようとした。するとドイツは、熟慮の末、日本陸軍がソ連を牽制することを優先し、日支和平の仲介に立ったのである。

トラウトマン和平工作が動き出すと、外相広田弘毅が、上海攻略（十一月九日）七日前の十一月二日、第一次和平案を駐日ドイツ大使ディルクセンに伝え、

「戦争が継続される場合、条件は加重される」

と付言した。第一次和平案を受領したディルクセンは、翌三日、ドイツ外務省に、

「日本の第一次和平案は極めて穏健なものだから、支那に受諾を促すのが賢明」

と報告。ドイツ外務省は駐華大使トラウトマンに支那への伝達を訓令した。

第一次和平案は、①内蒙古自治政府の樹立、②華北に非武装地帯を設定し支那警察隊が治安維持にあたる、③上海の非武装地帯は国際警察が管理する、④排日政策の廃止、⑤共同防共、⑥関税引き下げ、⑦支那における外国人権利の尊重、というもので、「満州国の正式承認」も「支那の賠償金支払い」も要求していなかった。

蔣介石は、十一月五日、駐華大使トラウトマンから第一次和平案を伝えられたが、蔣介石軍の防戦能力を過信したうえ、ソ連の対日参戦など国際社会の支援を期待。第一次和平案を黙殺して、回答しなかった。

なお近衛内閣は、十一月二十日、大本営と政府による大本営政府連絡会議を設置した。

日本陸軍は、蔣介石が第一次和平案を黙殺して四日後の十一月九日、上海を攻略。十一月下旬には南京へ迫った。戦況の絶望的悪化に直面した蔣介石は、十二月二日、駐華ドイツ大使ト

ラウトマンに第一次和平案の受諾を表明。蒋介石の第一次和平案受諾の意向は、十二月七日、駐日ドイツ大使ディルクセンから外相広田弘毅に伝えられた。南京陥落（十二月十三日）の六日前のことである。なお蒋介石夫妻は、この十二月七日、部下に南京の死守を厳命したうえ、南京から脱出した。

駐日大使ディルクセンから蒋介石の意向を聞いた外相広田弘毅は、ディルクセンに、

「第一次和平案提示後、日本軍は上海を攻略。南京は陥落寸前。戦局が大いに進捗したので、和平条件は加重される」

と述べた。広田の判断は常識的ではあるが、賢明とは言えない。

この時期、東京朝日新聞は、十二月六日付社説で、

「眼前に迫った南京の陥落は、戦局に大きな段階を画す。蒋介石政権の否認問題も起きる」

と述べ、南京に蒋介石政権とは別の親日傀儡政権を樹立するよう主張。さらに十二月八日、

「南京陥落を前に祝勝ののぼりが次々と掲げられ、帝都は夜も沸きかえっている。夜空に紅白の提灯が咲きこぼれ、行き交う人々のほおを宵闇に輝かせた（十二月八日付東京朝日新聞）」

と戦勝気分を煽った。そして日本陸軍は、五日後の十二月十三日、南京を陥落させた。

南京が陥落すると、上海戦で旅順攻略戦に匹敵する四万一千人の死傷者を出し、長らく苦戦に耐えてきた日本国内では、蒋介石政府に対する憎悪の感情が爆発。

近衛内閣は、かかる世論を踏まえて、十二月二十一日の閣議で、第一次和平案に「満州国の正式承認」「支那の賠償金支払い」など和平条件を加重して、第二次和平案とした。

広田外相から十二月二十二日に第二次和平案の説明を受けた駐日大使ディルクセンは、「第二次和平案は大幅に加重されているので、蒋介石は受諾出来ないだろう」との感想をもらしたが、第二次和平案は十二月二十六日に蒋介石政府に伝達された。

近衛内閣が和平条件を大幅に加重したのは、内相末次信正・陸相杉山元らが、「南京から脱出した蒋介石は逃亡政権である。南京には親日傀儡政権を樹立すればよい」と戦勝気分に酔って強硬論を主張。蔵相賀屋興宣《かやおきのり》が「軍事支出増による財政難を戦費賠償により補わん」との安易な財政均衡主義をとり、支那に戦費賠償を要求したからである。

この頃、和平派の石原莞爾が去った参謀本部で、参謀次長多田駿《はやお》中将が日支和平を唱え、「和平条件を加重せず、第一次和平案で、蒋介石との和平を成立させるべき」と力説した。和平派の石原作戦部長と対立した主戦派の武藤作戦課長は、石原部長の辞任一カ月後の十月、喧嘩両成敗の形で作戦課長の任を解かれ、中支那方面軍参謀副長へ転出。参謀本部は、参謀次長多田駿中将が差配するようになっていた。

多田駿中将は宮城県仙台市出身。陸軍士官学校（十五期）卒業後、少尉として日露戦争に出征し、旅順攻囲戦に参加。旅順攻囲戦で戦死した乃木保典《やすすけ》少尉（旅順攻囲軍司令官乃木希典《まれすけ》大将の次男）の同期生である。陸軍大学校卒業後、関東軍司令部付（満州国軍最高顧問）、支那駐屯軍司令官などを歴任した良識派の支那通で、戦争の悲惨さと、長引く戦闘に疲弊する日本将兵の苦渋をよく理解していた。前任の参謀次長今井清中将病没により、八月十四日に参謀次長に就任した。

参謀次長多田駿中将の要請により、昭和十三年一月十一日、宮中にて、昭和天皇着座のうえ、日露戦争以来の御前会議が開かれた。多田駿参謀次長の真意は、

「日本陸軍が上海を攻略（昭和十二年十一月九日）する前、蒋介石はソ連対日参戦など国際社会の支援と蒋介石軍の防戦能力を過信して、第一次和平案を拒否（十一月五日）した。そこで日本陸軍将兵は奮戦して上海を攻略し、南京を陥落（十二月十三日）させた。南京を陥落させた今こそ、蒋介石が第一次和平案を受諾するかもしれない好機である。しかるに和平条件を釣り上げて第二次和平案を出し、蒋介石との和平交渉を打ち切るのでは、終戦の目途が立たない。いつ果てるとも知れない長期戦を戦う日本将兵の労苦は甚大である。日支の戦闘が長期化すれば、対ソ国防上、禍根を残す」

というものである。参謀本部は、御前会議で、この含意を、

「戦勝国が敗戦国に過酷な条件を強要することを戒《いまし》め、寛大な和平条件により、速やかに終戦に導くべきである」

と述べた。これに対して外相広田弘毅が、

「蒋介石が和平を求めないなら、蒋介石を相手にせず。（傀儡の）新政権を成立させる」

と主張し、御前会議は広田外相の主張を採択。昭和十三年一月十三日の閣僚懇談会は、

「蒋介石が一月十五日までに回答して来なければ、トラウトマン和平工作は打ち切る」

と決定した。


翌一月十四日。蒋介石から、駐華大使トラウトマン・駐日大使ディルクセンを通じて、日本側に第二次和平案について詳細説明を求めてきた。これについて外相広田弘毅は、

「和平条件の緩和希望なら、蒋介石側が率先して提示すべきである。それをせず、日本に詳細説明を要求するのは、蒋介石の誠意なき遷延《せんえん》策（引き延ばし策のこと）である」

と業を煮やし、閣議において、

「一月十五日を回答期限とする」

と再確認。近衛内閣は「蒋介石の問合せは遷延策」とし、交渉打ち切りを視野に入れた。閣議が一月十五日を回答期限としたのは、帝国議会開始日が一月二十日だったからである。


議会開始五日前で回答期限の一月十五日。首相官邸で大本営政府連絡会議が開かれた。

この席で参謀次長多田駿中将は、対ソ防備の観点から、速やかな支那事変の収拾を望み、

「和平が実らず長期戦となれば、(作戦に) 相当の困難がある。蒋介石の回答を待つべき」と本音を述べ、最後まで、交渉継続による和平達成を主張した。

これに対して、議会答弁を優先する内閣側から、陸相杉山元が、

「返電無きは、蒋介石に和平の誠意なき証左なり。(蒋介石が) 屈服するまで作戦すべし」と交渉打切りを主張。広田外相は参謀本部の外交介入を不快とし、感情的になって、

「私の永き外交官生活の経験に照らし、支那側の応酬振りは、和平解決の誠意なきこと明瞭なり。参謀次長は外務大臣を信用せざるか」

と言い放った。生涯を通じて至誠・高潔を貫いた広田弘毅は蒋介石の老獪《ろうかい》振りに辟易《へきえき》し、

「肝胆相照《かんたんあいて》らせば蒋介石程の人物、氷解賛同して、大乗的解決に至るべし(参謀本部堀場一雄少佐)」

などと蒋介石を美化する参謀本部の性善説に、我慢ならなかったらしい。

外相発言を受けて近衛首相が、

「速やかに和平交渉を打ち切り、我が態度を明瞭ならしむるを要す」

と述べると、海相米内光政はこれに追従して、

「外交の責任は外相が負うべき。参謀本部が外相を信用しないなら総辞職せざるを得ない」

と、閣僚でもない参謀次長の和平論を「国政に容喙《ようかい》する出過ぎた振る舞い」と非難した。

これに対し、会議で孤立した参謀次長多田駿中将は、憮然《ぶぜん》として、

「国家重大の時期に、政府が辞職するなど、何事でありますか」

と応酬した。

しかし大本営政府連絡会議は「蒋介石の問合せは遷延策」として交渉打ち切りを決めた。

大本営政府連絡会議は「シビリアンが戦争継続論。参謀本部が和平論」という対立の構図となり、多田駿参謀次長はシビリアン・コントロールに従い、戦争継続が決定された訳である。

それでも多田駿参謀次長は日支和平を諦めなかった。多田参謀次長は最後の手段として、昭和天皇への帷幄《いあく》上奏《じょうそう》により日支和平を実現しようとした。帷幄上奏とは、陸軍参謀総長・海軍軍令部総長が政府・国会を超えて天皇に、直接、戦況判断を申し述べる権限である。

素人《しろうと》のヘボ将棋では王様が詰むまでやるが、将棋の名人戦では、素人には優劣が分からない十数手前で投了する。ボクシングの試合では、敗者がノックダウンする前でも、レフェリーが優劣を判定してテクニカル・ノックアウト（ＴＫＯ）を宣し勝敗が決着。試合が終わる。

国民・マスコミ・政治家・閣僚など軍事知識の乏しい者には戦況互角と見えても、作戦の深奥部で補給困難など敗戦必至の状況にあるとき、国会論戦・大衆討議を経ず、一大決心を以って終戦とするため、陸軍参謀総長・海軍軍令部総長に帷幄上奏権が与えられていた。

帷幄上奏権は、戦勝気分に酔うポピュリズムで終戦時期を逸さぬため定められていた。

参謀次長多田駿中将は、帷幄上奏により、対支和平達成を実現しようとしたのである。

しかし昭和天皇は、四日前の御前会議決定を変更なさる御意思はなく、多田駿参謀次長の帷幄上奏を受容なされなかった。多田駿参謀次長の日支和平工作は、こうして潰《つい》えた。

近衛内閣は、翌一月十六日、

「帝国政府は、爾後《じご》、国民政府（蔣介石政府のこと）を対手《あいて》とせず。帝国と真に提携するに足りる新興支那政権に期待し、これと国交を調整して、更生支那の建設に協力せんとす」

との声明（第一次近衛声明）を発表。トラウトマン和平工作は水泡に帰した。

一月十八日に川越駐華大使に帰国命令が下され、一月二十日に許駐日大使も本国へ引揚げ、六月には駐日支那大使館員全員が本国へ引揚げ、蔣介石との交渉窓口は閉ざされた。

継戦派杉山陸相の更迭

近衛首相は、蔣介石との交渉窓口が閉ざされると、「蔣介石を対手とせず」との第一次近衛声明は失敗だった、と自覚した。第一次近衛声明は議会答弁を乗り切る方便であるとともに、親日傀儡政権を志願する支那人政治家の要望に応えたもので、余計な一言だった。

「蔣介石を対手とせず親日傀儡政権を樹立」は口に出さず、黙々と実行すればよいのだ。そうすれば親日傀儡政権樹立の動きを見て焦った蔣介石が和議に応じてくる、かも知れない。

前述の閣議と大本営政府連絡会議で、広田外相・杉山陸相が「蔣介石の説明要求は誠意なき遷延策」と述べた状況認識は、概ね、正しかったといえる。実は、この時期、蒋介石は、「我軍が逃亡し、日本軍が深追いすれば、ソ連軍が満州へ侵攻し日本軍の後背を襲う」と確信。ソ連軍の対日参戦＝満州侵攻まで、時間を稼ぎたかったのである。これが「蒋介石の誠意なき遷延策」の実態である。

盧溝橋事件発生十二日後の昭和十二年七月十九日、蒋介石の指示を受けた国民党常務委員陳《ちん》立夫《りつふ》がソ連大使ボゴモロフと会談し、軍事支援を要請。十月にはソ連空軍の搭乗員・整備士二五四人が戦闘機二十三機・爆撃機二十一機と共に南京へ到着。ソ連空軍搭乗員は十一月から対日戦に参戦した。さらに蒋介石は、参謀次長楊杰《ようけつ》をモスクワへ派遣して十一月十一日にスターリンにソ連の対日開戦時期を問うたが、スターリンは慎重で、

「支那軍の敗色が濃くなれば、必ず、ソ連は日本に開戦する」

と述べるにとどまった。ソ連参戦を切望する蒋介石は、十一月二十八日、楊参謀次長に、

「ソ連の対日参戦は十日以内に実現するか？　ソ連の反応を探るよう」

下命。加えて十一月三十日、スターリンに打電してソ連の即時対日参戦を要求した。

しかしスターリンは、十二月四日、

「ソ連は必ず対日参戦する。但し、時期は英米など他国が参戦したときである」

と回答し、即時単独参戦の言質《げんち》を与えなかった。ソ連は支那軍に、昭和十二年九月以降、戦闘機五六二機、爆撃機三一八機、戦車八二輌、大砲一一四〇門、機関銃九七二〇挺、弾薬

一億八〇〇〇万発を供与。「武器は供与するが、出兵しない」との姿勢を貫いた。

ソ連の即時対日参戦を切望する蒋介石は、スターリンの誠意なき遷延策に苦しみ、一月十四日、日本に第二次和平案の詳細説明を要求。今度は蒋介石が、日本に、誠意なき遷延策を行った訳である。かかる蒋介石の窮状を見れば、日本としては、多田駿参謀次長の、

「和平条件を加重せず、第一次和平案で和平を成立させ、蒋介石のソ連参戦願望の根を絶って、ソ連の対日参戦を未然防止すべし」

との主張がベストの選択だった、と云える。

近衛首相は「和平の好機を逃した元凶は、議会対策を優先して第一次近衛声明を推進した杉山陸相と広田外相」と判断。日本陸軍が昭和十三年五月十九日に徐州を占領すると、和平の好機到来と見て、和平交渉の阻害要因である戦争継続派の杉山陸相・広田外相を更迭した。

しかし陸軍人事は陸軍三長官合議が原則で、首相は関与出来ない仕組みである。

そこで陸軍は、近衛首相による杉山陸相解任に、「軍への政治介入」と反発した。

このとき裏で、日支和平工作に挫折した多田駿参謀次長が近衛首相に協力。近衛首相と多田参謀次長は、梨本宮《なしもとのみや》と閑院宮載仁参謀総長を抱き込み、杉山陸相更迭を断行した。

近衛首相は、杉山陸相の後任として、対支和平論者石原莞爾の盟友で陸軍内で声望が高い対

支和平派の板垣征四郎中将を選定した。「石原莞爾と共に満州国を立ち上げた板垣征四郎は対ソ戦備論者であり、支那との和平に理解がある」と目《もく》されたからである。

板垣征四郎は第五師団長。徐州作戦司令官として徐州の東方百キロの最前線に居た。近衛首相の伝使となった同盟通信社主幹古野伊之助《ふるのいのすけ》は、支那軍の攻撃を受けながら、軍用トラックを疾駆《しっく》して最前線へ至り、第五師団長板垣征四郎に面会。板垣に、

「日本軍撤兵・支那事変終戦を達成するため、陸相に就任する意思は、有りや、無しや」

と訊ねた。これに対し第五師団長板垣征四郎は、

「わしも支那事変は早く止めたほうが良いと思う。どこまで行ってもキリが無い。深みに嵌《は》まる戦争だ。毎日のように兵隊の生命が失われていくのを見るのは、やりきれぬ気持だ。しかし、わしが陸軍大臣になっても、華北撤兵・支那事変終戦・日支全面講和を実現させる自信がない。参謀次長多田駿中将が後任陸相に回るのが良いのではないか」

と正直に述べた。これに対し、同盟通信社主幹古野伊之助は、

「華北撤兵・支那事変終戦・日支講和が容易でないことは、僕にも分かる。自信のある人など居ない。といって日本が(支那との)戦争の泥沼から足を抜けなければ日本は滅亡だ。(貴方が)日支和平は日本のため、と信じるなら、(貴方の)生命をかけて引き受けてくれないか」

と、夜を徹して熱心に説いた。すると板垣征四郎は、古野伊之助の熱情に動かされ、「事の成

否は別として、命懸《いのちが》けでやってみよう」と述べ、陸相就任を承諾したのである。

一方、陸相杉山元・陸軍次官梅津美治郎や統制派の陸軍少将鈴木貞一は、近衛首相・多田参謀次長による杉山陸相更迭・板垣陸相擁立を石原莞爾らの邪悪な権力奪取陰謀と考えて憤慨し、梅津陸軍次官の後任に統制派のエース東條英機を送り込んだ。

すなわち鈴木貞一少将が、近衛首相を、

「板垣征四郎は補佐官次第で、右へも左へも行く人物です。板垣征四郎を陸相に据えるなら、東條英機のようなしっかりした人物を陸軍次官にしないと、板垣登用は失敗に終わります」

と言葉巧みに騙して、東條英機を陸軍次官へ送り込み、陸軍省を差配させる。

板垣征四郎は北支戦線の最前線に居たので、陸相就任は昭和十三年六月三日となった。

和平派宇垣外相の起用

近衛首相は、日支和平を成就すべく、広田外相も更迭。後任外相に宇垣一成を起用した。

宇垣一成は、前述のとおり、広田弘毅内閣が総辞職したとき、元老西園寺公望が、

「陸軍の横暴を抑え、支那における陸軍の軍事行動を抑制し得る者は、宇垣しか居ない」

と選定し組閣の大命が降下したものの、統制派の反発で組閣を断念した人物である。

宇垣一成は、陸軍が推進した日独防共協定を「日独にイギリス・アメリカを参加させて日独

英米で共産ソ連を封じ込める反共大包囲網」へ発展させることを主張していた。また宇垣は「陸軍が対支那か対ソ連か不明ながら戦争を起こすらしい」との風聞を聞くと、

「政界を見渡しても、戦争をさせぬよう陸軍を抑えられる人物は自分以外に居ない。震源地が陸軍なのだから、我輩は陸軍育ちの人間として、日本が脱線せぬよう出馬せねばならん」

との強い意欲を示した。

近衛首相は宇垣一成を外相に抜擢して陸軍統制派を抑え、日支和平を実現しようとした。

こうして新外相宇垣一成と、陸軍統制派との、再試合のゴングが鳴ったのである。

新外相宇垣一成は、仕事初めに、蒋介石政府との和平交渉再開を目指し、

「先の『蒋介石を対手にせず』との声明に拘泥せず、和平交渉をまとめる方針」

を確立。六月二十三日、総領事中村豊一と蒋介石の義兄孔祥熙《こうしょうき》行政院長との交渉が始まる。

また外務省東亜局長石射猪太郎は「蒋介石を対手にせず、との第一次近衛声明は外交上の失敗」とし、その修正を希望。宇垣一成が新外相になると、宇垣新外相着任後の六月、

「蒋介石を打倒すれば支那全土が破産状態に陥る。支那全土に惹起せる混乱・無秩序はその極に達し、結局、成功するのは中国共産党なり。この場合、わが国は敗残兵掃討・地方靖綏《せいすい》・宣撫・建設・民生立直しまでやらねばならぬうえ、中国共産党との戦闘を余儀なくされる。しかも中国共産党の背後にソ連が居る。わが国は『蒋介石政府を対手にせず』との政府声明に拘泥せず、今なお国内統制力を保持する蒋介石政府を対手とし和平を達成するほか妙手なし」

との意見書を、宇垣新外相・外務省首脳に提出。宇垣新外相は石射意見書を読むと、意見書に「この所説、本大臣の所見に合致す」と記した。

かくして宇垣新外相と石射東亜局長が、二人三脚で、蒋介石との和平交渉を再開する。

日支和平工作の再開

近衛改造内閣では、外務省は宇垣外相・石射東亜局長が中心となり、陸軍は板垣陸相・影佐《かげさ》禎昭《さだあき》大佐が中心となり、二頭立てで、支那との和平交渉に取り組む。そして外務省と陸軍が和平交渉の主導権を争い、二元外交となり、共倒れとなって、いずれも失敗に終わる。

外務省では、新外相宇垣一成・東亜局長石射猪太郎による「宇垣和平工作」と云われる支那との和平交渉に取組み、総領事中村豊一と孔祥熙行政院長が香港で交渉を開始。蒋介石の義兄である孔祥熙行政院長が、昭和十三年七月十八日、総領事中村豊一に、

一、蒋介石下野の代わりに、孔祥熙行政院長が全責任をとって辞任する。

二、満州国は、直接的でなく、黙認という形で、間接的に承認する。

三、中国共産党との関係は絶つ。

四、内蒙古の自治は認める。

五、賠償金の支払い能力なし。

と提案した。この孔祥熙提案で決着するのが、日本にとって最善の選択だった。しかし陸軍次官東條英機が「蔣介石下野が絶対必要」と強調。宇垣工作は暗礁に乗り上げた。

一方、陸軍では、新陸相板垣征四郎・陸軍省軍務課長影佐禎昭大佐・参謀本部支那班長今井武夫中佐が中心となり、支那との和平交渉に取り組んだ。影佐禎昭大佐は、当初は事変拡大派の主戦派だったのだが、昭和十二年八月に大佐に昇任し参謀本部支那課長に就任したとき、参謀本部作戦部長石原莞爾少将（九月二十七日に辞任）から多大な感化を受け、事変不拡大派＝和平派に転向した。影佐禎昭大佐は、この事情を、親しかった犬養健（犬養毅の三男）に、

「石原（莞爾）少将の徹底した支那への非戦論の棍棒で容赦なく叩かれて、はじめて雲水坊主《うんすいぼうず》のように、迷いの眼を開いて貰ったのです（犬養健著『揚子江は今も流れている』）」

と告白している。

昭和十三年七月五日、国民党副総裁汪兆銘《おうちょうめい》の側近周仏海の指示で、外交部前アジア局長高宗武が蔣介石に無許可で極秘裏に来日。高宗武は影佐禎昭大佐・今井武夫中佐に、

「盧溝橋事件の最初の銃撃は、中国共産党の仕業だと思う」

と述べるとともに、

「日本が撤兵を声明すれば、汪兆銘が蔣介石と決別し、支那全土に日支和平を通電する。雲南・四川・広東など地方軍閥を呼応させ、汪兆銘が蔣介石に代わり、支那全土の最高指導者となっ

て日支和平を行う。しかし国民党内における汪兆銘の勢力は微弱なので、近衛首相から『汪兆銘を支援することを保障する』との密書を貰いたい」

と述べ、「日本の支援により、汪兆銘が蒋介石を排斥する、日支和平構想」を提案した。

日本陸軍は、軽率にも、高宗武の提案に「もっけの幸い」と飛び付き、激しい対立を繰り返してきた主戦派と和平派は和解して一致協力。影佐禎昭大佐・今井武夫中佐は高宗武を陸相板垣征四郎・参謀次長多田駿に面会させ、日本陸軍は一致団結して高宗武提案を支持した。

高宗武提案を朗報と見た陸軍は、この提案を陸軍主導で実現すべく、興亜院設立を必須とした。興亜院設立構想とは、以前から陸軍内に燻《くすぶ》っていたもので、

「外務省所管業務のうち、対支交渉を含む支那に関する一切の外交、すなわち外務省東亜局の所管業務を興亜院へ移管。陸軍が主導する興亜院が対支交渉など支那問題全般を取り扱う」

というものである。

これまで対支外交は、外務省と陸軍の二元外交だった。しかし興亜院が設立されれば、対支外交は陸軍が主導する一元外交となる。昭和十三年七月二十六日の五相（首相・陸相・海相・外相・蔵相）会議は「対支特別委員会」設置を決定し、興亜院は十二月十六日に設立される。

ここには日本外交を巡る、明治の太政官設置以来の、外務省と陸軍の根深い対立があった。

明治期の日本外務省は条約改正を悲願とした。しかし欧米先進諸国はわが国の条約改正に冷淡で、条約改正が完成したのは、日本が戦死者八万八千余の犠牲を払って日露戦争（〜明治三十八年）に勝ち、一等国と認められた明治四十四年である。これについて日本陸軍には、「日本外務省の条約改正は、（日露戦争に勝った）日本陸軍におんぶにだっこ」だった、との思いがある。加えて、

「日本外務省が云う英米協調の実態は、英米への迎合ではないか」

との不信があった。すなわち日本陸軍は、外務省に対して、

一、幣原喜重郎ら外務省主流は、ロシア革命（大正六年）・ソ連発足（大正十一年）・第一次五カ年計画（昭和三年〜昭和七年）によるソ連の国力伸張に無頓着で、ソ連軍の満州侵攻など軍事的膨張への警戒心を欠いたワシントン体制に夢遊する英米への迎合主義者であり、防共国防国家としての満州国建国に無関心である。

二、ソ連周辺諸国は「ソ連に軍事併合されるか、ソ連と戦うか、瀬戸際の選択」を迫られている。しかるにソ連と海を隔てた英米はソ連に対する警戒心が無く、ソ連周辺諸国の苦悩に無関心で、むしろ「ソ連と同盟して世界を分け獲りせん」との野望を抱いている。この英米に迎合する幣原喜重郎ら外務省主流は、外交官と云うより、売国奴である。

との、強い不満を持っていた。

さらに外務省は在留邦人保護に冷淡で海外紛争地への渡航自粛勧告を行わず、在留邦人引揚

げマニュアルも用意せず、在留邦人保護は日本陸軍の軍事力に依存していた。すなわち、「日本外交の根幹である条約改正・防共・在留邦人保護はすべて日本陸軍が引き受けている。外務省は鹿鳴館《ろくめいかん》の馬鹿踊りの如く、英米先進諸国と外交でなく社交を行っているだけ」との反発があった。こうした不満から日本陸軍は、外務省を害務省と呼んで侮蔑・敵視した。こうして支那・満州など大陸との日本外交は、陸軍と外務省による二元外交となった。

とくに支那との外交については、

一、満州事変を終戦とすべく昭和八年五月三十一日に結ばれた塘沽《タンクー》停戦協定は、関東軍参謀副長岡村寧次少将と支那軍代表熊斌《ゆうひん》中将が調印した。

二、蒋介石軍の河北省撤退・抗日団体解散を決めた昭和十年六月十日の梅津・何応欽《かおうきん》協定は、支那駐屯軍司令官梅津美治郎中将と北平軍事分会委員長何応欽が調印した。

三、宋哲元軍の察哈爾省撤退を決めた昭和十年六月二十七日の土肥原・秦徳純協定は、奉天特務機関長土肥原賢二少将と察哈爾《チャハル》省主席秦徳純が調印した。

このように主な対支外交は、外務省でなく、日本陸軍によって行われていたのである。

余談だが、戦前外交は、外務省が陸軍の軍事力に依存した結果、外務省と陸軍の二元外交になったが、戦後外交は、外務省がＯＤＡなど経済力に依存した結果、外務省と財界の二元外交になっているのではないか、ということが気になる。

近衛内閣が陸軍の要求により、「興亜院（当初名称は対支院）設立を十月一日に閣議決定する」と決めた昭和十三年九月二十九日、宇垣外相はこれを不満として外相を辞任した。

広田前外相は陸軍に迎合することにより興亜院設立を阻止したが、宇垣外相は陸軍と衝突して興亜院設立を招き、外務省の対支外交権を陸軍に奪われた。痛《いた》し痒《かゆ》し、とはこのことだ。

宇垣一成外相・石射猪太郎東亜局長の外務省ルートによる日支和平は、こうして挫折した。

汪兆銘工作の頓挫

日本軍が十月二十一日に広東を占領し、十月二十七日に武漢三鎮《ぶかんさんちん》（武昌、漢口、漢陽）を占領すると、支那では汪兆銘が、武漢三鎮陥落五日後の十一月一日、対日徹底抗戦による中国共産党の勢力増大を懸念して、蔣介石に対日和平を促した。

一方、蔣介石は黄埔軍官学校出身の軍官僚グループに権力基盤を置き、ソ連対日参戦カードを握る中国共産党及び八路軍（中国共産党軍）と共闘する立場から対日徹底抗戦を主張。対日和平を目指す汪兆銘と、中国共産党と共闘し徹底抗日を唱える蔣介石は、対立を深めた。

そこで近衛首相は汪兆銘との日支和平を目指し、武漢三鎮占領七日後の昭和十三年十一月三日、東亜新秩序声明（第二次近衛声明）を発表した。これは、

「日本・満州国・支那の三国が反共を前提として経済提携を進める、東亜新秩序の建設」を提唱したもので、「国民政府（蔣介石政府のこと）でも、人事を一新すれば、東亜新秩序へ

の参加を受け入れる」として、汪兆銘の登場を促したものである。こうして近衛首相は、先の「蒋介石を対手とせず」とした第一次近衛声明を撤回した。

すなわち近衛首相の東亜新秩序声明（第二次近衛声明）とは、

一、蒋介石がソ連対日参戦カードを握る中国共産党に依存し、ソ連・支那同盟というインターナショナル（国際共産主義）の立場で容共抗日姿勢をとっていることを批判し、

二、汪兆銘が、近衛の唱える「日満支三国による反共を前提とした東洋道徳的アジア主義に基づく東アジア経済共同体」に参加すべく、蒋介石と決別すること、を促した、ものである。これが汪兆銘工作の本質なのである。

汪兆銘工作の具体化のため、参謀本部支那班長今井武夫中佐が上海へ渡り、十一月十三〜十四日、汪兆銘派の外交部前アジア局長高宗武と話し合いを重ねた。このとき高宗武は、「日本軍は撤兵すべし。汪兆銘は、蒋介石と決別し、日本と和平に入る」ことを主張。今井武夫中佐は同意して、高宗武申出を持ち帰り、十一月十五日、陸相板垣征四郎・陸軍次官東條英機・参謀次長多田駿に報告。十一月十七日、陸軍省・参謀本部合同の局長・部長・課長協議に掛けた。この席で今井武夫中佐は、

「君は、支那人高宗武に騙《だま》されているんじゃないか？」

との厳しい批判を浴びたが、今井武夫中佐は、

「そのようなことは絶対ない。もし騙されていたとしても、自分は悔いることはない」と断言。今井中佐の言葉に一同が沈黙すると、陸軍省軍事課長田中新一大佐が、

「そのときは、皆で、責任を取ろうじゃないか」

と発言し、今井中佐が持ち帰った高宗武申出の和平工作案を了承。同日、板垣陸相・多田参謀次長以下が参集し、陸軍省・参謀本部は一致して、高宗武申出を推進すると決した。

支那では、この間の十一月十六日、汪兆銘が「中国共産党と絶縁し対日和平」を主張。蒋介石は「中国共産党と共闘しソ連対日参戦を誘うべく徹底抗日戦」を主張。汪兆銘と蒋介石の対立は決定的となった。

かかるなか陸軍省影佐禎昭大佐・参謀本部今井武夫中佐が、陸軍を代表して上海へ渡り、十一月二十日に高宗武と会談。東亜新秩序声明（第二次近衛声明）で述べた日本の和平決意を伝達したうえ、高宗武と和平条件の細目を合意し、日華協議記録に調印した。日華協議記録は、和平条件として「①満州国承認、②日華防共協定締結、③日本は戦費賠償を放棄、④日本軍は二年以内に撤兵」などを挙げ、行動計画として「日本政府が右記条件を発表すれば、①汪兆銘は重慶を脱出して反蒋介石・対日和平を声明し、②雲南・四川が反蒋独立し、③汪兆銘が支那の代表者として日本と和平を結び、④日本軍は撤兵する」と合意した。

帰国した影佐禎昭大佐・今井武夫中佐は、十一月二十一、二十二日、会談結果を板垣陸相・多田参謀次長等軍関係者及び近衛首相・関係閣僚に報告し、了承された。

しかしその直後、十一月二十八日、陸軍次官東條英機中将が九段軍人会館で、「支那事変の解決が遅延しているのは、ソ連・英米が支那を支援しているからである。支那事変の根本解決のため、ソ連・英米との戦争を決意し、準備しなければならない」との持論を豪語。新聞紙上、「東條次官、断固たる決意で二正面作戦を準備」と喧伝され、日支和平への努力をぶち壊した。

日支和平に尽力する陸相板垣征四郎中将（陸士第十六期）は、陸軍次官東條英機中将（陸士第十七期）の暴論に激怒し、東條次官に辞任を迫ったが、東條次官は、

「多田駿参謀次長が辞任しない限り、自分は絶対に陸軍次官を辞任いたしませぬ」

と反発した。

陸軍次官東條英機中将が、参謀次長多田駿中将（陸士第十五期）の、

「蔣介石を対手とする和平で良い。いかなる条件でも良いから、一日も早く対支和平を実現したい。早期和平を実現しなければ、日本はソ連・英米と戦争になって破滅する」

との主張に敵意を示したのは、日支和平の実現により、対支強硬派の東條自身が失脚することを恐れたからである。

困惑した板垣陸相は、昭和十三年十二月十日、陸軍次官東條英機を航空総監へ異動させるとともに、参謀次長多田駿を第三軍司令官へ異動させ、喧嘩両成敗とした。

こうして陸軍和平派のリーダー参謀次長多田駿中将は、参謀本部を追われたのである。

汪兆銘は十二月十八日に重慶を脱出し、十二月二十日にハノイへ到着した。そこで近衛首相は、汪兆銘の重慶脱出に呼応して、十二月二十二日、第三次近衛声明（近衛三原則）を発表して、善隣友好・共同防共・経済提携の三原則をうたい、「日本・支那・満州国は、東亜新秩序建設を目的に結合し、共産主義を排し、ソ連と対峙すべきである、と述べた。そして和平条件は、先の日華協議記録を追認し、①満州国の承認、②日華防共協定締結、③戦費賠償の放棄、④治外法権の撤廃、⑤租界の返還などとした。

但し、日本軍撤兵の言及はなかった。その理由は、近衛首相周辺に、わが国は、「汪兆銘と蔣介石の馴れ合い芝居で日本軍撤兵を釣り上げる、支那の謀略に騙されている」のではないか、との不信感があったからである。

汪兆銘は第三次近衛声明（近衛三原則）に応《こた》えて、十二月二十九日、重慶の蔣介石に、「第三次近衛声明（善隣友好・共同防共・経済提携）を信頼し、日本と和平交渉に入るべき」と提議する電報を送った。しかし蔣介石は、汪兆銘の和平要請を拒否した。

蔣介石は、ソ連の対日参戦カードを握る中国共産党に依存。徹底抗日戦によりソ連の対日参戦を促す「ソ連・支那同盟＝インターナショナル（国際共産主義）」の立場に立っていた。

従って、防共を標榜《ひょうぼう》する第三次近衛声明（近衛三原則）による日支和平は、共産ソ連に依存する蒋介石の完全失脚を意味したからである。

蒋介石の国民党は、昭和十四年一月一日、汪兆銘の職位を奪い、党籍を永久に剥奪した。

こうして汪兆銘に期待した和平工作は頓挫。汪兆銘工作を推進した近衛首相は無力感を募らせ、第一次近衛文麿内閣は、昭和十四年一月四日、総辞職した。

第十章

平沼騏一郎内閣における ノモンハン事件

汪兆銘の来日

汪兆銘工作が頓挫し第一次近衛内閣が総辞職すると、内大臣湯浅倉平の推薦で、昭和十四年一月五日、枢密院議長平沼騏一郎《ひらぬまきいちろう》が組閣した。陸相板垣征四郎・海相米内光政《よないみつまさ》とも留任。外相は有田八郎。前首相近衛文麿は汪兆銘工作をフォローすべく無任所相として閣内に残った。

そもそも汪兆銘工作は影佐禎昭大佐・今井武夫中佐ら陸軍主導の和平工作であり、平沼騏一郎内閣は傍観するしかなかった。さらに高宗武が述べた、

「汪兆銘が反蒋・日支和平を声明すれば雲南・四川が反蒋独立。汪兆銘が新政権を樹立」

との汪兆銘挙事《きょじ》には実体が無く、雲南・四川の軍閥は誰も汪兆銘に協力しなかった。

実は、昭和十三年年末、高宗武が、今井武夫中佐に、汪兆銘・周仏海《しゅうふつかい》の意向として、

「雲南・四川の反蒋挙兵には三～六カ月かかる。ついては日本は汪兆銘を財政支援して欲しい。日本は、（重慶の蒋介石を叩くため）重慶への徹底的な爆撃を行って欲しい」

と要望した。高宗武申出の汪兆銘挙事は、所詮、日本の財政支援《かね》が目当てだったのか？　以前、今井中佐は、昭和十三年十一月の陸軍省・参謀本部合同の局長・部長・課長協議で、

「君は、支那人高宗武に騙されているんじゃないか？」

との厳しい批判（発言者不詳）を浴びたが、今井中佐への批判は正鵠《せいこく》を得ていたようだ。

支那と日本は激しい戦闘中である。高宗武・汪兆銘・周仏海は支那人である。しかるに高宗武・汪兆銘・周仏海は日本に財政支援を求め、重慶への徹底的爆撃を要望した。対戦中の敵国に自国民を爆撃するよう要望する日本人は居ない。その意味で、高宗武・汪兆銘・周仏海は、漢奸（支那の売国奴のこと）と呼ぶほかない。

日本陸軍が大陸へ進攻すると、日本陸軍の軍事力・財力に寄生すべく、胡乱《うろん》な人物集団が湧いて親日傀儡政権を志願。日本陸軍は迂闊《うかつ》にも彼らを厚遇し、自ら墓穴を掘る。日本陸軍が胡乱な人物集団に手玉に取られ、彼らに日支和平を委ねたことこそ、失敗の本質なのだ。

さらに高宗武は、平沼内閣の昭和十四年二月、今井武夫中佐に、汪兆銘の意向として、「日本が汪兆銘を時局収拾の適任者と認めるなら、日本軍占領下の南京に、汪兆銘首班の新政府を樹立する。ついては日本は、それまでの間、毎月三百万元を財政支援して欲しい」と要望した。かつてソ連が黄埔軍官学校設立のため拠出した資金が二百万元である。毎月三百万元とは高額である。結局、出てくる話は財政支援《かね》の話なのだ。

「日本軍占領下の南京に日本の財政支援で樹立される汪兆銘新政府」は、親日傀儡政権と云うしかない。汪兆銘はみずから、親日傀儡政権を志願した訳である。

この頃、海軍は汪兆銘を疑問視。諜報活動を通じて汪兆銘の行動を執拗に追った。また香港総領事田尻愛義《たじりあきよし》は「支那の世論は汪兆銘を評価せず」との厳しい報告を寄せた。

上海駐在武官小野寺信《まこと》中佐（陸大四十期卒）は、影佐禎昭大佐（陸大三十五期卒）に「汪兆銘は信用出来ない人物だ。騙されぬよう」と直言。影佐禎昭大佐と大激論を交わした。

また平沼騏一郎首相は、賢明にも、昭和十四年三月中旬、「汪兆銘には力が無いので、日本は蒋介石と和平するほかない」と述べた。

それでも影佐禎昭は汪兆銘に惚《ほ》れ込んだ。「惚れてしまえば、あばたもえくぼ」か？　影佐禎昭四十五歳の男盛り。少年でもあるまいに、男の純情も困ったものだ。

蒋介石から国民党の党籍を剥奪され失脚した汪兆銘はハノイに滞在していたが、昭和十四年三月二十一日、国民党の刺客が汪兆銘の居宅を襲い、見誤って、汪兆銘側近の曾仲鳴を射殺した。汪兆銘の生命が狙われていることを知った影佐禎昭大佐は、汪兆銘救出のためハノイへ渡り、四月二十五日、汪兆銘を汽船北光丸に乗せて、五月六日、上海に到着した。

汪兆銘は、この船上で、影佐禎昭大佐に、

「日本を訪問して政府要人と会見し、日本軍占領地に和平政府を設立し日本と提携したい」

との意向を述べ、親日傀儡政権の樹立を志願した。影佐禎昭大佐は汪兆銘の希望を参謀本部に伝達。汪兆銘は周仏海・高宗武を従え五月三十一日～六月二十日まで来日。平沼首相・近衛無任所相・板垣陸相・米内海相・有田外相らと面会し、「日本軍占領地の南京に汪兆銘首班の親日傀儡政権を樹立したい」と志願した。

影佐禎昭大佐は、昭和十四年八月、少将に進級。引続き、汪兆銘工作に携わる。

三国同盟を巡る論争

日独の協調については、前述のとおり、岡田内閣の昭和十年十月にリッベントロップがドイツ駐在武官大島浩少将に日独防共協定を提案。日本陸軍は「日ソ戦の際にドイツが中立を保つなら好都合」と期待し、日独防共協定は広田内閣の昭和十一年十一月に調印された。その後、第一次近衛内閣の昭和十二年十一月にイタリアが参加し、日独伊防共協定となった。

その後、ドイツは、日本と支那を両天秤に掛けた二股外交を清算して親日路線を明確化。昭和十三年五月に満州国を承認し、支那への武器輸出を禁止。同年七月、支那から軍事顧問団を引揚げた。さらにドイツは、昭和十三年八月、第一次近衛内閣に「ソ連・英・仏を対象とする日独伊三国同盟」を提案したのである。

この頃、ドイツは「英・仏を屈服させて欧州の覇者にならん」との本性を現し、このため、

一、後背の安全を確保すべく、ソ連牽制の役割を、日本に求めた。

二、アジア・太平洋地域における英仏の軍事力の打破を、日本に求めた。

これがドイツにとっての三国同盟案である。壮大（?）なる国際戦略と云えるだろう。

一方、日本陸軍はソ連の満州侵攻を懸念し、「ソ連のみを対象とする日独伊三国同盟」を望んだ。日本陸軍にとっての日独伊三国同盟は「日ソ戦の際にドイツが中立を保つなら好都合」

との期待であり、支那事変長期化への保険としてのソ連対策であり、ローカル・オペレーション（地域作戦）の域を出ない。ドイツと日本陸軍の視野には、これほどの落差があった。

日本陸軍が望んだローカル・オペレーション（地域作戦）としての日独伊三国同盟は、筋の悪い（本末転倒であること）話である。ソ連対策として日独伊三国同盟を結び、ドイツの国際戦略に組み込まれるくらいなら、孔祥熙行政院長が宇垣外相に提案した「蒋介石は下野しない。蒋介石は中国共産党と関係を絶つ」との申出を受容して日支和平を成立させ、関東軍を満州へ戻すのが正道なのだ。これこそ参謀本部を追われた多田駿前参謀次長の、

「蒋介石を対手とする和平で良い。いかなる条件でも良い。一日も早く、支那との和平を実現しなければ、日本はソ連・英・米との大戦争となって、破滅する」

との主張でもあった。しかし日支和平は成立せず。日本陸軍はソ連対策を必要とした。

一方、ドイツは英・仏を屈服させて欧州の覇者になることを決意し、断固として、「対象をソ連・英・仏にすべき」と譲らなかった。そこで破談を恐れた日本陸軍は、やむなく、ドイツが主張する「ソ連・英・仏を対象とする日独伊三国同盟」を受容しようとしたのである。

しかし海軍と外務省は、親英米の立場に立ち、英・仏を対象とすることに強硬に反対。

第一次近衛内閣は、この問題に決着をつけぬまま、総辞職した。平沼内閣でも、三国同盟問題を巡って、陸軍が海軍・外務省と対立。閣議は紛糾し続けた。

ソ連の都合

盧溝橋事件は、前述のとおり、昭和十二年七月七日午後十時四十分頃、支那駐屯軍第八中隊に実弾が撃ち込まれ、第八中隊は退却し、翌七月八日以降、反撃に転じた。

また蒋介石は、七月八日、「日本は我々を屈服せしめんとするのか?」と去就を迷った。

しかし中国共産党中央は、七月八日、早くも支那全土に即時対日開戦を呼びかけ、七月九日、各級幹部に「抗日義勇軍を組織し直接日本と衝突する」よう指令。周恩来が、七月十一日、蒋介石に抗日全面戦争の必要性を強調した。中国共産党の対応の敏速さは驚嘆に値する。これについて、昭和十三年七月に来日した国民党外交部前アジア局長高宗武は、前述のとおり、

「盧溝橋事件の最初の銃撃は、中国共産党の仕業だと思う」

と述べた。

実は、ソ連では、盧溝橋事件発生一カ月前の昭和十二年六月十一日、スターリンの赤軍大粛清で赤軍最高指導者トハチェフスキー元帥の処刑が発表され、そのほか多数の赤軍首脳が処刑された。赤軍大粛清は翌昭和十三年まで続き、ソ連軍の旅団長以上の四割以上が処刑された。ソ連軍は、このような内部混乱で一時的に弱体化。かつてのシベリア出兵のように、関東軍がソ連領内へ侵入してロシア革命の成果を失うことを怖れていた。ソ連にとって盧溝橋事件は、

日本陸軍の矛先をソ連から支那へ転じさせた、歓迎すべき出来事だったのである。

そもそも国際社会主義運動であるインターナショナルは、マルクスを指導者として一八六四年に第一インターナショナルが発足。フランス革命百年祭を迎える一八八九年に結成された第二インターナショナルは第一次世界大戦（一九一四年～）勃発で解散。ロシア革命（一九一七年）が成功すると、モスクワで一九一九年三月に、第三インターナショナルが創設された。

第三インターナショナル（コミンテルン）は、共産主義者の国際組織として、ソビエト革命を全世界へ波及させるべく創設された世界革命運動の国際的指導機関である。コミンテルンは各国共産党をコミンテルン支部と規定し、各国共産党に「コミンテルンの決議を無条件かつ献身的に実行する」よう求めた。日本共産党、中国共産党もその例外ではない。

そしてコミンテルンは、ソ連周辺諸国すなわちフィンランド・バルト三国など北欧、ポーランド・ルーマニア・ハンガリー・ドイツなど中欧、支那・日本など東アジアへ、共産主義の拡張を企図した。前述のとおり、一九二一年にコミンテルン代表マーリンが孫文に中国共産党との合作を進言。孫文は一九二三年にソ連代表ヨッフェと孫文・ヨッフェ共同宣言を発表。孫文はコミンテルンとの連帯を深め、中国国民党第一回全国代表者会議（一九二四年）で中国国民党と中国共産党との第一次国共合作が成立。ソ連は、黄埔軍官学校設立のため、資金二百万元・銃砲八千挺等を供与。以来、中国国民党に対するコミンテルンの援助は一層積極的になり、コミンテルンの影響力が強化された。

ソ連では、レーニンが大正十三年（一九二四年）に死去すると、後継の座を巡って、一国社会主義論を唱えるスターリンと、世界革命論を唱えるトロッキーが対立。スターリンが、昭和二年（一九二七年）にトロッキーを排除して、ソ連の最高権力者となった。

スターリンは、ロシア革命直後の米・英・仏・日によるシベリア出兵（一九一八年～）のように、ソ連が全資本主義諸国に包囲攻撃される事態を警戒し、

一、米英仏日独を互いに戦わせて、ソ連と隣接する日本とドイツを弱体化させること。
二、日本は、北進してソ連と戦うのではなく、支那と戦い、更に南進し米英と戦うこと。

を望んだ。ソ連も国際乱世を生き抜くのに必死で、スターリンは稀代の戦略家なのだ。

そして昭和十年（一九三五年）七月二十五日から開催された第七回コミンテルン大会は、「日本とドイツを攻撃目標とし、米英仏と連携して、日本とドイツを挟撃・打倒する」よう各国共産党に指令。とくに支那においては、

「中国共産党を武力攻撃している中国国民党軍を日本陸軍と戦わせる抗日統一戦線の結成」を指示した。中国共産党は、この方針に従い、昭和十年八月一日、抗日救国宣言（八・一宣言）を発表して国共内戦停止・抗日統一戦線結成を呼びかけ、昭和十一年（一九三六年）五月、学生・知識人・労働者など広範な階級層による「抗日統一戦線」を結成したのである。

盧溝橋事件（昭和十二年七月）が発生すると、前述のとおり、事件発生十二日後に国民党常務委員陳立夫がソ連大使ボゴモロフに軍事支援を要請。上海戦（第二次上海事変）が勃発（昭和十二年八月）すると、ソ連空軍の搭乗員・整備士が戦闘機・爆撃機と共に十月に南京へ到着し、十一月から対日空戦に参戦した。蔣介石はソ連軍の本格的な即時対日参戦を切望して十一月三十日にスターリンに打電したが、スターリンは消極的で「武器は供与するが出兵しない」との姿勢を貫いた。蔣介石は、「我軍が奥地へ逃亡し、日本軍が深追いすれば、ソ連軍が満州へ侵攻して日本軍の後背を襲う」と確信しつつも、スターリンの誠意なき遷延策に苦しんだ訳である。

ソ連の威力偵察としての張鼓峰事件

スターリンは、蔣介石の即時対日参戦の要求に対し、武器を供与しつつも「対日参戦は時期尚早」と誠意なき遷延策を採っていたが、いつまでも遷延策を続ける訳にはいかない。スターリンが対日参戦に踏み切らなければ、追い詰められた蔣介石は中国共産党・ソ連を見限り、日本との和平に踏み切るかも知れない。日支和平が成立して関東軍が満州へ戻れば、ソ連は関東軍の脅威にさらされる。ソ連としては支那事変を延々と続けて欲しいのだ。

前述のとおり、日支和平交渉を再開した近衛改造内閣の外相宇垣一成が推進した宇垣和平工作で、孔祥熙行政院長が提案した「蒋介石は下野しない。蒋介石は中国共産党との関係を絶つ」との申出を受容して日支和平を成立させるのが、日本にとって最善の選択だった。

この場合、中国共産党は支那大陸から追い出され、ソ連は支那大陸への足掛りを失ってしまう。スターリンにとって、これこそ最悪の事態だったのである。


しかしスターリンとしても、慎重を要した。

かつて帝政ロシアは、日本陸軍を侮《あなど》って日露戦争を開戦し、ロシア革命で滅亡した。共産ソ連も不用意に開戦して多くの犠牲を生じれば、国内に不満を生じ、政変を呼ぶだろう。そもそも共産ソ連は、対外戦争を多用した帝政ロシアを批判し、非戦を旗印に成立したのだ。

スターリンは、対日開戦に踏み切る前、関東軍の実力を試すべく、威力偵察を試みた。これが第一次近衛内閣の昭和十三年七月十一日に発生した張鼓峰《ちょうこほう》事件である。

満州国とソ連の国境地帯で、豆満江《とまんこう》の東側に張鼓峰という小山（標高一四九メートル）があった。この付近の国境は詳細合意が未成立であり、日本の朝鮮第十九師団は国境不確定地帯として兵力を配置していなかった。

昭和十三年七月十一日、ソ連兵約四十人が張鼓峰山頂を越えて侵入し、西側斜面に陣地を構築。七月二十九日にはソ連兵約八十人が張鼓峰北方二キロ地点で満州国領内へ侵入した。そこで日本の朝鮮第十九師団は、七月三十一日、ソ連軍に反撃。張鼓峰山頂を占領確保した。

するとソ連軍は兵力を増強し、八月一日以降、爆撃機百五十機・戦車二百両・長距離砲の支援のもと、張鼓峰への総攻撃を開始。激しい戦闘が展開された末、日本の朝鮮第十九師団は猛攻に耐えて張鼓峰山頂を死守。国境紛争としては日本軍の勝利となった。

駐ソ大使重光葵と外務人民委員リトヴィノフの間で八月十日に停戦協定が締結され、日本軍が張鼓峰山頂を確保した状態で停戦となった。日本軍死傷者一千四百人、ソ連軍死傷者三千五百人。日本は高度に機械化されたソ連軍の実力を痛感。ソ連は日本陸軍の精強を痛感した。

なおソ連は、停戦協定締結により日本軍が撤兵した後、秘かに張鼓峰西側斜面へ侵入。鉄条網・トーチカを敷設した堅固な野戦陣地を構築して居座り、戦争勝利を喧伝した。

予防戦争としてのノモンハン事件

前述のとおり支那では、重慶を脱出した汪兆銘が蔣介石に対日和平を提議したが、蔣介石は和平要請を拒否し、親日派の汪兆銘の党籍を剥奪（昭和十四年一月）して追放した。

蔣介石は、このことにより、

「中国共産党に依存し、ソ連・支那同盟のインターナショナル（国際共産主義）に入った」

ことを内外に明示したのである。ここまで来れば、スターリンも、蔣介石を見殺しには出来ない。こうしてスターリンが対日参戦に踏み切ったのが、ノモンハン事件である。

張鼓峰事件で日本陸軍の精強を痛感したソ連は、その後、一段と戦備を強化。約一年後、平沼内閣の昭和十四年五月十一日、ノモンハン事件を起こした。ノモンハン事件とは、ソ連の保護国であるモンゴル人民共和国と、日本の保護国である満州国との国境紛争である。

ノモンハンには、ハルハ河の東岸に、水源となる広大な牧草地（東西二十キロ。南北七十キロ）があった。ソ連と日本は近代思想に基づき「ハルハ河が国境」と考えていたが、遊牧を生業とするモンゴル人は、「ハルハ河の水源である牧草地までがモンゴル領」と主張した。

農耕民族は水争い（水利権を争うこと）をするが、遊牧民族は草争いが死活問題のようだ。ソ連はモンゴルの主張を受容。牧草地の領有を巡って満州国との国境紛争が生じた。

ハルハ河東岸の牧草地では満州国兵とモンゴル兵が、各々、パトロールしており、両軍の間で日常的な小競り合いがあったが、昭和十四年五月十一日の衝突は交戦に発展した。

現地の満州国軍から「ノモンハンにモンゴル兵約六十人が侵入」との通報を受けた第二十三師団（所在地ハイラル）は東八百蔵《あずまやおぞう》中佐を指揮官とする捜索隊（かつての騎兵部隊。当時は騎兵一二〇騎と装甲車一二両の歩騎混用。総兵力三一八人）を急派。東捜索隊はノモンハンへ急行し、モンゴル兵をハルハ河西岸へ追い払って、司令部のハイラルへ帰還した。

このとき、ソ連・モンゴルの大軍がハルハ河西岸に集結していることが明らかになった。

そこで第二十三師団長小松原道太郎中将はソ連軍との一戦を覚悟。五月二十一日、山県武光大佐を指揮官とし東捜索隊二二〇人を含む山県支隊二〇八二人を編成した。

この頃、ソ連軍前衛部隊は既にハルハ河を渡り、東岸牧草地へ侵入・布陣していた。先鋒となった東捜索隊は五月二十八日未明、漆黒の暗中、ハルハ河東岸の広大な牧草地を前進し、ハルハ河手前二キロに渡河攻撃用の橋頭保を確保。午前五時頃、夜明けを迎えて周囲を観望すると、後方の牧草地内に戦車・装甲車・火砲・対戦車砲を備えた有力なソ連軍前衛部隊を発見した。敵中深く突出し孤立した東捜索隊は全滅。

戦車装備のソ連軍前衛部隊に苦戦した山県支隊は、五月三十一日、司令部より撤退命令を受けて退却し、ハイラルへ帰還した。これが第一次ノモンハン事件である。

山県支隊が撤退すると、ソ連軍は東岸牧草地へ続々と侵入して陣地を構築。ソ連軍爆撃機が、六月十七日以降、牧草地を越えて満州国領内を爆撃した。危機感を強めた関東軍は、第二十三師団総兵力一万六千人に戦車第三連隊・戦車第四連隊を増派。渡河攻撃隊七千人が、七月三日午前三時頃ハルハ河を渡河して西岸へ進攻してソ連軍の戦車部隊と交戦し、速射砲十八門を駆使して多数のソ連軍戦車を擱座《かくざ》させた。しかしソ連軍が新手の戦車を続々と投入すると、やがて渡河攻撃隊は破甲爆雷・火炎瓶による歩兵の肉薄攻撃に頼る苦戦に陥り、第二十三師団参謀長大内孜大佐ほか三百余人が戦死。渡河攻撃隊は、同日夕方、ハルハ河を渡り撤退した。

ハルハ河東岸の牧草地では戦車第四連隊（連隊長玉田美郎《たまだよしお》大佐）が七月二日午後九時に夜戦を決行。暦が替って七月三日午前零時頃、折からの雷雨で稲妻が敵陣地を瞬間的に照らすなか、ソ連軍陣地を撃破した。しかし、同様に進撃した戦車第三連隊（連隊長吉丸清武大佐）は、七月三日午後、敵陣地前に張り巡らされた軟鋼ピアノ線が戦車のキャタピラに絡んで走行不能となるところ、対戦車砲で撃破され吉丸連隊長が戦死。中戦車十一両・軽装甲車七両を失う大損害となった。そこで関東軍は、虎の子の残存戦車を温存すべく、七月六日に戦車隊を撤収させた。

歩兵主力に戻った第二十三師団は、七月七日～十二日、東岸牧草地のソ連軍を夜襲した。ソ連軍陣地は各所で侵食されレミゾフ自動車化狙撃連隊長戦死、ヤコフレフ戦車旅団長戦死など苦境に陥ったが、支援砲撃により、崩壊には至らなかった。そこで関東軍は「ソ連砲兵撃破の必要あり」として、関東軍砲兵司令官内山英太郎少将のもと火砲八二門による砲兵団を編成。砲兵団の支援下で、七月二十三日、日本歩兵が総攻撃を開始した。しかし砲弾不足・弾着観測不充分のためソ連砲兵は健在で、日本歩兵はソ連軍の猛砲撃を浴びて進撃停止した。

手詰まり状態に陥った第二十三師団は、越冬準備のため、東岸牧草地の最前線のフイ高地・バルシャガル西高地・ノロ高地を結ぶ前哨地域に約三十キロに及ぶ塹壕陣地を構築。司令部及び主力部隊はソ連軍の砲撃を避けるべく牧草地の外へ退避し、守勢に入った。ソ連軍の本格攻勢を想定せず、油断して、広大な草原に兵力を分散させたのである。

一方、ソ連軍の戦意は旺盛で兵員五万七千人・戦車四九八両・装甲車三八五両・飛行機五一五機など兵力面・火力面で日本軍に対し圧倒的優位を確保。八月二十日に八月大攻勢を仕掛け、空爆・砲撃の後、戦車を先頭に歩兵部隊が急襲した。司令部及び主力部隊の応援を得られず孤立した最前線の日本軍塹壕陣地は各個に寸断・包囲され、フイ高地・バルシャガル西高地・ノロ高地とも全滅。ソ連軍は東岸牧草地全域を占領し、戦闘は八月三十一日朝に終了した。以上が第二次ノモンハン事件である。

ソ連軍は自国主張の国境すなわち東岸牧草地内にとどまり、大本営は九月三日にノモンハンでの作戦中止を下命した。日本軍戦死傷者一万七四〇五人、ソ連軍戦死傷者二万三二二五人。駐ソ大使東郷茂徳と外務人民委員モロトフとの間で、九月十五日、日ソ両軍の占領地を停戦ラインとする停戦協定が成立。国境は、ソ連・モンゴル主張のハルハ河東岸の牧草地までをモンゴル領として確定した。従って国境紛争としては、ソ連・モンゴル側の勝利となった。

しかし、国境紛争を名目として戦われたノモンハン事件の本質は、別のところにある。

すなわち、スターリンにとってのノモンハン事件とは、ソ連が対日参戦に踏み切らなければ中国共産党が蒋介石の信頼を失って見捨てられるので、ソ連は蒋介石の対日参戦要求に応じて一戦し、中国共産党と蒋介石への義理を果したのである。

一方、日本にとっては、戦闘中の猛攻でソ連軍に多大な人的損害を与え、予防戦争としての役割を果たしたことにより、以後のソ連軍の満州侵攻を未然に防止したものである。予防注射は、ウイルス性疾患に罹患《りかん》しない目的で、弱毒化したウイルスを体内へ注射する。予防戦争は、大規模戦争に発展させない目的で、地域・期間を限定して行う限定戦争である。

余談だが、ソ連軍は太平洋戦争末期の昭和十九年七月末に琿春《こんしゅん》正面の五家子陣地へ、八月上旬に満州里北方のモンゴシリーへ少数兵力による侵入・撹乱・放火を行った。しかし関東軍は主力部隊を南方戦線へ転用して戦力が低下していたので、大本営は関東軍に「ソ連軍の国境侵犯があっても反撃せぬよう」厳命していた。そこで関東軍はソ連軍に反撃しなかった。威力偵察を重視するソ連軍は、五家子陣地・モンゴシリーへの威力偵察で関東軍の戦力低下を確信すると、一年後に全面的な満州侵攻（昭和二十年八月九日）を敢行する。予防戦争としてのノモンハン事件の戦争予防効果は、昭和二十年には既に消滅していたようだ。

ルーズベルト大統領が日米通商条約破棄を通告

支那事変が泥沼化して日支和平の手掛かりを掴《つか》めないなか、ソ連が張鼓峰事件・ノモンハン事件など満州へ侵攻。日本が身動き出来ない状況に陥ったことが明らかになると、アメリカ大統領フランクリン・ルーズベルトが、オレンジ計画発動のチャンス到来と蠢《うごめ》き出した。油断も隙も許されないのが国際政治だ。

大統領ルーズベルトは、完全無欠の一九三六年版オレンジ計画を完成させると、「厳しい通商上の封鎖により、日本を完全な窮乏と疲弊に追い込んで、打ちのめす」とのオレンジ計画の基本方針に基づき、平沼内閣の昭和十四年（一九三九年）七月二十六日、日本に日米通商条約破棄（発効は昭和十五年一月二十六日）を一方的に通告したのである。

独ソ不可侵条約により総辞職

日ソ両軍がノモンハンで激戦の真最中、ドイツはヨーロッパ侵攻を決意。ドイツは後背の安全を確保すべく、昭和十四年八月二十三日、ソ連と独ソ不可侵条約を締結した。

この独ソ不可侵条約により、日本陸軍が期待した、「三国同盟で、日独によるソ連挟撃態勢を作り、満州の平和を維持する、との甘い期待」は根底から打ち砕かれ、日独伊三国同盟の話は立消えとなった。

平沼首相は「欧州の天地は複雑怪奇なる新情勢を生じた」と述べ、平沼内閣は「独ソ不可侵条約は日独伊防共協定違反」とドイツに抗議し、昭和十四年八月二十八日に総辞職した。

第十一章

第二次世界大戦への不介入方針

阿部信行内閣の発足

平沼内閣が総辞職すると、近衛文麿と内大臣湯浅倉平の推薦により、昭和十四年八月二十八日、陸軍予備役大将阿部信行《あべのぶゆき》に組閣の大命が降下した。阿部信行は、第四高等学校（現在の金沢大学）在学中に日清戦争が勃発すると、軍人志望に転換。四高を中退し、陸軍士官学校を経て、陸軍大学校を恩賜の軍刀で卒業。日露戦争・シベリア出兵に出征後、白川義則陸相・宇垣一成陸相の下で陸軍次官を務め、昭和八年に大将へ昇任。二・二六事件後の粛軍で、予備役に編入された。阿部信行は、軍界へ入るのが遅かっただけ社会常識に富み、統制派にも皇道派にも属さぬ中庸の人物である。

昭和天皇は、阿部信行に組閣の大命を下すに際し、八月二十八日夜九時頃、

「内治・外交とも乱れたる根源は、陸軍の不統制にあり。朕は自ら一線に立ちて此の問題の解決に当たる決心なるを以って補佐せよ。陸軍大臣は侍従武官長畑俊六・第一軍司令官梅津美治郎の中より選定せよ。朕は内務・大蔵・外務・司法各大臣の詮衡《せんこう》（選定すること）に深き関心をもつ」

と仰せられ、自ら先頭に立って陸軍を統制する、事実上の天皇親政を宣言なされた。

阿部内閣の外相は、当初、阿部が兼任し、一カ月後の九月二十五日、野村吉三郎《きちさぶろう》海軍予備役

大将が就任。海相は吉田善吾《ぜんご》海軍中将、陸相は畑俊六《はたしゅんろく》陸軍大将という顔ぶれになった。

外相野村吉三郎は海軍兵学校を二番で卒業後、日露戦争に参加。オーストリア、ドイツ、アメリカで駐在武官を歴任したほか、パリ講和会議・ワシントン軍縮会議に派遣されるなど海外経験が豊富で高い外交的識見をもち、フランクリン・ルーズベルトとも親交があった。海相吉田善吾は昭和九年に中将へ昇任。連合艦隊司令長官を務めていた。

陸相について、八月二十六日の陸軍三長官協議は多田駿中将を一致して推挙し、八月二十八日の夕刊で報道されたが、昭和天皇は多田駿中将を拒絶なされ、畑俊六大将が任じられた。畑俊六は、士官学校卒業後、日露戦争に出征。陸軍大学校を首席で卒業後、参謀本部第一部長、第十四師団長などを経て昭和十二年に大将へ昇任。中支那派遣軍司令官を経て昭和十四年五月に侍従武官長となった頭脳明晰・穏和・温厚・中庸で協調性豊かな人物である。

陸軍は多田駿中将を陸相に推挙

陸軍三長官協議が対支和平派のリーダー多田駿中将を推挙したのは、次記の事情による。

前述のとおり、対支和平派と対支強硬派が対立した日本陸軍では、強硬派の武藤章作戦課長が和平派の石原莞爾作戦部長を失脚させ、その後、強硬派の東條英機陸軍次官が辞任する際、和平派のリーダー多田駿参謀次長が道連れとなって参謀本部を追われた。

しかし事変解決のため支那に八十五万人の大軍を送っているのに、解決の目途が立たない。

昭和十二年十月に中支那方面軍参謀副長に転じ現地へ赴いた対支強硬派の武藤章少将（昭和十四年三月に進級）ですら、現地の実情に触れ支那事変の困難を自覚するようになった。

そのうえ満州では張鼓峰事件（昭和十三年七月〜）・ノモンハン事件（昭和十四年五月〜）が発生。ソ連軍が満州侵攻意欲と火力の充実ぶりを見せた。しかも独ソ不可侵条約（昭和十四年八月二十三日）により、日本陸軍が期待した「日独によるソ連挟撃態勢で満州の平和を維持するとの甘い期待」は打ち砕かれ、日本軍は支那軍・ソ連軍に挟撃される苦境に陥った。

事態がここまで悪化すると、参謀本部を追われた対支和平派のリーダー多田駿中将の「蒋介石を対手とする和平で良い。いかなる条件でも良いから、一日も早く日支和平を実現すべき」との主張の正しさが全陸軍内で再認識されるようになった。そこで陸軍は、多田駿中将を陸軍三長官合意として後継陸相に推挙したのである。

これが潮目の変化なのだ。昭和十四年八月二十六日。太平洋戦争開戦の二年三カ月前。剛腕・直言で鳴らす多田駿中将が後継陸相に就任すれば、日本は蒋介石との日支和平を実現し、関東軍を満州へ戻してソ連軍に備え、「一国国防主義」を厳守して、日独伊三国同盟を締結せず、太平洋戦争に至らなかった可能性が高い。

昭和天皇は多田駿中将を拒絶

しかし昭和天皇は、剛腕・直言で日支和平を強弁する多田駿中将を嫌い、多田駿中将を拒絶なされた。この事情について侍従武官長畑俊六大将は、昭和天皇の御言葉を、「(八月二十九日) 午前十時頃御召あり。新聞に表わるる多田(駿) 中将の陸軍大臣たることは、不同意なり。朕の信頼する者に任命すべし、との烈《はげ》しき御言葉あり」と記録している。こうして侍従武官長畑俊六大将が陸相に就任した。すると陸軍内で、陸軍三長官協議で合意した多田駿中将を昭和天皇が拒絶したことを不満とし、「畑俊六陸相は聖上《せいじょう》(天皇のこと) の陸軍大臣にして、我ら陸軍の陸軍大臣にあらず」との声が挙がった。軍務局長永田鉄山による真崎教育総監罷免により陸軍三長官合意が崩れて以来、血で血を洗う抗争に入った陸軍が、紆余曲折の末、一致団結して陸軍三長官合意を再興したのに、昭和天皇の御意思により、再び、陸軍三長官合意が崩されたからである。

こうして最高権威である昭和天皇と、最大実権集団である陸軍の間に、亀裂が入った。

そもそも長州藩奇兵隊の腕力により樹立された明治政権は、長州藩奇兵隊が天皇を玉《ぎょく》と称し、玉を掌中に奪って天皇を御神輿《おみこし》のように担ぎ、官軍を名乗って政権を獲得した。明治政権を樹立した長州藩奇兵隊にとって、天皇とは自己を権威付ける道具に過ぎなかったのである。

しかるに事ここに及んで、昭和天皇が天皇親政を宣言なされ、自ら先頭に立って陸軍を統率する御決意を示され、陸軍伝統の三長官合意が崩壊した。

日本陸軍は、このとき以来、「担ぐ御神輿の重さ」を実感し始めたようだ。

第二次世界大戦不介入方針

阿部内閣が発足（八月三十日）して二日後の昭和十四年九月一日、ドイツ軍がポーランドへ侵攻。イギリス・フランスが九月三日にドイツに宣戦布告。第二次世界大戦が勃発した。

ソ連軍は、独ソ不可侵条約（同年八月二十三日締結）を背景として、九月十七日にポーランドへ侵攻。ポーランドは、独ソ両国により分割された。

すなわち前述のノモンハン事件は、ソ連にとって、「ソ連がポーランドへ侵攻する際、ソ連の後背が日本陸軍に襲われぬよう予防する予防戦争」でもあった訳である。ノモンハン事件で関東軍を叩いて後顧の憂いを払拭したソ連は、十一月三十日、フィンランドへ侵攻（冬戦争）し、翌昭和十五年三月、カレリア地峡など国境地帯を割譲させる。

こうしたなか阿部信行内閣は、「ドイツとの連携は米英との対立激化を招く」として、第二次世界大戦への不介入方針を掲げ、昭和十四年九月四日、

「日本は、第二次世界大戦に介入せず。もっぱら支那事変の解決に邁進する」

と、大戦不介入・中立維持の方針を声明。畑俊六陸相は、陸軍省の高級課員を集めて、

「日本陸軍は隠忍自重して行動を慎み、軍の名誉のため、努力しなければならない」

と自粛を訓示。

外相野村吉三郎は、ルーズベルト大統領から一方的に破棄を通告された日米通商条約を再興

すべく、日米関係の改善に努めた。しかし野村外相の外交努力に成果は見られなかった。

桐工作

武藤章少将が、阿部内閣発足一カ月後の九月三十日、陸軍省軍務局長に就任した。

かつて対支強硬派だった武藤章は、中支那方面軍参謀副長として現地の実情に触れて支那事変の困難を自覚するようになり、この頃、日支和平の早期実現を望むようになった。

張鼓峰事件・ノモンハン事件でソ連軍の脅威が再認識され、しかも独ソ不可侵条約により「日独によるソ連挟撃態勢で満州の平和を維持するとの期待」は打ち砕かれ、日本軍は支那軍とソ連軍に挟撃される苦境に陥ってしまった。そもそも武藤章が捧持した永田構想の対支一撃論の目的は、総動員体制確立のための原料資源確保に過ぎない。しかるに支那事変により、日本軍が支那軍・ソ連軍に挟撃されるなら、本末転倒である。武藤章は、事ここに至って、在支兵力八十五万人を五十万人以下へ縮減すべく、日支和平を望んだのである。

しかし気付くのが遅すぎた。既に宇垣和平工作も、影佐禎昭大佐・今井武夫中佐の汪兆銘和平工作も頓挫していた。そこで武藤章は、蔣介石を対手とする陸軍主導の「桐工作」という和平工作に期待を寄せた。

桐工作は、盧溝橋事件が発生したとき、参謀本部情報部ロシア課（課長笠原幸雄大佐）が策定した「蒋介石との直接和平交渉論」に端を発する。参謀本部ロシア課は、「支那・ソ連の情勢は、共産党という視点から見なければ、正しい認識に至らない。コミンテルンの動向を分析すれば、『盧溝橋事件はコミンテルンの戦略に基づく中国共産党の仕業』と見ざるを得ない。日本軍が、盧溝橋事件の挑発に乗って支那軍と武力衝突に入れば、日本軍の背後からソ連軍が襲いかかって来る危険性が高い。従って支那事変は不拡大に努め、早期に終結させるべき」

と判断。昭和十三年十月、参謀本部ロシア課（課長川俣雄人大佐）は、蒋介石との和平交渉による支那事変の早期終結を図るため、ソ連事情に詳しい小野寺信中佐を上海へ送った。

小野寺信中佐は、バルト三国の公使館付武官としてソ連情報の収集にあたった優秀な情報将校である。しかし前述のとおり、昭和十四年二月頃、汪兆銘工作を進める影佐禎昭大佐に「汪兆銘は信用出来ない。騙されぬよう」と直言し、大激論となって左遷され、同年六月、陸大教官として日本へ帰国。蒋介石との直接和平交渉を封じられた。

そこで小野寺信中佐は、昭和十四年秋、陸大同期で親友の今井武夫中佐に、蒋介石との直接和平交渉を委託。汪兆銘工作の頓挫に失望していた今井武夫中佐が、小野寺信中佐の代役として、蒋介石夫人宋美齢《そうびれい》の弟の宋子良《しりょう》を窓口とする「桐工作」に取り掛かるのである。

阿部内閣では、陸相畑俊六・軍務局長武藤章・参謀次長沢田茂ら陸軍首脳が「蒋介石を対手とする桐工作は成功するだろう」と桐工作に期待をかけ、「日支和平が成立すれば、日本陸軍は支那大陸から撤兵し、関東軍を満州へ戻してソ連に備えることが出来る」と期待。日独伊三国同盟を結ばずとも、ソ連への国防対策は充分可能と考えた。

このため阿部内閣では、三国同盟が重要課題として論議されることは無かったのである。

アメリカがオレンジ計画発動を準備

アメリカは、第二次世界大戦が始まっても、中立を保っていた。

大統領フランクリン・ルーズベルトは、むしろ対日戦争計画を積極的に推進。第二次世界大戦が始まる五カ月前の昭和十四年春、アメリカ陸海軍統合会議が統合計画委員会に「速やかに太平洋支配を固める作戦計画を立てるよう」発令した。そこで統合計画委員は、第二次世界大戦が始まった昭和十四年九月から策定作業に取り掛かった。しかし統合計画委員会は、

「アメリカは、一体、何のために、日本を攻撃するのか？」

について、皆目、見当がつかず、対日戦争の大義名分を見付けることは出来なかった。

アメリカ海軍は「日本がインドシナへ進出すればフィリピンが危うくなるので日本と戦うのだ」と考え、アメリカ陸軍は「アメリカは日本の資源入手を阻止するため日本と戦うのだ」と考えたが、結論は出なかった。そこで結局、統合計画委員会は、

「アメリカは白色人種の利益を代表して、英仏蘭と連合し、黄色人種の日本と戦うのだ」

とし、安易ながらも、「黄禍《おうか》」を対日戦争の大義名分とすることに決定したのである。

阿部内閣総辞職

阿部内閣では、農民の出征による農業生産力低下に旱魃《かんばつ》が重なり、米不足になった。政府が米の配給制度を確立して米価を一石あたり五円引き上げると、諸物価が高騰。国民生活が苦しくなった。国民の不満が高まり、衆議院議員有志二四〇余名が内閣退陣を要求すると、陸軍は阿部内閣の不人気に閉口し、陸相畑俊六が阿部首相に総辞職を進言。

阿部信行内閣は、昭和十五年一月十四日、総辞職した。

米内光政内閣の発足

陸軍の阿部内閣が総辞職すると、元首相で重臣の岡田啓介海軍大将が動き、内大臣湯浅倉平と昭和天皇の賛同を得て、昭和十五年一月十四日、海軍大将米内光政に大命降下した。

海軍から首相が出ると、陸軍は強い不満を示した。

海軍はアメリカ艦隊に備えて幕府が創建した幕府海軍を源流とし、陸軍は倒幕を果した長州藩奇兵隊を源流とし、海軍と陸軍は幕末維新以来、不倶戴天《ふぐたいてん》の敵同士として、「海主陸従」か「陸主海従」か、国防基本方針を巡って鋭く対立した。

日露戦争後、海軍はアメリカを仮想敵国とし陸軍はロシアを仮想敵国とし、別々の方向を睨み、国防基本方針が一致しなかった。このことが日本近代史の最大の不幸だった。そして海軍はロシア（ソ連）への警戒心が皆無で、陸軍はアメリカへの警戒心が皆無だった。こうした視野偏差性は、戦前戦後を通じて一貫して変わらない、日本人の性情であるらしい

日露戦争以後、国家財政は破綻状態だったが、海軍と陸軍は予算配分を巡って激突した。大正三年頃、海軍の予算要求総額は五億八千万円、陸軍の予算要求総額は三三八九万円。海軍と陸軍の比率は九四：六で、総軍事予算の大半を海軍予算が占めていた。

このため陸軍の装備充実が進まず。日本陸軍は張鼓峰事件・ノモンハン事件で、機械化され火力が充実したソ連軍に対し、徒手空拳《としゅくうけん》というべき貧弱な武器で力戦奮闘した。陸軍としても機械化・火力充実の必要性は痛いほど分かっている。しかし海軍が総軍事予算の大半を握っているので、陸軍の装備近代化が進まない。

かつての二・二六事件は、海軍偏重に不満を抱いた陸軍将校が、海軍内閣を潰して陸軍内閣を作ることを夢見て決起し失敗。決起将校は厳罰に処された。

こうして陸軍内に、海軍の横暴に対する不満が、根深く沈潜していた。

米内光政内閣は外相有田八郎、陸相畑俊六（留任）、海相吉田善後（留任）の陣容となったが、陸軍は内閣発足当初から倒閣運動を開始した。

米内内閣の短命は、スタートのときから、運命付けられていたのである。

米内内閣では、緊要の課題である日支和平について、何ら進展がなかった。

汪兆銘和平工作は、汪兆銘を支持する支那勢力が居ないので失敗に終わり、日本にとって汪兆銘の利用価値は皆無となったが、今更、汪兆銘を放り出す訳にもいかず。やむなく汪兆銘の希望を容れて、米内内閣の昭和十五年三月三十日、南京に汪兆銘傀儡政府が設立される。汪兆銘和平工作が失敗に終わったあと、日本陸軍は蒋介石を対手とする前述の桐工作を本格的に始動させ、昭和十五年二月十五日、今井武夫大佐が宋子良なる人物と面談した。

この桐工作について、畑俊六陸相、閑院宮載仁参謀総長、さらには昭和天皇までが、「桐工作は、蒋介石を対手とする和平交渉なので、成功するだろう」と大いに期待した。

第二次世界大戦の戦況

ソ連軍は、昭和十五年（一九四〇年）六月、バルト三国（エストニア・ラトヴィア・リトアニア）を占領。また同月、ルーマニアに最後通牒を発して、ベッサラビアを割譲させた。ドイツ軍は、昭和十五年四月、デンマークとノルウェーへ侵攻。五月にはオランダとベルギーへ侵攻。さらに六月十四日にはパリを占領し、フランスは六月二十二日に降伏した。ドイツの連戦連勝を見たイタリアは、六月十日、ドイツ側に立って参戦した。

アメリカ艦隊の真珠湾進出

一方、アメリカのオレンジ計画は対日戦争を無制限経済戦争と位置付け、基本理念を、

「厳しい通商上の封鎖により、日本を完全な窮乏と疲弊に追い込んで、打ちのめす」と定めていた。そして一九一一年版オレンジ計画は、対日戦争の基本戦略を、

「最初にアメリカが日本を経済的に封じ込め、経済封鎖に苦しみ抜いた日本が苦し紛れに暴れ出すのを待つ。最も可能性が高い状況は、日本はアメリカの『封じ込め政策』を終わらせ、自国の通商航路を防衛しながら、側面海域を守っていこうとするだろう。アメリカは、海上作戦によって制海権を握り、日本の通商路を破断し、日本の息の根を止めるべきである」

と定めた。その第一弾が、前述の、平沼騏一郎内閣総辞職一カ月前に行われた、ルーズベルト大統領による日米通商条約破棄の一方的通告（昭和十四年七月二十六日）なのである。

阿部内閣では、外相野村吉三郎が日米通商条約を再興すべく努力したが事態は改善せず。米内内閣でも外相有田八郎がアメリカとの外交改善に努めたが、事態は何ら改善せず。日米通商条約破棄は米内内閣発足十日後の昭和十五年一月二十六日に発効した。アメリカの態度は極めて頑《かたく》なで、阿部内閣・米内内閣において日米通商交渉の成果は皆無だったのである。

さらに大統領フランクリン・ルーズベルトは、米内内閣の昭和十五年五月、合衆国艦隊司令長官兼太平洋艦隊司令長官リチャードソン大将に対し、

「太平洋艦隊を西海岸のサンディエゴから真珠湾へ前進させ、真珠湾を母港とする」

よう厳命した。これについてリチャードソン大将は、

「太平洋艦隊が真珠湾へ前進すれば、日本海軍を刺激し、日米開戦の引き金となる」

と判断。この命令に反対だったが、大統領命令に従った。

すると日本の一部の鋭敏な政治指導者は、アメリカ太平洋艦隊の真珠湾への前進を見て、昭和十五年五月頃、「日本とアメリカの平和的共存は不可能」と感じるようになったのである。

畑陸相辞任により内閣総辞職

米内内閣でも、しばらくの間、日独伊三国同盟が重要な議題になることはなかった。前述のとおり、畑俊六陸相・閑院宮載仁参謀総長・昭和天皇までが桐工作に期待をかけ、

「桐工作により日支和平が実現すれば、陸軍は支那から撤兵し、関東軍を満州へ戻して、ソ連に備えることが出来る。日本軍は、支那軍・ソ連軍に挟撃された苦境から脱却出来る」

と安堵していたからである。

しかし宋子良を名乗る人物は真っ赤な偽者だった。

宋子良を名乗る人物の正体は、抗日テロ活動・親日支那要人暗殺を重ねた前述の抗日特務機関・藍衣社《らんいしゃ》に所属する曾紀宏《そうきこう》という工作員だった。この頃、蒋介石に日支和平を成就させる意思は無かったようだ。わが国は、宋子良こと工作員曾紀宏に、さんざん引き摺り回されて、翻弄された。結局、桐工作は、成功すべくもなく、昭和十五年六月頃、暗礁に乗り上げた。そして昭和十五年九月に中止され、日支和平の道は完全に閉ざされるのである。

結局、かつて陸軍次官（当時）東條英機が「蒋介石下野が絶対必要」と強弁して、蒋介石を

対手とする宇垣和平工作を潰したことが、日支和平の道を閉ざす結果となった訳である。


桐工作が暗礁に乗り上げた米内内閣の昭和十五年六月頃、様々な出来事が起きた。

アメリカ太平洋艦隊が、昭和十五年五月、西海岸から真珠湾へ前進。日本に脅威を与えた。

日米通商条約破棄の発効（昭和十五年一月二十六日）で、日本経済に悪影響が及んでいた。

一方、第二次世界大戦で、ドイツ軍が破竹の進撃を見せ、六月二十二日にはフランスがドイツに降伏。ドイツ軍が精強さを見せた。


すると国内各界でドイツ礼賛論が湧きあがり、六月二十九日付東京朝日新聞は、

「ドイツの対英攻撃近迫が伝えられ、（英国が）独軍を撃退し得べしと信ずる者は殆《ほとん》ど無い。（英国は）適当な時期に手を挙げて和平工作に出ずるのではないか、との観測が成り立つ」

と報じ、ドイツ勝利・イギリス降伏を予測してドイツ熱を煽《あお》った。そして陸軍内で、日独伊三国同盟論が急浮上した。かかる状況下、陸軍省軍務局長武藤章は、

「日独伊三国同盟で、ソ連の満州侵攻を牽制するとともに、日米通商条約破棄に対抗して南方の資源を入手し、対米依存経済から脱却した自給自足の経済体制を確立すべき」

と考え、米内首相に、陸相畑俊六を通じて、日独伊三国同盟締結を要求したのである。


これに対し米内首相は「三国同盟は英米との対立を招く」と拒否した。この主張は正しい。

しかし米内内閣で、日支和平に何ら進展なく、日米親善への外交的成果も皆無だった。米内首相は無為無策不作為。ただただ首相の椅子を温めているだけだった。

アメリカは、太平洋艦隊が真珠湾へ前進するなど、頑なに反日的である。アメリカが頑なに反日的なのに、アメリカにおもねって日独伊三国同盟を結ばなければ、日本は国際的孤立に陥るだけである。米内首相が唱える親米は、空理空論のように見えた。

軍務局長武藤章は、「日本が国際的孤立を避け、ソ連を牽制するには、日独伊三国同盟による集団的自衛が必須」と考え、「米内首相の三国同盟反対論は、英米に阿諛追従《あゆついしょう》し迎合する、対英米媚態《びたい》外交に過ぎない」と見て、米内内閣の倒閣に動いた。軍務局長武藤章は、昭和十五年七月十六日、陸相畑俊六に「日独伊三国同盟を推進せざることを不満とする単独辞表」を提出させて、後任陸相を出さず。米内内閣を総辞職へ追い込んだのである。

第十二章

第二次近衛内閣における三国同盟締結

第二次近衛内閣の発足

米内内閣が総辞職すると、内大臣木戸幸一の推薦により、昭和十五年七月十七日、近衛文麿に大命が降下。近衛文麿は入閣予定者として外相松岡洋右《ようすけ》（新任）、陸相東條英機（新任）、海相吉田善吾（留任）を選び、組閣三日前の七月十九日、松岡洋右、東條英機、吉田善吾と会談。内閣の基本方針として、

「東亜新秩序建設のため日独伊三国と連携し、ソ連と国境不可侵協定を結ぶ。イギリス・フランス・オランダ等の植民地を東亜新秩序に含めるため、積極的処理を行う。アメリカとの無用な摩擦は避けるが、東亜新秩序建設に関する限り、アメリカの実力干渉は排除する」

と定めた。第二次近衛文麿内閣は昭和十五年七月二十二日に発足。五日後の七月二十七日、大本営政府連絡会議は、統帥部提出の「時局処理要綱」を採択した。時局処理要綱は、

「速やかに支那事変を解決し、好機をとらえて南方問題を解決する。実施要領として独伊との政治的結束強化および対ソ国交調整を行う。アメリカに対しては公正な主張と厳然たる態度を持するが、摩擦を増やすことは避ける。蘭印（オランダ領東インド。現在のインドネシア）に対しては外交的措置により重要資源確保に努めるが、必要な場合は武力を行使する。その場合、戦争の相手はイギリスに局限するよう努めるが、対米開戦の準備も遺憾ないようにする」

とした。ここに三国同盟・日ソ中立条約・日本軍南進のレールが敷かれた、と云える。

外相松岡洋右の素顔と主張

外相松岡洋右は、とかく問題の多い人物である。

前述のとおり、日本が満州国建国を宣言すると、国際連盟は満州国不承認・日本陸軍撤兵勧告を可決した。このとき全権松岡洋右は、共産ソ連の膨張を脅威とする日本の立場と、ソ連の膨張を想定外とするワシントン体制の限界を、一切説明することなく退場し、日本は国際連盟を脱退した。こうした松岡洋右の感情的で短兵急な言動について、陸軍予備役大将・元陸相宇垣一成は、

「軍部の短見者流の横車に引き摺られ、青年将校でも述べそうな事を、お先棒となって高唱し、なんら策も術もなく、押しの一点張り。無策外交の極致（『宇垣日記』）」

と酷評している。

第二次近衛内閣で日独伊三国同盟を推進した松岡洋右の外交基本構想は、

一、世界は、アメリカを中心とするアメリカ・ブロック、ソ連を中心とするソ連ブロック、ドイツを盟主とする西欧ブロック、日本を指導者とする東亜ブロックに分かれる。

二、そこで先ず陸軍の主張を受容し、ソ連を牽制すべく、日独伊三国同盟を締結する。

三、次に日ソ間を調整し、日ソ中立条約を締結する。

四、日独伊にソ連を加えた日独伊ソ四カ国の提携により、日本の立場を強化する。

五、日独伊ソ四カ国の提携でアメリカに対抗し、アメリカの対日開戦を阻止する。

という「力による均衡策」だった。近衛首相は、松岡洋右の外交基本構想について、

「現在、独ソは不可侵条約を結び友好関係にあり、ドイツがヨーロッパ大陸を支配している。日本が日独伊三国同盟を締結してドイツと親交し、さらにソ連と結び、日独伊ソ四カ国の提携で米英に対抗すれば、対米開戦を回避出来る。支那事変の解決にも有益である」

と夢想し、松岡洋右の外交基本構想に同調した。

東條陸相による北部仏印進駐

陸相東條英機は陸軍内の最強硬派で、永田鉄山の後継者であり統制派のエースだった。その軍事思想は、

「支那を一撃して原料資源を確保し、ドイツと連携してソ連・米・英等との長期持久戦を勝ち抜く集団国防主義を推進する。支那事変は寛大な和平条件を認めず、断固たる軍事力で支那を屈服させて解決する。支那事変の解決が遅延しているのは、米英が支那を支援しているからなので、支那事変の根本的解決のため、米英との戦争を決意し準備しなければならない」

との強硬論である。

東條陸相の「支那事変は断固たる軍事力で支那を屈服させ解決する」との基本方針の下、第二次近衛内閣で援蔣《えんしょう》ルート（蔣介石政権に対する米英の軍事物資輸送路）の遮断のため、北部

仏印進駐が行われた。幾つかの援蒋ルートのうち、フランス領インドシナ（仏印。現在のベトナム等）を経由する仏印ルートが最大で、全援蒋物資の約五割を占めていたからである。

かねて日本はフランスに援蒋物資の禁輸を申し入れていたが、フランスがドイツに降伏（昭和十五年六月）すると、第二次近衛内閣（昭和十五年七月〜）の松岡外相とフランス駐日大使アンリによる松岡・アンリ協定（昭和十五年八月三十日）で、①日本は仏印に対するフランスの主権を容認、②フランスは日本軍の北部仏印への進駐を容認する、ことが決まった。

その後、現地で九月二十二日に現地細目協定が成立すると、日本軍は九月二十三日から北部仏印へ進駐を開始。以後、北部仏印を拠点として、援蒋ルート遮断の攻撃を行った。

三国同盟締結

こうしたなかドイツは、日本との軍事同盟締結を熱望。ドイツから特使スターマーが来日し、昭和十五年九月九日から、外相松岡洋右との交渉が始まった。

フランスを降伏させたドイツは、八月十一日から英本土への本格的空襲を開始したが、英本土上陸作戦実行の目途は立たず。むしろアメリカが、イギリスに対する軍事援助を増大させ、近い将来、イギリス側に参戦する可能性が高まってきた。そこでドイツは、アメリカの参戦を懸念し、日本との軍事同盟により、アメリカの参戦を阻止しようとしたのである。

ドイツ特使スターマーは、会談の冒頭、

「ドイツは、今の戦争を速やかに終戦とするため、アメリカがイギリス側に参戦しないことを望んでいる。日本がドイツと連携してアメリカを牽制することが、日独両国にとって有益である。日独伊の断固たる態度のみが、アメリカの参戦を阻止することが出来る。日本が軟弱・微温的態度を採れば、アメリカの侮辱を招き、危険に陥るだろう」

と述べた。すなわち、

「同盟条約文に、『ドイツがアメリカから攻撃されたら、日本はドイツ側に立って自動的に参戦する』ことを明記して、アメリカの参戦を抑止する。日本はドイツの弾丸《たま》よけになれ」

という危険な誘惑である。

ドイツ特使スターマーの危険な誘惑に、松岡外相は舞い上がり子供のように喜んだ。松岡外相は、自説の「アメリカに強腰で臨めばアメリカは引っ込む」との根拠なき希望的観測が、ドイツ特使スターマーの口から出たので、「我が意を得たり」と無邪気に共鳴。「三国同盟によってアメリカを牽制すれば、アメリカの対日開戦を抑止出来る」と夢想したからである。

さらにドイツ特使スターマーが、松岡外相に、

「ドイツは、日ソ親善について正直な仲介人になる用意がある」

と述べ、「三国同盟を結べばドイツが日ソ国交調整に協力する」と言明して釣針に餌を付けると、松岡外相は「三国同盟を結び、ドイツの仲介で日ソの国交調整が実現すれば、ソ連による北方からの脅威を取り除ける」と期待して、釣針の餌にまんまと食い付いたのである。

松岡外相は九月十二日の四相会議（首相・外相・陸相・海相）で三国同盟締結を主張したが、海相及川古志郎《こしろう》（前海相吉田善吾は病気のため九月四日に辞任）が、

「ドイツがアメリカから攻撃された場合、日本は軍事的手段でドイツを援助する」

との、日本の自動的参戦義務を嫌って反対姿勢を崩さず。三国同盟への同意を保留した。

そこで松岡外相は、ドイツ特使スターマーに、

「日本は自動的参戦義務を負わない。米独戦に日本が参戦するか否かは、自主的に決定する」

と強調した。するとスターマーは、

「駐日ドイツ大使オットの松岡外相あて秘密書簡（G一〇〇〇号）に『日本が参戦するか否かは日独伊三国で協議のうえ決定する』と記して、自動参戦条項を空文化させること」

を提案。松岡外相は、何の疑念も持たず、これに快諾したのである。

松岡外相は、九月十四日の大本営政府連絡会議で、

「日独伊三国同盟を結べば、日本はアメリカとの戦争に巻き込まれるかもしれない。しかし、

一、ドイツ提案を蹴って三国同盟を拒否した場合、ドイツがヨーロッパの覇者となってアメリカと提携すれば、全世界はアメリカ・ドイツ・イギリス・フランス・オランダなど白人社会が支配することとなり、日本は物資の調達も出来ず、干上がってしまう。

二、独伊および米英と結ぶ全方位外交も不可能ではないが、その場合、支那事変の処理はアメリカの言いなりになって、東亜新秩序建設を行えない。日本は、今後、少なくとも半世紀の間、米英に頭を下げ続けることになる。

三、米英に組すれば、物資の調達には苦しまぬが、日本はどんな目に遭うか分からぬ。それでも国民は承知するのかッ！（戦没した）十万の英霊は満足出来るのかッ！

勿論、日本が南進策を選べば、アメリカが対日戦を考える公算が高い。また三国同盟を結んでも、アメリカの対日戦を阻止出来る確率は、せいぜい五分五分だろう。しかし、今のまま手をこまねいていれば、日本は米英のいいなりになるだけだッ！」

と熱弁を振るって、三国同盟を主張した。

すると、これまで三国同盟に反対してきた海軍は、海相及川古志郎が、

「（自動参戦条項が空文化された以上）三国同盟以外に道はない」

と述べて条約賛成に転じた。海軍の突然の変身に驚愕した近衛首相が、海軍次官豊田貞次郎中将に尋ねると、豊田次官は、

「軍事面ではアメリカと戦って勝てる確信はない。海軍の本心は三国同盟に反対である。しかし海軍が、これ以上、三国同盟に反対することは政治情勢が許さないから賛成する」

と答えた。これに対して近衛首相は、

「政治判断は我々政治家が行う。海軍は、（政治判断でなく）純軍事的立場から検討し、（戦争

に）確信が無いなら、（三国同盟に）反対するのが、国家に対する忠義ではないか」

と食い下がったが、海軍次官豊田貞次郎は、

「今となっては、海軍の立場も諒承されたい。このうえは、三国同盟による軍事上の（ドイツ側に立っての）参戦義務が生じないよう、外交上の手段で防ぐほかない」

と述べた。三国同盟の交渉が進むなか、海軍だけが反対を貫くことは、もはや困難だった。

こうして三国同盟案は、九月十六日の閣議で了承されたのである。

九月十六日に三国同盟案の奏上を受けた昭和天皇は、

「アメリカと事を構える場合、海軍はどうか。海軍大学の図上演習では、いつも対米戦争は負けると聞いた」

と敗戦を懸念しつつも、三国同盟案を裁可なされた。

御前会議が昭和十五年九月十九日に開かれると、席上、枢密院議長原嘉道《よしみち》（元法相）が、

「三国同盟は米国を敵とする同盟である。独伊は、三国同盟を喧伝することにより、米国の欧州戦線への参戦を阻止しようとしている。いま米国は、英国に代り東亜の番人として、日本に圧迫を加えているが、日本を独伊側へ追いやらぬよう、かなり手控えている。しかし三国同盟により日本の親独姿勢が明白になれば、アメリカは日本への圧迫を強化し、蒋介石を援助して日本の支那事変遂行を妨害するだろう。いまだ独伊に宣戦していない米国は、日本に経済的圧

迫を加え、日本への石油・鉄を禁輸し、日本から物資を購入せず。長期にわたり日本を疲弊させ、日本が戦争出来ないよう計《はか》るだろう」

と鋭い質問を発した。これに対して、松岡外相は、

「日本が支那の全部、あるいは半分を放棄すれば、アメリカと一時的に握手することは出来るかも知れない。しかし将来もアメリカの対日圧力は止《や》むものではない。ルーズベルト大統領は野心家で何をするか分からない。いまアメリカの対日感情は極端に悪化し、わずかの機嫌取りで回復するものではない。我々の毅然たる態度だけが、対米戦争を避けられるであろう」

と反論。こうして御前会議は、三国同盟締結を承認した。

条約案は、枢密院で諮詢《しじゅん》される必要があるので、九月二十六日、枢密院に付議された。

このとき枢密顧問官深井英五《えいご》（元日銀総裁）は、

「条約前文に『万邦をしてその所を得さしむ』とあるが、かつてヒトラーは『弱肉強食は天地の公道なり』と揚言した。思想観念が相反するではないか」

と述べ、枢密顧問官石塚英蔵（元台湾総督）は、

「ドイツとの条約は、過去の経験上、十全を期し難し。ドイツの誠意を期待し得るのか」

と警告。枢密顧問官石井菊次郎（元外相）は、

「ドイツは最も悪しき国で、ドイツと同盟を結んだ国は、すべて不慮の災難を受けている。ヒトラーは危険少なからぬ人物である。ドイツは、わが国と日独伊防共協定を結んでおきながら、

それと明らかに矛盾する独ソ不可侵条約を結んだことから分かるとおり、条約を一片の紙としか見ていない。三国同盟の条約の運用には、充分注意する必要がある」と注意を喚起した。こうした議論が交わされながらも三国同盟案は承認され、三国同盟は昭和十五年九月二十七日に調印。松岡外相に、「自動参戦条項を空文化させるとの秘密書簡G一〇〇〇号」が手交された。

しかし秘密書簡による自動参戦条項の空文化という姑息な妥協は、最悪の結果を招いた。三国同盟に強硬に反対してきた海軍など三国同盟反対論者が、「自動的参戦義務が消滅したので、三国同盟に反対する理由は解消した」と、三国同盟の賛成に転じてしまった。

しかし、秘密書簡による自動参戦条項の空文化は、ドイツ特使スターマーの独断であって、ドイツ外相リッベントロップも総統ヒトラーも、一切、関知していない。

アメリカも、当然、秘密書簡による自動参戦条項の空文化を知らないので、「日本はドイツと軍事同盟を結んだ敵国」と見て烈《はげ》しく反発。第二次世界大戦で、相当量の軍事力を日本とドイツの双方へ向けた。そして日本は、ヒトラーの希望どおり、「ドイツの弾《たま》丸よけ」の役割を果たし、日本人はアメリカの敵意を一身に受けて悲惨な惨禍を受ける。

秘密書簡による自動参戦条項の空文化という二枚舌外交＝ダブル・スタンダード外交は、ドイツに極めて有利、日本にとって極めて不利なのだ。日本はドイツに嵌《は》められた訳である。

これが、ドイツの得意とする二枚舌外交である。

三国同盟に対するアメリカの反発

前述のとおり、米内内閣の昭和十五年一月二十六日に日米通商条約が失効すると、アメリカは同年七月二日に国防強化促進法を成立させ、石油・鉄屑を除く兵器・弾薬・工作機械等を輸出許可制とした。第二次近衛内閣で、北部仏印進駐（九月二十三日）が行われると、アメリカは、九月二十五日に蒋介石政府へ二千五百万ドルの借款を供与し、九月二十六日には屑鉄の全面禁輸を発表(実施は十月十六日)。日独伊三国同盟が締結(九月二十七日)されると、アメリカはいっそう反発を強め、十月八日には極東在住アメリカ人婦女子に引揚げを勧告。十月十六日に選抜徴兵法を成立させ、三日後の兵員抽選式で最初の徴兵八十万人を選抜した。

アメリカは戦争モードに突入し、日米関係が緊迫化したのである。

閑院宮参謀総長の退任

三国同盟の調印で日米関係が緊迫化し、戦争の懸念が高まると、十月三日、全陸軍の作戦を預かる参謀総長閑院宮載仁親王殿下が、敗戦の場合に累が及ばぬよう、御退任された。

閑院宮参謀総長は、第五章で述べたとおり、台頭するドイツ・ナチス政権との連携を模索した永田鉄山軍務局長・林銑十郎陸相に同調し、真崎甚三郎教育総監の罷免を断行なされた。これが永田鉄山斬殺事件を惹起《じゃっき》し、二・二六事件へ続く天下大乱の発端となった。

以来、東條英機・武藤章ら統制派が、昭和天皇の寵を得て陸軍を支配し、永田鉄山の「支那を一撃し、ドイツと連携して、ソ連・米・英等との長期持久戦を勝ち抜く集団国防主義」を推進。わが国は、ドイツと組んで、無謀な太平洋戦争に突入するのである。

もしアメリカに負ければ、全陸軍の作戦を預かる参謀総長の敗戦責任は免れない。かくして皇族の長老である参謀総長閑院宮載仁親王殿下は、御退任なされたのである。

ルーズベルトは昭和十六年一月にオレンジ計画発動を決断

日独伊三国同盟が調印されると、日米関係は急速に悪化したが、合衆国艦隊司令長官兼太平洋艦隊司令長官リチャードソン大将は日米戦争を回避しようとし、昭和十六年一月下旬、フランクリン・ルーズベルト大統領に、

「日本との外交による和解こそ正しい解決の道である。日本海軍を刺激して開戦に至るのを回避すべく、太平洋艦隊を真珠湾から西海岸のサンディエゴへ戻すべきである。日本との戦争準備も整わないのに、日本を挑発するルーズベルト大統領のやり方を、我々アメリカ海軍上層部は信頼出来ない」

と直言した。これに対するフランクリン・ルーズベルト大統領の回答は、

「二月一日付で大将から少将へ降格。合衆国艦隊司令長官兼太平洋艦隊司令長官を解任」

というニベもないものだった。太平洋戦争開戦十カ月前のことである。

フランクリン・ルーズベルト大統領は、日米戦争に消極的になったアメリカ海軍を叱咤し、この時期、対日開戦断行を決断したのである。

かくして昭和十六年二月頃、太平洋戦争は避けがたい情勢となった。

伏見宮軍令部総長の退任

前述のとおり、海軍次官豊田貞次郎が近衛首相に、

「(日本海軍は) アメリカに勝てる確信はない」

と述べ、昭和天皇が、

「アメリカと戦って海軍はどうか。海軍大学の図上演習はいつも対米戦争は負けると聞いた」

と述べられたように、日本海軍がアメリカ海軍に負けることは、海軍内で常識だった。

そこで太平洋戦争開戦八カ月前の昭和十六年四月九日、海軍内で絶大なる権勢を誇った軍令部総長伏見宮博恭王殿下が、敗戦責任を問われぬよう、御退任なされた。


第四章で述べたとおり、伏見宮元帥は軍令部の権限を強化すべく、高橋軍令部次長を督励して「軍令部条例及び海軍省軍令部業務互渉規定」の改定を海軍省に要求。改定を渋る大角岑生海相を御叱責なされ、反対する井上成美課長を更迭し、改定を成立させた。この結果、海軍内での権力は、議会の掣肘を受ける海軍省から、天皇直属の軍令部へ移動した。

また伏見宮元帥は、昭和八年三月以降、大角海相に要求した「大角人事」により、空母・航空隊主義者で軍縮条約賛成の条約派将官を粛清追放。日本海軍を、大艦巨砲主義者の艦隊派で固めた。以来、日本海軍は、大艦巨砲主義の道を歩んだ。

さらに伏見宮元帥の下で、ワシントン海軍軍縮条約・ロンドン海軍軍縮条約から脱退し、アメリカと建艦競争を進めたが、日米経済力格差が露呈。昭和十六年一月には、「日本の戦艦保有量は、対米五割を下回る（『軍令部作成：第五次軍備充実計画案』）」という皮肉な結果となった。「艦隊の戦力は軍艦保有量の二乗に比例する」ので、対米戦力は一（一＊一）：〇・二五（〇・五＊〇・五）以下である。

前述のとおり、海軍から粛清追放された条約派の海軍戦略は、日米海戦の主役を空母と見て、空母へ転換可能な貨客船を民間に大量建造させる「海の屯田兵構想」だった。

日本郵船の豪華客船だった橿原丸《かしはらまる》は、空母に改造されて「隼鷹《じゅんよう》」となり、開戦十カ月後の南太平洋海戦で、アメリカの正規空母「ホーネット」撃沈、「エンタープライズ」撃破。一時的ながらアメリカの作戦可能空母を皆無とする殊勲を挙げている。

当時の日本にとって最善の海軍戦略は、第二次ロンドン海軍軍縮会議のアメリカ案（ワシントン条約・ロンドン条約の維持に加え現有戦力の二割削減）を受諾して保有比率を維持し、保有絶対トン数の格差を縮小。日米開戦の折には、縮小した保有トン数の格差を、急遽、昼夜兼行で建艦し、さらに「海の屯田兵」を活用するのが得策だった。

日本海軍がアメリカ海軍に対抗する方策は、「海の屯田兵構想」しかなかったであろう。

しかるに日本海軍は、伏見宮元帥の下、大角人事で条約派将官を粛清一掃し、海軍軍縮条約から脱退。アメリカと建艦競争を進めた結果、国家財政が破綻し、日本の戦艦保有量は対米五割を下回る皮肉な結果となった。しかも大艦巨砲主義を採った結果、日本海軍の主力艦は空母でなく戦艦となった。こうして日本海軍は、戦う前から、敗戦必至の形勢となった。

日本海軍の対米戦の準備の第一歩は、敗戦を見越して、軍令部総長伏見宮博恭王殿下が敗戦責任を問われぬよう、御退任なされたことである。

日ソ中立条約締結

前述のとおり、第二次近衛内閣が時局処理要綱で、対ソ国交調整と南進策を謳《うた》い、

「一、対ソ国交調整を行う。

二、外交的措置により南方の重要資源確保に努めるが、必要な場合は武力を行使する」

との方針を定めると、北方の静謐を保つため、ソ連との提携の重要性が強調された。

日本とソ連の提携は、松岡外相の、

「将来の世界は、アメリカを中心とするアメリカ・ブロック、ソ連を中心とするソ連ブロック、

ドイツを盟主とする西欧ブロック、日本を指導者とする東亜ブロックに分かれる。日本は、三国同盟と日ソ中立条約を締結し、日独伊ソ四カ国の提携により、立場を強化する」との外交基本構想において、重要な位置付けにあった。

ドイツとソ連は、既に、昭和十四年八月に独ソ不可侵条約を結んでいる。従って日本が三国同盟と日ソ中立条約を結べば、日独伊ソの四国の連携が成立する。そこでドイツは日ソ国交調整に協力すべく、昭和十五年十一月十二日、ドイツ外相リッベントロップがソ連首相兼外相モロトフに、

「日ソ間の関係改善を斡旋する用意がある。日独伊三国とソ連が四カ国の相互協力を確立し、日独伊ソの四カ国で世界を分割して、相互の勢力圏を尊重しようではないか」

と持ちかけた。

松岡外相は、こうした情勢を踏まえて、「日独伊三国同盟と日ソ中立条約による日独伊ソ四カ国の提携でアメリカに対抗する」とし、昭和十六年三月十二日から欧州・ソ連歴訪に出発。昭和十六年四月十三日、モスクワで日ソ中立条約に調印した。

日米諒解案

話は五カ月前に戻るが、三国同盟締結（昭和十五年九月）により緊迫した日米関係を改善す

べく、アメリカ郵政長官ウォーカーの意を受けたドラウト神父が昭和十五年十一月に来日。産業組合中央金庫理事井川忠雄《いかわただお》に接触して日米首脳会談を提案した。井川忠雄が、この話を近衛首相・松岡外相・陸軍当局者らに伝えると、近衛首相は強い興味を示した。

そこで井川忠雄・陸軍省軍事課長岩畔豪雄《いわくろひでお》大佐が訪米して、駐米大使元外相野村吉三郎と協働し、駐米日本大使館・アメリカ国務省も関与して日米諒解《りょうかい》案が作成され、昭和十六年四月十六日、ハル国務長官は野村大使に「日米諒解案は日米交渉の基礎となり得る」と言明した。

日米諒解案とは、

「一、①日本軍は日支の協定により支那から撤兵する。②支那は満州国を承認する。③蒋介石政権と汪兆銘政権は合体する。④日本は支那領土を併合しない。⑤非賠償。

以上の条件が満たされれば、アメリカ大統領が蒋介石政権に和平を勧告する。

二、日本が武力による南進を行わないと保証すれば、アメリカは日本の南方資源調達に支持と協力を与える。

三、新たに日米通商条約を締結し、日米両国の通商関係を正常化する。

これらが承認されれば、近衛・ルーズベルト首脳会談を開く」

というものである。

日米諒解案が四月十八日に日本へ打電されて来ると、近衛首相・東條陸相・武藤章陸軍省軍務局長・岡敬純《おかたかずみ》海軍省軍務局長とも日米諒解案を歓迎し、日米諒解案受諾を直ちに決定。近衛首相と陸海軍は、野村大使に「日本政府は日米諒解案に賛成」と返電することとした。

そもそも支那事変は、前述のとおり、大山事件が発生して日支の衝突が上海へ飛び火し泥沼化。トラウトマン和平工作・宇垣和平工作・汪兆銘和平工作とも失敗に終わった。その後、日本陸軍は張鼓峰事件・ノモンハン事件でソ連軍と支那軍に挟撃される苦境に陥ると、桐工作による蒋介石との和平を期待したが、これも失敗。支那との和平工作は、手詰まりとなった。

かかるなか、「アメリカが日支和平を仲介し、日本軍が支那から撤兵し、支那が満州国を承認する」とは日本陸軍にとって最大の朗報である。軍務局長武藤章ら陸軍首脳は日米諒解案に狂喜した。

近衛首相は以前から、「英米と比べて、持たざる国日本は、英仏等の植民地を解放してその天然資源を調達する権利がある」との独自の持論を持っていた。日米諒解案は、日本の南方資源調達・日米通商関係正常化など、近衛の主張を容認していた。従って近衛首相にとって、「日独伊三国同盟・日ソ中立条約による日独伊ソ四カ国でアメリカを牽制する危険」を冒《おか》す必要が無くなった訳である。そこで近衛首相は日米諒解案を歓迎した。

しかし、外務次官大橋忠一《ちゅういち》がストップをかけた。

このとき松岡外相は欧州・ソ連訪問中（三月十二日〜）だったので、大橋外務次官は、「日米諒解案賛成との返電は、外遊中の松岡外相の帰国を待ってからにすべき」

と主張。「返電は松岡外相の帰国後に」ということになった。

モスクワで日ソ中立条約を調印（昭和十六年四月十三日）し、四月二十二日に帰国した松岡外相は、飛行場からの自動車の中で大橋次官から報告を聞くと、たちまち不機嫌になった。日米諒解案は、松岡外相を抜きに作成されたうえ、松岡の「三国同盟・日ソ中立条約による日独伊ソ四国の提携で、アメリカの参戦を阻止する軍事対抗路線」と全面的に相反する対米協調路線だったからである。松岡外相は、松岡帰国の夜に開かれた大本営政府連絡会議で、日米諒解案反対を主張し、ただちに退席。以来、病気と称して引き籠った。


陸海軍の本音は軍事均衡による戦争抑止であり、日米戦争は何としても避けたかった。そこで近衛首相が松岡外相を「日米諒解案賛成を速やかにアメリカへ返電する」よう説得した。しかし松岡外相は頑《がん》として聞かず。陸海軍関係者を甚だしく失望させた。アメリカで首を長くして返電を待っていた岩畔豪雄大佐は、返電が来ないのに堪りかね、

「最近、アメリカから送った乾物は早く料理しないと腐る恐れがある」

と受諾を促したが、松岡外相は「野村に急ぐなと伝えておけ」と突っぱねた。

事ここに至って陸海軍の間で松岡外相への反感が強まり、外相更迭論が吹き出した。そこで松岡外相は重い腰を上げ、五月十二日、日米諒解案を大幅に修正し、

「日本のドイツへの軍事援助義務は発動される。アメリカはドイツを攻撃しないこと」

などアメリカが受容し難い挑戦的な文言を入れて返電した。アメリカは当然のごとく松岡修正案を拒否し、松岡外相の更迭を要求。日米諒解案は、六月二十一日頃、自然消滅した。

小村・松岡両外相の戦争責任

かつて、日露戦争が終結した一九〇五年八月三十一日、日露戦争中の外債募集に協力したアメリカの鉄道王ハリマンが桂太郎首相に南満州鉄道の共同経営を申し入れたことがあった。このとき元老伊藤博文・元老井上馨は「満州をアメリカも巻き込んだ国際的地域にして満州の平和を維持したい」と、ハリマン提案を歓迎。桂太郎首相とハリマンは、「桂・ハリマン覚書」に合意した。

しかるに外相小村寿太郎が「日本将兵の血の代償として得た満州は日本の勢力下に置くべき」との偏狭な発想でハリマン提案を潰した。すると日本政府は米英から「満州の門戸が閉鎖されている」との注意喚起を受け、ハリマンは高橋是清に「日本は十年以内にハリマン提案を潰したことを後悔するだろう」と警告した。

その予言は、満州問題に関する米英の誤解となり、太平洋戦争となって的中する。すなわち外相小村寿太郎は、ハリマン提案を拒否してアメリカの誤解を招き、ついにはアメリカと対立して太平洋戦争に至る日米衝突の発端となる重大なる誤解の種をまいたのである。

そして今度は、外相松岡洋右が「三国同盟における自動参戦条項の空文化を秘密書簡に記す」という姑息な手法をとって、アメリカから「日本はドイツと軍事同盟を結んだ敵国」と誤解される大失態を演じたうえ、日米諒解案という日米協調の最後の試みを潰した。

小村寿太郎・松岡洋右の二人の外務大臣が、外交の山場で、日本政府の意向に反して重大な大失態を犯し、アメリカの誤解を増幅させて戦争に至るのでは、日本国民はやりきれない。

今後の日本人が、もし悲惨な戦禍を避けたいなら、「日本外務省が、日本国民のための日本外交を行っているか否か」、日本外務省の言動を厳しく監視する必要があるだろう。

独ソ戦の勃発

日米諒解案が自然消滅した翌日の六月二十二日、独ソ戦が勃発。世界を震撼《しんかん》させた。

ドイツ外相リッベントロップが、ソ連首相兼外相モロトフに、

「日ソ関係改善を斡旋する用意がある。日独伊とソ連の四国で相互協力を確立しよう」

と持ちかけて舌の根も乾かぬ一カ月後の昭和十五年十二月十八日、ヒトラーがソ連侵攻準備を下命。半年で侵攻準備を整えたドイツは、独ソ不可侵条約を破って、ソ連へ侵攻したのである。

このようにドイツという国は、不可侵条約を平気で破る、不誠実な国なのだ。

日本が、こうした不誠実な国と軍事同盟を結んだことこそ、「失敗の本質」なのである。

余談だが、ソ連も、昭和二十年八月九日、日ソ中立条約を破って満州へ侵攻した。松岡外相の外交基本構想は、「条約を一片の紙としか見ないドイツ・ソ連という不誠実な国々との同盟を基礎に、日本の安全を確保しようとした点」に無理があったのである。

独ソ戦が始まると、日独伊三国同盟・日ソ中立条約を結んでいたわが国は、判断を迫られた。日独伊三国同盟に準拠してソ連を攻めるか、日ソ中立条約を順守して中立を保つか、である。こうしたなか、独ソ開戦八日後の六月三十日、リッベントロップ外相が松岡外相に、対ソ参戦を督促した。

そこで松岡外相は「ドイツと共動してソ連を討つべき」と北進論を唱え、さらに「いずれ南方へも進出して米英とも戦う。結局、ソ連・米・英と同時に戦うべき」と主張した。これは気宇壮大を通り越して誇大妄想・破滅主義である。第一、日ソ中立条約に違反している。

そもそも日独伊三国同盟は、恐露（ソ）病の日本陸軍がソ連軍と戦わずに済むための日ソ中立条約を成立させる手段に過ぎなかった。

陸軍は、張鼓峰事件・ノモンハン事件でソ連軍に痛い目に遭っており、北進論に反対。アメリカの輸出規制で資源調達に苦慮していた陸海軍は重要資源確保を目指し、外交的手段により南方へ進出する南進論を唱えた。南進論なら三国同盟にも日ソ中立条約にも違反しない。

こうして陸海軍は、「北進に加え南進し、ソ連・米英と戦う」と主張する松岡外相と激突した。

そして陸海軍主導のもと、昭和十六年七月二日の御前会議で、

「独ソ戦に介入することなく、自存自衛のため、南方進出の歩を進め、南方要域に対する必要なる外交交渉を続行し、南方進出の態勢を強化す（『情勢ノ推移ニ伴フ帝国国策要綱』）」

との南進論が決定されたのである。

第二次近衛内閣総辞職

近衛首相は、当初、松岡外相の外交基本構想について、

「日独伊ソの四カ国の提携で米英に対抗すれば、対米戦争を阻止することが出来る。支那事変の解決にも有益である」

と夢想して、松岡洋右に同調。三国同盟・日ソ中立条約を推進した。

しかし日独伊三国同盟（昭和十五年九月）はアメリカを刺激し、日米関係が急速に悪化。緊迫化した日米関係を打開すべく、日米諒解案（昭和十六年四月）が作成された。

この日米諒解案が、首相近衛文麿と外相松岡洋右の分かれ道となった。

日米諒解案で示された好条件とは、

「アメリカが三国同盟・日ソ中立条約による四カ国連合に包囲されたことを嫌い、日本を四カ国連合から離脱させるべく、日本に申し入れたもの」

と云える。アメリカは、日本に、

「ドイツと離縁し、三国同盟を空洞化させるなら、日米諒解案により日本を厚遇する」

と、踏み絵を迫った訳である。


その後の独ソ戦勃発（昭和十六年六月）で、「日独伊ソ四カ国連合でアメリカに対抗するとの松岡構想」は根本矛盾を露呈し、破綻した。

これが潮目の変化なのである。国際政治の一寸先は闇なのだ。

だから外交は、過去のいきさつに拘泥せず、柔軟に対応せねばならない。


そこで近衛首相は、上級公卿特有の変わり身の速さを見せて、

「日ソ中立条約を残し、三国同盟を棄てて、日米交渉を妥結すべく……」

変針した。これこそ「ドイツを切って、米英ソ陣営に入る正しい選択」であり、

「ドイツと離縁し、米英ソ陣営に入って生き残る、最初で最後の絶好のチャンス」

だった訳である。


実は、近衛文麿は長男文隆をアメリカへ留学させ、文隆がプリンストン大学でゴルフ部主将を務めた親米派なのだ。近衛文麿（当時は貴族院議長）は、昭和九年、文隆との面会を事由に

渡米し、大統領フランクリン・ルーズベルトや国務長官ハルと懇談し、親交を深めている。

これこそ藤原鎌足《かまたり》以来千余百年、陰謀渦巻く京都で変化に備えて布石を打ち二股・三股・乗換・裏切など変幻自在に幾多の政変を乗り切った上級公卿としての近衛文麿の真骨頂だった。


しかし松岡外相は、独ソ戦勃発により三国同盟の意義が消滅したのに、訪欧中、ヒトラー総統らドイツ首脳から盛大な歓迎を受けた心理的高揚から三国同盟に固執した。松岡外相の反米親独姿勢は、アメリカ留学中、人種差別に苦しめられ下男のように使役された私怨《しえん》と、ドイツで歓待された外相時の高揚した私的感情を、外交の基軸に据えたものらしい。

かくして、対米協調へ変針した近衛首相と、親ドイツを頑守する松岡外相が、激突した。

そこで近衛首相は、陸海軍からも反感を持たれている松岡外相の更迭を決意した。

しかし近衛首相が、内閣改造により、松岡外相を更迭すれば、更迭された松岡が、

「近衛首相は、アメリカの圧力に屈して、自分松岡を解任した」

と悪宣伝する懸念がある。また松岡を外相に据えた近衛首相自身の任命責任も問われる。

そこで第二次近衛内閣は、松岡外相を解任する目的で、七月十六日、内閣総辞職した。

第十三章

第三次近衛内閣における日米交渉決裂

第三次近衛内閣の発足

近衛首相は、昭和十六年七月十八日、外相を松岡洋右から海軍次官だった豊田貞次郎海軍大将（大将昇任は同年四月）に代えて、第三次近衛内閣を発足させた。海軍次官だった豊田貞次郎は、第二次近衛内閣のとき、海軍が三国同盟賛成に転じた際、

「アメリカと戦って勝てる確信はない。海軍の本心は三国同盟に反対である。このうえは三国同盟による軍事上の参戦義務が生じないよう、外交上の手段で防ぐほかない」

と述べ、対米戦争回避を訴えていた。近衛首相は、この豊田貞次郎を新外相に任じて、日米交渉妥結を目指したのである。

在米日本資産凍結と南部仏印進駐

しかし大統領フランクリン・ルーズベルトは、対日強硬路線を変えなかった。

アメリカは、前述のとおり、三国同盟・日ソ中立条約により日独伊ソ四カ国に包囲されると、日本を四国連合から離脱させるべく日米諒解案を容認し、「ドイツと離縁して、米英陣営に入るなら厚遇する」と、日本に踏み絵を迫った。

そこで近衛首相は、日ソ中立条約を残し、三国同盟を棄てて日米諒解案を受諾し、「ドイツを切って、米英陣営に入る変針」を行おうとした。

しかるに松岡外相が三国同盟を頑守。日米諒解案は自然消滅した。

ここが日本の運命の分かれ道だった。

大統領ルーズベルトは、松岡外相が日米諒解案を拒否した段階で、「日本はドイツ側に立った敵国」と見なし、約一カ月をかけて対日戦争準備を進めた。

アメリカという国は、昔も今も、「お前は敵か。味方か」と敵味方を峻別する厳しい国なのだ。

しかるに日本人は、昔も今も、敵味方識別を曖昧《あいまい》にする傾向が強く、旗幟《きし》を鮮明にしない。

アメリカ人と日本人の、この感覚の落差が、太平洋戦争という惨禍《さんか》の一因である。

大統領ルーズベルト・陸軍長官スチムソン・海軍長官ノックスは、第三次近衛内閣が発足した昭和十六年七月十八日、アメリカ軍爆撃機が支那大陸から発進して東京・大阪・京都・横浜・神戸を奇襲爆撃する作戦計画を承認。三日後の七月二十一日には、フライング・タイガース隊による支那大陸からの日本本土への先制攻撃計画を認可した。

この頃、日本では、アメリカの輸出規制により、重要資源の欠乏が深刻化していた。

前述のとおり昭和十五年一月二十六日に日米通商条約が失効すると、アメリカは七月二日に石油・鉄屑を除く兵器・弾薬・工作機械等を輸出許可制とした。

さらに第二次近衛内閣（昭和十五年七月二十二日〜）の発足三日後、石油・屑鉄も輸出許可制とした。そこで第二次近衛内閣は発足五日後の七月二十七日に採択した時局処理要綱で、「蘭印（オランダ領東インドのこと）に対し、外交的措置により重要資源確保に努める」と南進策を定めた。そして商工相小林一三《いちぞう》、三井物産会長向井忠晴が八月三十日から蘭印へ赴《おもむ》き、七二万六五〇〇トンの石油輸入契約を成立させた。

しかしアメリカは、その後も追撃の手を緩めず。日本が北部仏印進駐（九月二十三日）を行うと、九月二十六日、屑鉄の全面禁輸を発表。三国同盟が締結（九月二十七日）されると、反発を強めて戦争モードに突入した。

さらにアメリカは蘭印政府に対し、「日本に石油・ゴム等を輸出せぬ」よう強請《ごうせい》した。すると蘭印政府は、アメリカの武力を頼って「対日戦争を辞せず」との強硬姿勢を示し、昭和十六年一月以降、石油・ゴム・錫《すず》等の対日輸出を拒否したのである。

昭和十六年に入り重要資源の欠乏が深刻化してくると、日本陸海軍は資源産出地である南部仏印への進駐を強く唱えるようになった。軍事面から見ても、南部仏印は蘭印、タイ、マレー、シンガポール、ビルマなどを睥睨《へいげい》する軍事上の要地で、蘭印政府に「日本への石油輸出を強請する効果」が期待された。第二次近衛内閣は、前述のとおり、昭和十六年七月二日の御前会議で南進策を正式に決定。駐仏大使加藤外松が、七月十四日、既にドイツに降伏していたフランス政府の副首相ダルランに南部仏印への進駐許可を求めた。

第三次近衛内閣（昭和十六年七月十八日〜）に替って七月二十一日、フランス政府は、フランスの仏印に対する宗主権が侵害されない前提で、日本の南部仏印進駐を承諾した。

一方、アメリカとイギリスは、南部仏印進駐を巡る日本とフランスの交渉に神経を尖《とが》らせ、アメリカ国務次官補アチソンとイギリス外相ハリファックスは、七月二十一日、

「日本が（蘭印の石油を求めて）南部仏印進駐を行ったら、米英は共同対日経済制裁を行う」

ことで合意。国務次官ウェルズが、七月二十三日、駐米大使野村吉三郎に、

「日本が（蘭印の石油を求めて）南部仏印進駐を行うなら重大なる結果を招来する」

と警告した。アメリカは、断固として、日本に石油を与えようとしないのである。

そして大統領ルーズベルトは、七月二十五日、在米日本資産の凍結を断行した。

このため日本は外貨を使えなくなり、海外から物資を輸入することが出来なくなった。

前大統領フーバー（共和党）は、ルーズベルトによる日本資産凍結の目的について、

「アメリカがドイツとの戦争に参戦するため、日本を戦争へ引きずり込むためだった」

と証言している。

フランス政府の承諾を得た陸海軍は、アメリカの武力を頼って対日石油輸出を拒否する蘭印政府に対日石油輸出を強請すべく、七月二十八日、南部仏印進駐を開始した。陸海軍は「南部仏印進駐を行っても米英は反発しないだろう」と甘く考えていたが、これは油断だった。

大統領ルーズベルトは、前述のとおり、松岡外相が日米諒解案を蹴って三国同盟を頑守した昭和十六年六月二十一日頃以降、日本はドイツと組んだアメリカの敵と見て、「アメリカは、ソ連と組んで、日本を攻め滅ぼす」との明確な方針を確立。日本軍が南部仏印進駐を開始すると、四日後の八月一日、対日石油輸出を禁止したのである。

しかるに日本陸海軍は、余りにも無警戒で、石油全面禁輸は想定外だった。石油を輸入したい日本と、陸海軍の、この鈍感さは、文字通り、「油断」と云うほかはない。石油を輸出させないアメリカは、蘭印の石油を巡って、激突した。太平洋戦争は、事実上、昭和十六年八月一日の対日石油禁輸をもってスタートした訳である。戦争は、発砲によって始まるというより、発砲以前に行われる経済封鎖によって始まるのだ。しかし日本の軍人は経済音痴で、石油禁輸が日米戦争のスタートであるとは気付かなかった。

石油禁輸の衝撃

当時、日本の石油備蓄量は九四〇万バーレルで約二年分。戦争になれば一年半で消費される。石油禁輸は日本の軍事面・産業面に破滅的な打撃を与えるので、日本は窮地に追い込まれた。

石油禁輸は実質上の宣戦布告であり、日本の選択肢は、「アメリカの諸要求を丸呑み（全面的に受け入れること）して実質上の降伏」をするか、「武力で蘭印の石油を奪う」しかない、という窮地に追い込まれた訳である。


こののち真珠湾攻撃（昭和十六年十二月）まで四カ月間にわたり日米交渉が続けられるが、アメリカ側には、日本が実質上の降伏をしない限り、日米交渉に応じる意思はなく、

「日本の気を引きつつ、少しずつ交渉のハードルを上げて、日本の備蓄石油を枯渇させ、アメリカが対日戦争準備を進める時間稼ぎ」

を行っていたに過ぎない。これがアメリカという国の厳しさ恐ろしさなのだ。


そもそもオレンジ計画は、対日戦争を無制限経済戦争と位置付け、

「厳しい通商上の封鎖により、日本を完全な窮乏と疲弊に追い込んで、打ちのめす」

との基本理念を定めていた。とくに軍艦燃料が石炭から石油へ転換した大正十一年頃以降、対日作戦の基本方針は「日本に石油を入手させない」こととしていた。


アメリカ海軍は、日本に石油を与えないため、日本とマレーシアとの連携を破断し、

「日本の石油入手を妨害して、日本艦隊を最後の艦隊決戦へおびき出し、全滅させる」

との十九世紀的な古典的帝国主義ともいうべき強い執念で、虎視眈々《こしたんたん》と、日本征服を狙っていた。日本は、事ここに至って、「オレンジ計画の罠《わな》」に嵌《は》まったのである。


大統領ルーズベルトは、この頃、対日制裁を決めた会議の席上、

「これで日本は蘭印（オランダ領東インド）へ向かうだろう。それは太平洋戦争を意味する」と述べている。

ルーズベルトは日米首脳会談を拒否

前述のとおり、日本の石油備蓄量は約二年分しか無かったので、日本海軍内で、

「アメリカは日本の備蓄石油を欠乏させたうえ、日本に戦争を仕掛けるのではないか？」

との疑心暗鬼が強まり、佐官級軍人の間で、一日も早い対米開戦を唱える声があがった。追い詰められた近衛首相はルーズベルト大統領との日米首脳会談による戦争回避を決意。東條陸相・及川海相を説得し、八月八日、野村大使がハル国務長官に日米首脳会談を申し入れた。

一方、大統領ルーズベルトは、八月九日から八月十四日まで、イギリス首相チャーチルと大西洋上で会談し、「対日戦争は米英が協力して戦う」ことを確認しあった。

ルーズベルトは、チャーチルとの会談から帰国後の八月十七日、野村駐米大使と会談し、

「日米首脳会談の場所はアラスカのジュノーではどうか。時期は十月中旬頃でどうか」

と述べて気を持たせた。そこで野村大使は、八月二十八日、近衛首相の、

「日本は隣接諸国に武力を行使しない。日米首脳会談で太平洋の平和の可能性を探りたい」

との意向をルーズベルトに伝えた。

しかるにルーズベルトは、九月三日、首脳会談拒否を野村大使に回答したのである。

第三次近衛内閣は、大統領ルーズベルトの日米首脳会談拒否を受けて、三日後の九月六日、御前会議を開き、帝国国策遂行要領を決定。帝国国策遂行要領は、

「米英に対して外交の手段を尽し、最少限の要求貫徹に努め、交渉期限を十月上旬に区切り、この時期までに日米交渉妥結の目途なき場合は、米・英・蘭に対し開戦を決意する」

との方針を定めた。このとき昭和天皇は、対米開戦を憂慮なされ、

「四方《よも》の海、みなはらからと思う世に、など波風の立ち騒ぐらむ」

との明治天皇の御製《ぎょせい》を読み上げられ、平和への願いを示された。

事態の窮迫を憂慮した近衛首相は、御前会議が終わった九月六日夜、駐日アメリカ大使グルーと会談。日米戦争回避のため、再度、日米首脳会談の実現を申し入れた。グルーは国務省に「首脳会談の実現」を強く進言したが、国務長官ハルは「仏印・支那からの全面撤兵・三国同盟廃棄など原則論」を唱えて、十月二日、改めて日米首脳会談を拒否したのである。

実はこの間、大統領ルーズベルトは、日独伊ソ四カ国連合を切り崩すべく、「ドイツと離縁しない日本を見限って、ソ連と組む、米英ソ三国連合の形成」を目指していた。アメリカはソ連を誘い、九月二十一日、米英ソ三国によるモスクワ会談を開き、この場で、ソ連への援助を発言。その後、東條英機内閣（十月十八日〜）に替った十月二十一日、「ソ連へ大量の軍備品を月末までに発送する」と公式発表する。

アメリカは、米英ソ三国連合により、ドイツと離縁しない日本を攻め滅ぼすのである。

東條陸相が陸軍撤兵を拒否

陸軍は国務長官ハルの日米首脳会談拒否（十月二日）を受け、十月五日、八時間に及ぶ陸軍省参謀本部合同会議の末、「外交の目途なし。速やかに対米開戦すべし」との結論に達した。

海軍は和戦の方針定まらず。十月七日、海相及川古志郎が陸相東條英機に、内々で、「海軍は対米戦争に勝つ自信がない。日米交渉の継続を望む」と述べた。海軍は「アメリカに勝てる見込みなし」と判断していたが、及川海相は「アメリカと戦えば敗戦必至」とまでは明言せず。和戦の態度をはっきりさせなかった。これまで海軍は、恥を忍んで、非公式ながら再三にわたり、昭和天皇・近衛首相・東條陸相に「アメリカと戦えば負ける」と述べた。このうえ海軍に恥をかかせて、「何を言え」と云うのか？

そもそも日米衝突の根源は、陸軍撤兵・三国同盟という、陸軍固有の問題なのだ。海軍から「日米海戦は完敗必至。陸軍は撤兵し三国同盟は破棄すべし」などと言える筈もない。

決断を迫られた近衛首相は、十月十二日、外相豊田貞次郎・陸相東條英機・海相及川古志郎・企画院総裁鈴木貞一と対応を協議。その席で、近衛首相は、

「『（外交か戦争か）どちらかでやれ』と言われれば、『外交でやる』と言わざるを得ない。私は（アメリカとの）戦争に自信がない。（戦争で決着させるというなら、政権運営は、アメリカとの

戦争に）自信ある人にやってもらわねばならぬ」

と述べた。

近衛首相は、二日後の十月十四日の閣議で、日米開戦を回避するため、

「（支那・仏印からの）撤兵問題に色を付ければ、日米交渉妥結の見込みがあると思う」

と発言した。このとき海相及川古志郎は、

「（和戦の決定は首相・外相の専権事項なので）首相に一任する」

と述べた。軍人の本分は、政治に関与せず、「戦えば負ける」と分かっても、命令が下れば死力を尽くして黙々と戦うことである。

一方、陸相東條英機は、近衛発言に激怒し、

「撤兵問題は心臓である。米国の要求に屈服して撤兵することは、支那事変の成果を壊滅させ、満州国を、さらに朝鮮統治を危うくする。支那事変の数十万人の戦死者、数倍する遺家族、数十万の負傷者、数百万の軍隊と一億国民が、戦場や内地で苦しんでいる。撤兵は退却である。駐兵は心臓である。譲歩に譲歩、譲歩を重ね、さらに心臓まで譲る必要がありますか。ここまで譲り、それが外交か。降伏です。既に支那に対し無賠償・非併合を声明しているのだから、せめて駐兵くらい当然のことだ」

と陸軍撤兵を拒否した。東條陸相が撤兵を拒否した以上、日米開戦は不可避である。

この頃、陸軍省軍務局軍事課長佐藤賢了《けんりょう》大佐が、陸相東條英機中将に、

「海軍は『対米戦争に勝ち目がない』と思っているのではないですか。自分が料亭に一席設けるから、一杯やりながら、くつろいだところで、海軍の本音を聞いてみたらどうですか」

と申し入れた。すると謹厳・真面目が身上の陸相東條英機は、

「国家の大事を待合政治で決めろ、というのかッ！」

と一喝した。それでも軍事課長佐藤賢了大佐は、ひるまず、

「これまで海軍は対米戦のためと称して膨大な国費を使い、今更、戦争が出来ない、とは言えますまい。海軍の本音はどうなのか？　もし海軍が勝つ見込みがないなら国を潰すことになる。だから（海軍に）、海軍の顔を潰さぬよう和平も考える、と話してみてはいかがですか」

と食い下がった。これに対し陸相東條英機は、

「御前会議で本当の事を言えず、宴席なら本音が吐けるという馬鹿なことがあるかッ！」

と一蹴した。

余談だが、佐藤賢了は石川県出身。仏教の信心篤《あつ》い父親が僧侶にしようと、賢了という僧侶らしい名前を付けた。しかし本人は僧侶になることを嫌い、少年時代は手が付けられない悪童だった。この悪童振りは佐藤賢了の本性なのか？　あるいは僧侶にならないための少年なりの打算だったのか？　もし佐藤賢了が僧侶になったら、弁慶のような荒法師《あらほうし》になっただろう。

陸軍最強硬派の東條陸相

陸軍における東條英機の人事考課は、「せいぜい少将どまり」という凡庸なものだった。東條英機少将が運を掴んだのは二・二六事件の直後。前述のとおり、関東軍憲兵隊司令官だった東條英機は憲兵を督励《とくれい》し、全満州における皇道派的色彩の者を片っ端から検挙。その数二千数百人に及び、皇道派粛清の功により中将へ昇進した。

このとき東條英機は、憲兵を駆使する旨味を覚えた。反対派や自分の地位を脅かす有能な軍人を憲兵を使って有無を言わせず排除すれば、自分の昇進・権力保持に絶対的に有利である。

前述のとおり、二・二六事件後、無実の罪で禁固五年の判決を受けた菅波三郎大尉は、「決起の第一の理由は、第一師団の満州派遣。第二の理由は、統制派幕僚連が目論んだ支那への侵略だ。これは、当然、戦争になる。生還は期し難い。決起した青年将校らは、とりわけ有能で勇敢な第一線指揮官なのだ。大部分は戦死してしまうだろう。だから満州派遣の前に君側の奸を斃す。そして支那へは、絶対、手を付けさせない。今は外国と事を構える時機ではない。わが国の国政を改革し、国民生活の安定を図る。これが彼ら青年将校の決起の動機だった。支那への侵略の張本人が軍務局長永田鉄山少将であることは、我々の誰もが知っていた」と証言。また二・二六事件の決起趣意書（野中四郎大尉起草）は、

「露支英米との間一触即発して祖宗遺垂の神洲を破滅に堕らしむるは、火を見るより明らか」と述べ、ソ連・支那・英・米との全面戦争に突入して滅びる、との危機感を訴えた。

しかし東條英機に、こうした思想・経綸・軍事予知力は皆無だった。

そして東條英機は、関東軍参謀長のとき盧溝橋事件が発生するや、異常な熱意で察哈爾《チャハル》省への出兵を意見具申。本来はスタッフである筈なのに察哈爾派遣兵団の兵団長となり、破竹の進撃で内蒙古の察哈爾省・綏遠《すいえん》省を制圧した。

前述のとおり、盧溝橋で始まった日支の衝突は、八月に華中の上海へ飛び火し、上海戦（第二次上海事変）に発展。支那事変は第二段階に入った。

このとき対支和平論者の参謀本部作戦部長石原莞爾少将は、

「上海へ派兵すれば、支那との全面戦争になる。支那軍は、ドイツ軍事顧問団の指導で強化されている。そもそも日本陸軍は、華中での作戦計画を検討したことが無い」

と派兵に反対したが、武藤章大佐ら事変拡大派との抗争に敗れ、参謀本部を追われた。関東軍参謀副長に左遷され満州へ赴いた石原莞爾の上司が関東軍参謀長東條英機中将だった。対支和平論者の石原莞爾少将と、対支強硬論者で事変拡大論者の東條英機中将は、激突した。

石原莞爾は、以前から、王道楽土・五族協和を信条とし、

「満州国を満州人・蒙古人・漢人・朝鮮人・日本人が対等に協力しあう理想国家にする」

との夢を抱き、そうすることによって満州国は日本の真の盟友となり、防共国防国家となって、満州への共産主義浸透やソ連軍南侵を防ぐことが出来る、との信念を持っていた。

一方、関東軍参謀長東條英機中将の満州国運営の基本姿勢は、「二キ三スケ」と称された軍・官・財の五人、すなわち東條英機《き》（関東軍参謀長：在満期間昭和十年〜昭和十三年）、星野直樹《き》（満州国国務院総務庁長官：在満期間：昭和七年〜昭和十五年）、松岡洋右《すけ》（満鉄総裁：在満期間：大正十年〜昭和五年）、岸信介《すけ》（満州国総務庁次長：在満期間昭和十一年〜昭和十四年）、鮎川義介《すけ》（満州重工業開発㈱総裁：在満期間昭和十二年〜昭和十七年）が権力の頂点に立って手を組み、関東軍が満州国を政治支配することだった。こうして現実の満州国は、

「満州人・蒙古人・漢人・朝鮮人の上に日本人が立ち、日本人の上に軍人・憲兵・官僚が立ち、関東軍参謀長が満州国総務庁長官を指揮し、東條英機ら二キ三スケが満州国の行政権を差配する軍国主義的・官僚主導型・独占資本主義的な階級社会」

へ変質していた。独占資本主義的な階級社会は、共産主義の温床である。

石原莞爾が満州へ戻ったとき、満州は王道楽土・五族協和の理想とは真逆の、関東軍参謀長東條英機を頂点とする軍国主義的・官僚主導型・中央集権的な階級社会へ変質していた。

石原莞爾少将は、憲兵を駆使して全満州を差配する上司の東條英機中将を、

「憲兵しか使えぬ女々《めめ》しい奴」

と罵倒。事毎に、東條英機を無能・馬鹿呼ばわりした。

一方、上司の東條中将は「統帥の根本は服従にある」との立場から、部下の石原少将を、「上下の規律を重んじる軍隊において、上官を侮辱する、許すべからざる者」と憎み、憲兵を督励して、手紙の検閲など石原莞爾少将の身辺を厳重に監視させた。

前途を絶望した石原莞爾は関東軍司令官植田謙吉大将に辞表を提出（但し不受理）した。


支那事変は、石原莞爾が憂慮したとおり泥沼化した。そこで近衛首相は継戦派の杉山陸相・広田外相を更迭し、後任に和平派の板垣陸相・宇垣外相を据えて日支和平を模索した。

しかるに東條陸軍次官は、宇垣新外相・孔祥熙行政院長の宇垣和平工作を、「蒋介石の下野が絶対必要」と強調して妨害。さらに軍人会館で、

「支那事変の根本解決のため、ソ連・英米との戦争を決意し、準備しなければならない」

と豪語して、影佐禎昭大佐・今井武夫中佐の汪兆銘工作をも妨害した。

東條次官は、激怒した板垣陸相から次官辞任を迫られたが、単独辞任を拒否。自身の更迭と併せて、対支和平派のリーダー多田駿参謀次長を陸軍中央から排除したのである。

このように「せいぜい少将どまり」と評定された東條英機は、憲兵を督励して全満州の皇道派的色彩の者を大量検挙して出世の糸口をつかみ、日支和平を模索する宇垣工作・汪兆銘工作を妨害し、日支和平を唱える参謀次長多田駿を陸軍中央から排除した。東條英機の持論は、「支那事変は断固たる武力解決を目指し、このためには、ソ連・米英との戦争も辞せず」

という強固な意志である。

東條英機は私情を交えた恣意的な東條人事により、支那事変拡大を唱える統制派のなかで最も強硬な東條一派（鈴木貞一・富永恭次・田中新一ら）なる強固な私党グループを形成。東條英機は、東條一派なる私党グループに支えられて、陸相の座に登り詰めたのである。

そして東條陸相は、対支和平を唱えて事毎に逆らう宿敵石原莞爾中将を昭和十六年三月に、多田駿大将を昭和十六年九月に予備役へ編入し、陸軍から放逐。永年の抗争を勝利で飾った。憲兵を駆使するなど、あらゆる手段を弄して陸軍最高権力者に登り詰め、盤石たる東條独裁体制を築いた東條英機にとって、陸軍撤兵は東條自身の過誤・失脚を意味する。かくして東條英機は、自己保身のため、近衛首相の陸軍撤兵論に絶対反対を唱えたのである。

敗戦必至の二正面作戦

東條陸相の撤兵拒否により、外交解決の道は閉ざされ、対米開戦は不可避となった。

しかし、軍事上、これほどの愚行はない。

対米開戦が不可避なら、陸軍は直ちに支那大陸から撤兵し、海軍に協力して、ハワイ上陸作戦・ミッドウェー上陸作戦など対米戦争に集中せねばならない。

かつて豊臣秀吉は、明智光秀が信長を討ったとき毛利と和睦。兵を戻して明智を討った。徳川家康は、上杉攻めの最中に石田三成が挙兵すると、関ケ原へ戻って、三成を討った。

豊臣秀吉も徳川家康も、挟み撃ちされた二正面作戦を嫌い、一方と和睦し、一方と戦った。

二正面作戦を避けるのは、軍事学の基礎なのだ。対米開戦不可避となった今、陸軍は直ちに支那大陸から撤兵し、対米戦に備える必要がある。

そして対米戦のため陸軍が支那から撤兵するなら、逆説的だが、対米和平が成立する筈だ。

アメリカの日本に対する要求の根幹は、「支那大陸からの撤兵」だからである。

東條英機は、この計算が出来なかった。

この計算が出来ないようでは、中将以上に昇任する資格はない。


この昭和十六年十月初旬、支那派遣軍総司令官畑俊六大将が、陸相東條英機中将に、

「米国の要求を容れて、支那事変を解決（し、支那から撤兵）するのが得策である」

と意見具申した。関東軍司令官梅津美治郎大将も、

「対米戦争は絶対に勝算なし。（支那から撤兵するなど）日米妥協の必要あり」

と意見具申。東條英機と衝突して予備役へ編入された石原莞爾は、親しい陸軍軍人に、

「石油を得るため、我が国の運命を賭《と》して、米国と戦争する馬鹿が何処《どこ》にあるかッ！　石油など、（わが陸軍が支那から撤兵して）米国と妥協すれば、幾らでも輸入出来るッ！」

と述べ、相変わらずの辛辣な口調で東條英機を罵倒した。

それでも東條英機は、支那からの陸軍撤兵を、断固として拒否した。

そもそもアメリカのオレンジ計画は、日本を征服する戦略原則を、

「アメリカは勇猛な日本陸軍とアジア大陸や日本本土で戦うべきでなく、アメリカ海軍が日本海軍を海戦で破って制海権を奪うべきである。日本の頼みの綱は強力な陸軍だが、アメリカは血の代償を少なくするため陸上の大会戦を避け、海上から戦いを挑み、日本海軍を海戦で破って日本陸軍を立ち枯れにする。アメリカの海軍力で日本の陸軍力を打ち破るのだ」

と定めた。アメリカは、日本人移民の入国を拒否して日本人を大陸へ入植させ、

一、強力な日本陸軍を、日本人居留民保護のため、大陸内部へ固着させて、

二、弱体なアメリカ陸軍は、強力な日本陸軍との直接戦闘を避け、

三、強力なアメリカ海軍が、弱体な日本海軍を大海戦で破って、海上補給線を破断し、

四、強力な日本陸軍を大陸で「立ち枯れ」にして、太平洋戦争で日本を打ち破った訳だ。

すなわち、陸軍撤兵を拒否して対米開戦を不可避とした東條陸相は、アメリカの、

「強力な日本陸軍を支那大陸へ固着させて支那兵と戦わせ、弱体な日本海軍はアメリカが仕留める。日本陸海軍を、アメリカと支那との二正面作戦へ引き摺り込む」

という「オレンジ計画の罠」に、まんまと嵌まる最悪の選択をした訳である。

陸相東條英機の軍人としての能力は、こうしたレベルの低いものだった。

人材きら星の如く、多くの逸材を擁した日本陸軍が、東條英機を「せいぜい少将どまりの凡

才」と評定したのは、公正妥当な人事考課だったのである。

総辞職

和戦の決断を迫られた近衛首相は「支那大陸からの撤兵による日米和平の道」を選んだ。しかし陸相東條英機は、断固として、撤兵を拒否したうえ、

「近衛首相との感情的対立が深まり、今後、近衛首相との会談が困難になった」

と私的感情をあらわにして、近衛内閣の総辞職を要求した。


このため外交による対米和平の道は閉ざされ、万策尽きた近衛首相は辞表を提出。第三次近衛内閣は、昭和十六年十月十六日、総辞職した。近衛文麿は辞表のなかで、

「隠忍して米国の要求を容《い》れ、支那よりの撤兵が最善の策なりと信じ、東條陸相の説得に努め懇談四度に及ぶも東條の承諾を得ることあたわず。万策尽き、輔弼の重責を全う出来ない」

と述べている。


対支和平派の石原莞爾と対支強硬論者で支那事変拡大論者の東條英機には後日談がある。ミッドウェー海戦敗北、ガダルカナル島への米軍上陸により戦局困難となった昭和十七年後半、途方に暮れた東條英機首相兼陸相は、恥を忍んで、既に退役していた石原莞爾を招き、

「今後の戦争指導について、どう考えているか」

と、作戦指導の教えを乞うた。この問いに対して、石原莞爾は、遠慮会釈なく、

「戦争指導など、君に出来ないことは、最初から分かっていたことだ。このまま行ったら、日本を滅ぼしてしまう。だから君は、一日も早く、総理大臣を辞めるべきだ」

と言い放った。東條英機は石原莞爾の言葉に衝撃を受け、ただ黙然とするばかりだった。

しかし東條英機首相兼陸相は辞任せず。その後、ガダルカナル島撤退（昭和十八年二月）・山本五十六大将戦死（昭和十八年四月）・アッツ島玉砕（昭和十八年五月）・イタリア降伏（昭和十八年九月）・マキン島タラワ島玉砕（昭和十八年十一月）・クェゼリン島玉砕（昭和十九年二月）など戦局挽回はほぼ不可能となったが、東條英機は首相兼陸相という権力の座にしがみつき、昭和十九年二月には参謀総長をも兼任。権力を専断した。

すると石原莞爾は、昭和十九年六月、大本営参謀津野田知重少佐と組んで、東條英機首相兼陸相兼参謀総長に青酸ガス爆弾を投げ付けて殺害する、東條英機暗殺を企てた。

石原莞爾の東條英機暗殺計画は、東條内閣が同年七月十八日に総辞職し、未遂に終わる。

第十四章
東條内閣における日米開戦

東條内閣の発足

近衛首相が、強硬派の東條陸相に支那からの撤兵を説得出来ず、総辞職すると、陸相東條英機に大命降下。昭和十六年十月十八日、東條内閣が発足した。

東條英機首相は陸相と内相を兼任。海相は東條英機に協力的な海軍大将嶋田繁太郎。内閣の要《かなめ》である内閣書記官長（今でいえば官房長官）に星野直樹、商工相に岸信介と、満州で気脈を通じた二キ三スケを登用。外相は対米協調派で平和主義者の東郷茂徳が任じられた。

白紙還元の御諚

東條英機が大命降下を受けた際、昭和天皇は内大臣木戸幸一を通じて、「九月六日御前会議決定に捉《とら》われず、慎重なる考究を加うることを要す」との「白紙還元の御諚《ごじょう》（天皇の御意向）」を伝達なされた。これは、「十月上旬までに日米交渉妥結の目途なき場合は開戦を決意、との帝国国策遂行要領を白紙に戻して対米交渉をやり直せ」との意味である。

そこで首相東條英機は、昭和天皇の御意思に従い、これまでの好戦的強硬姿勢を改め、「白紙還元の御諚」を実行に移し、日米交渉による事態打開を模索。内閣が発足するや、大本営政府連絡会議を開き、十月三十日まで連日、日米交渉に臨む基本方針を再検討した。

しかし石油を禁輸された状況は厳しく、海軍軍令部総長永野修身は、

「海軍は一時間に四百トンの石油を消費している。事は急を要す。和戦は早急に決すべし」

と述べ、陸軍参謀総長杉山元も、

「和戦の判断が既に一カ月延引《えんいん》している。研究に何日もかける時間の空費は許されぬ」

と、廟議《びょうぎ》の即決を迫った。

石油の調達はほぼ絶望的で、石油備蓄量から、戦機は既に秒読み段階に入っていた。

日本軍撤兵案としての甲案・乙案

こうしたなか外相東郷茂徳は、支那大陸・仏印からの陸軍撤兵を主張した。

対米協調を唱える東郷外相は、対米交渉の最大の課題である陸軍徹兵について、最終交渉案として、昭和十六年十一月一日、大本営政府連絡会議に甲案と乙案を提示した。

甲案：日本軍は、支那事変解決後、仏印から撤兵。華北・内蒙古・海南島以外は、和平成立後二年以内に撤兵。華北・内蒙古・海南島は和平成立後二十五年間駐留。

乙案：南部仏印に進駐した日本軍は、南部仏印から撤兵する。アメリカは、日本資産凍結を解除し、日本が石油等重要物資を調達することを認める。

甲案は、事前に、陸海軍と意見を擦り合わせ済なので、陸海軍から何の異存もなかった。

乙案は、アメリカが甲案を拒否した場合の代案として、「事態を日本資産凍結・南部仏印進駐・対日石油禁輸の以前の状態へ戻し、日米間の緊張を沈静化して戦争を回避する」という暫定協定案である。乙案は、幣原喜重郎が駐日アメリカ大使グルーの意向を踏まえて立案し、陸海軍との事前の意見調整を行わず、外相東郷茂徳が提出した。

参謀総長杉山元は「乙案の南部仏印からの撤兵」に反発したが、武藤章軍務局長が、「対米戦争は避けたい。外交交渉は外相の専権事項だから、陸軍は外相に反対すべきでない」と杉山参謀総長を説得。延々十七時間に及ぶ討議の末、東郷外相の乙案は了承された。

乙案は最大限の譲歩案だったので、多くの者が「アメリカは乙案を受諾し、日米交渉は妥結する」と期待した。

野村駐米大使が国務長官ハルに、十一月七日、甲案を提出したが、ハルは甲案を拒否。駐米大使野村吉三郎・特派大使来栖《くるす》三郎《さぶろう》が、十一月二十日、ハルに乙案を提出した。

ハル・ノート

しかし国務長官ハルは、狷介《けんかい》にも、「乙案は一顧の価値もない（ハル回想録）」と判断。アメリカは戦争準備を進め、「いかに最初の一発を日本に撃《う》たせるか（スチムソン回想録）」について、十一月二十五日、大統領・国務長官・陸海軍長官・陸軍参謀総長・海軍作戦部長による会議を開催。ハル国務長官は、翌十一月二十六日、野村駐米大使・来栖特派大使にハル・ノート

を手交し、

「（甲案に続き）乙案も拒否する。日本陸海軍・警察力は支那・仏印から無条件全面撤退すべし。日独伊三国同盟から離脱すべし。満州国の存在は認めない」

との強硬な要求を行った。支那に満州を含むか否かは、明らかでなかった。国務長官ハルは、翌日、陸軍長官スチムソンから「外交交渉はどうなったか？」と問われると、

「もう外交交渉は終わった。これからは、君ら、陸軍と海軍の仕事だ」

と回答。この日、ハワイなど前線基地司令官に「戦争近し」との警報が発せられた。

ハル・ノートを受け取ったとき、これまで対米交渉に精魂を傾けてきた東郷外相は、

「ハル・ノートは日本に国家的自殺を要求したに等しい。目がくらむ失望に撃《う》たれた」

と述べて、ハル・ノートを最後通牒と認識し、軍部と闘う意欲を喪失した。東條首相も、

「アメリカは既に対日戦争を決意したうえ、最後通牒として、ハル・ノートを提示した」

と受けとめ、東條内閣は開戦を決意した。

アメリカも対日戦争モードに突入。アメリカ海軍は、ハル・ノート手交日の十一月二十六日、アジア海域に展開する潜水艦部隊に、「日米開戦の場合、非武装の商船でも無警告で攻撃してよい」とする無制限潜水艦作戦を発令した。

日本海軍も、十一月二十六日、六空母を基幹とする機動部隊をハワイへ向け出航させた。

のちに武藤章軍務局長は、日米諒解案からハル・ノートに至る交渉経緯について、

「最初の日米諒解案が非常に甘いものであり、それが逐次辛いものとなってくる。日本は辛抱しながら譲歩して来て、最後に（ハル・ノートを突き付けられて日米交渉が）打ち切りとなる。そこで皆一様に憤慨する。（日米開戦に反対しようにも）反対のしようが無いのだ。私は日米交渉の経緯を考えて、米国に一杯食わされた感じがしてならない」

と述懐した。剛腕・傲岸《ごうがん》不遜《ふそん》が身上の武藤章らしい正直な述懐だ。結局、武藤章は、

一、日米諒解案は、三国同盟・日ソ中立条約による日独伊ソ四国に包囲されたアメリカが、日本を日独伊ソ四国連合から離脱させるべく、『日本がドイツと離縁して米英陣営に入るなら厚遇する』と迫った踏み絵だった。日米諒解案こそ日米和平の最後のチャンスだったが、松岡外相が日米諒解案を蹴ったので、日米和平の道は閉ざされた。

二、松岡外相が日米諒解案を蹴ると、アメリカはソ連と組み、日独伊ソ四国連合を切り崩した。これが非情なパワー・ゲームなのだ。アメリカは、ソ連を誘って米英ソ連合の必勝不敗体制を築く一方、孤立する日本に、在米日本資産凍結という実質上の最後通牒を突き付け、石油禁輸という実質上の宣戦布告を放った。

三、石油禁輸という実質上の宣戦布告を放った後のアメリカに日米交渉の意思はなく、開戦時期を遅らせて日本の備蓄石油を枯渇させ、アメリカの対日開戦準備を進め、日本に最

初の一発を撃たせて戦争の大義名分を得るため、交渉を引き延ばしていた。ということを、理解出来なかったのだ。

武藤章は、陸軍省軍務局長なる要職に在りながら、かかるアメリカの国際軍事戦略を看破《かんぱ》する眼力を持たず。この眼力不足・敗戦責任は万死に値する、といわざるを得ない。

おそらく大統領フランクリン・ルーズベルトは、日本が昭和十六年六月頃に日米諒解案を蹴った後は、日本陸海軍が南部仏印進駐を行わなかったとしても、遅かれ早かれ、何らかの口実を見つけて、対日石油禁輸を断行し、日本を締め上げたことだろう。

アメリカという国は、これほど恐ろしい国なのだ。太平洋戦争という惨禍を受けた日本人は、こうしたアメリカの恐ろしさを直視して、今後、誤りなき賢明な選択をして欲しい。

日米開戦

ハル・ノートが手交されて五日後の十二月一日の御前会議で、東郷外相は、

「米国は、我国幾多の譲歩にも拘らず、七カ月余の全交渉を通じ、当初の主張を一歩も譲らず。本提案（ハル・ノート）は半歳を超ゆる交渉経緯を無視せる不当なもの……」

と陳述。東條首相は、

「米国は、支那よりの全面撤兵・南京政府（汪兆銘政府）否認・三国同盟破棄など、新条件を追加。もし彼等の強要に屈従すれば、帝国の権威を失墜し、支那事変の完遂を期し得ざるのみ

ならず、帝国の存立を危殆《きたい》に陥らしむるので、開戦已むなし」

と述べ、御前会議は対米英蘭開戦を決定した。

参謀総長杉山元は、開戦の御聖断を下した昭和天皇の御様子について、

「本日ノ会議ニ於テ、オ上ハ説明ニ対シ一々頷《うなず》カレ、何等御不安ノ御様子ヲ拝セズ。御気色麗シキヤニ拝シ、恐懼《きょうく》感激ノ至リナリ（『杉山メモ』）」

と記録している。

連合艦隊司令部は、既に択捉《エトロフ》島単冠《ヒトカップ》湾を出航し北太平洋を東航中の海軍機動部隊に、昭和十六年十二月二日午後五時三十分、暗号電報を発信。真珠湾攻撃命令を下した。真珠湾攻撃は昭和十六年十二月八日午前三時十九分から開始され、同日正午、宣戦の詔書が、

「朕ここに米国及英国に対して戦を宣す。朕が陸海将兵は全力を奮って交戦に従事し、朕が百僚有司は励精《れいせい》職務を奉行し、朕が衆庶《しゅうしょ》は各々その本分を尽くし、億兆一心国家の総力を挙げて征戦の目的を達成するに遺算《いさん》なからむことを期せよ。帝国は今や自存自衛の為、蹶然《けつぜん》起って一切の障碍を破砕するの外なきなり」

と放送された。アメリカとの全面戦争に突入したのである。

あとがき

私は敗戦三年後、ＧＨＱの占領下、多くの家々が空襲で焼失しているなか生を受けた。街には傷痍《しょうい》軍人の姿も見られ、復員した将兵も数多く、体験談を聞く機会も多かった。

その後、私は、学校で習った日本近代史に疑問や矛盾を感じて真実を知りたいと思い、あらゆる機会を捉えて、様々な人々から戦争の話を聞いた。ヒアリング対象は大本営参謀関係者まで及んでいる。このヒアリングの厚みは、戦争体験者の老齢化で、私以降の世代では出来ないと思う。これらを通じて歴史の真実を明らかにしたい、というのが私の素志である。

私は、高校生の頃、歴史学会へ進もうと思ったりもした。しかし歴史学会は、「太平洋戦争に勝った米英が正しく日本は悪い」とする東京裁判史観に「日本の戦争は帝国主義的侵略戦争」とする唯物史観（マルクス・レーニン学派）を加重した自虐史観派と、「戊辰戦争に勝った薩長が正しく幕府は悪い」と主張する京都学派の閉鎖的村社会で、「戦勝者の作り話＝偽りの物語」の製造工場に過ぎず、私の素志を許す余地は皆無と見えた。

私は歴史を独学で学ぶこととして、実社会に身を投ずべく、大学は経済学部へ進んだ。経済学部で近代経済学とマルクス経済学の双方を学んだ結果、近代経済学の方がはるかに科学的・合理的で、マルクス経済学は古い分析用具で機能不全に陥っていると感じた。

そして、マルクス経済学に基礎を置く唯物史観ではなく、「近代経済学・近代経営学に基づく科学的で合理的な日本近代史を再構築する必要がある」と痛感。卒業後は、資本主義の殿堂であり資本主義のメカニズムで動く銀行に奉職した。

銀行員として実務に携わった私は、「日本近代史が、マルクス経済学・レーニン帝国主義論＝唯物史観という機能不全に陥った古い分析用具に基づいて記述されたままになっているのは、日本人歴史家の怠慢である」と考え、『勝ち組が消した開国の真実』『日露戦争と日本人』『日本征服を狙ったアメリカのオレンジ計画と大正天皇』および本書を近代経済学・近代経営学に基づいて記述した。

これらは、丸山真男をはじめ現代社会科学分野に今なお大きな影響を及ぼしている昭和七年刊行の「日本資本主義発達史講座（岩波書店）」による唯物史観を、近代経済学・近代経営学に基づいて超克し、日本近代史を見直すものである。

「歴史を直視するとはこういう事ではないか」というのが、私見である。

平成二十八年三月

鈴木荘一

西園寺公望	岩井忠熊	岩波書店
元老西園寺公望	伊藤之雄	文藝春秋
幣原喜重郎とその時代	岡崎久彦	ＰＨＰ研究所
海軍と日本	池田清	中央公論社
四人の軍令部総長	吉田俊雄	文藝春秋
最後の海軍大将井上成美	宮野澄	文藝春秋
皇族と帝国陸海軍	浅見雅男	文藝春秋
天皇・伏見宮と日本海軍	野村實	文藝春秋
護衛空母入門	大内建二	潮書房光人社
昭和天皇	古川隆久	中央公論新社
昭和天皇	原武史	岩波書店
昭和天皇独白録	寺崎英成 / マリコ・テラサキ・ミラー	文藝春秋
昭和天皇側近たちの戦争	茶谷誠一	吉川弘文館
天皇	児島襄	文藝春秋
重臣たちの昭和史	勝田龍夫	文藝春秋
昭和の歴史②「昭和の恐慌」	中村政則	小学館
高杉晋作	一坂太郎	文藝春秋
勝ち組が消した開国の真実	鈴木荘一	かんき出版
評伝真崎甚三郎	田崎末松	芙蓉書房
昭和陸軍の軌跡	川田稔	中央公論新社
逆説の軍隊	戸部良一	中央公論社
相沢中佐事件の真相	菅原裕	経済往来社
二・二六事件	高橋正衛	中央公論新社
二・二六青春群像	須山幸雄	芙蓉書房
２・26事件の衝撃	太平洋戦争研究会	ＰＨＰ研究所
磯部浅一と二・二六事件	山崎國紀	河出書房新社
日本軍閥暗闘史	田中隆吉	中央公論社
日本軍閥興亡史	松下芳男	芙蓉書房出版
軍国日本の興亡	猪木正道	中央公論新社
新版日中戦争	臼井勝美	中央公論新社
日中戦争史	秦郁彦	河出書房新社
日中戦争	児島襄	文藝春秋
日中戦争はドイツが仕組んだ	阿羅健一	小学館
支那事変戦争指導史	堀場一雄	原書房
中国共産党史	大久保泰	原書房
日中和平工作の記録	広中一成	彩流社

【参考文献】

本書は史実に基づくノンフィクションのため、参考にした主な文献を謝意を込めて次に記した。

大英帝国衰亡史	中西輝政	ＰＨＰ研究所
英国史	アンドレ・Ｊ・ブールド	白水社
シーパワーの世界史	青木栄一	出版共同社
曠野の花	石光真清	中央公論新社
望郷の歌	石光真清	中央公論新社
馬賊	渡辺龍策	中央公論新社
馬賊で見る「満洲」	澁谷由里	講談社
満洲国	塚瀬進	吉川弘文館
満州帝国	児島襄	文藝春秋
世界史のなかの満洲帝国	宮脇淳子	ＰＨＰ研究所
キメラ	山室信一	中央公論新社
満鉄全史	加藤聖文	講談社
関東軍全史	「歴史読本」編集部	新人物往来社
日露戦争	児島襄	文藝春秋
日露戦争と日本人	鈴木荘一	かんき出版
機密日露戦史	谷壽夫	原書房
日露戦争、資金調達の戦い	板谷敏彦	新潮社
鉄血	猪熊敬一郎	雄山閣
戦場の人間学	篠原昌人	光人社
日本の歴史 22「大日本帝国の試煉」	隅谷三喜男	中央公論社
小村寿太郎とその時代	岡崎久彦	ＰＨＰ研究所
革命家孫文	藤村久彦	中央公論社
吉野作造と中国	尾崎護	中央公論新社
世界の歴史 20「中国の近代」	市古宙三	河出書房新社
謎解き「張作霖爆殺事件」	加藤康男	ＰＨＰ研究所
全文リットン報告書	渡部昇一	ビジネス社
大正天皇	原武史	朝日新聞社
大正天皇	古川隆久	吉川弘文館
日本の歴史 23「大正デモクラシー」	今井清一	中央公論社
日本征服を狙ったアメリカの「オレンジ計画」と大正天皇	鈴木荘一	かんき出版
宇垣一成	渡邊行男	中央公論社
浜口雄幸	波多野勝	中央公論社

幻の日中和平工作	今井貞夫	中央公論事業出版
ピース・フィーラー	戸部良一	論創社
戦前政治家の暴走	篠原昌人	芙蓉書房出版
昭和十年代の陸軍と政治	筒井清忠	岩波書店
官僚制としての日本陸軍	北岡伸一	筑摩書房
はじめてのノモンハン事件	森山康平	ＰＨＰ研究所
ノモンハン戦争	田中克彦	岩波書店
明と暗のノモンハン戦史	秦郁彦	ＰＨＰ研究所
ノモンハン事件の虚像と実像	岩城成幸	彩流社
本庄日記	本庄繁	原書房
杉山メモ	参謀本部	原書房
元帥畑俊六回顧録	軍事史学会	錦正社
広田弘毅	服部龍二	中央公論新社
広田弘毅	広田弘毅伝記刊行会	葦書房
近衛文麿	岡義武	岩波書店
近衛文麿	筒井清忠	岩波書店
毅然たる孤独	野村乙二朗	同成社
石原莞爾	阿部博行	法政大学出版局
石原莞爾	小松茂朗	潮書房光人社
大東亜戦争への道	中村粲	展転社
大東亜戦争の実相	瀬島龍三	ＰＨＰ研究所
大系日本の歴史 14「二つの大戦」	江口圭一	小学館
日本の歴史 24「ファシズムへの道」	大内力	中央公論社
日本の歴史 25「太平洋戦争」	林茂	中央公論社
ドキュメント太平洋戦争への道	半藤一利	ＰＨＰ研究所
世界の歴史 26「世界大戦と現代文化の開幕」	木村靖二外	中央公論新社
重光・東郷とその時代	岡崎久彦	ＰＨＰ研究所
戦争と外交・同盟戦略	三宅正樹外	中央公論新社
敗因を衝く	田中隆吉	中央公論社
失敗の本質	戸部良一外	ダイヤモンド社
陸軍省軍務局史	上法快男	芙蓉書房出版
陸軍省人事局長の回想	額田坦	芙蓉書房
日本陸軍終焉の真実	西浦進	日本経済新聞出版社
東條英機暗殺の夏	吉松安弘	新潮社
ルーズベルトの責任	チャールズ・Ａ・ビーアド	藤原書店
アメリカはいかにして日本を追い詰めたか	ジェフリー・レコード	草思社

鈴木 荘一 すずき そういち

昭和２３年生まれ。「幕末史を見直す会」代表。
昭和４６年東京大学経済学部を卒業。
日本興業銀行入行。審査、産業調査、融資、資金業務などに携わる。
とくに企業審査､経済･産業調査に詳しく､的確な分析力には定評がある。
平成１３年日本興業銀行退職。
「現在は過去の歴史の延長線上にある」との立場から、
現代政治経済と歴史の融合的な研究を進めている
在野の歴史研究家でもある。
著書、論文として、
『勝ち組が消した開国の真実』（かんき出版)、
『日露戦争と日本人』（かんき出版)、
『日本征服を狙ったアメリカのオレンジ計画と大正天皇』（かんき出版)、
『子供にはこんな教育を望みます』（かんき出版）共著、
『わかりやすい会津の歴史　幕末・現代編』（歴史春秋社）共著、
『８０年代の基礎産業』（筑摩書房) 共著、
『韓国機械工業の現状と展望』(興銀調査レポート）などがある。

E-Mail: suzusou@jcom.zaq.ne.jp
URL: http://www.suzusou.info/

アメリカの罠に嵌まった太平洋戦争
——東京裁判史観を超えて——

平成２８年４月２５日　初版発行

著　　者　鈴木 荘一
発 行 所　株式会社 自由社
　　　　　〒 112-0005 東京都文京区水道２－６－３
　　　　　TEL03-5981-9170　FAX03-5981-9171
発 行 者　加瀬英明
印　　刷　シナノ印刷株式会社

ISBN 978-4-915237-89-8　C0021
URL　http://www.jiyuusha.jp/　Email　jiyuuhennsyuu@goo.jp